江苏省高校哲学社会科学重点项目
民生视角的江苏区域经济质量提升研究（2018SJZDI079）

地区民生质量与经济质量的耦合机制研究

——以江苏省为例

宋辉 / 著

西南财经大学出版社

中国·成都

图书在版编目(CIP)数据

地区民生质量与经济质量的耦合机制研究:以江苏省为例/宋辉著.
—成都:西南财经大学出版社,2024.4
ISBN 978-7-5504-6054-6

Ⅰ.①地… Ⅱ.①宋… Ⅲ.①居民生活—生活质量—关系—区域
经济发展—研究—江苏 Ⅳ.①D669.3

中国国家版本馆 CIP 数据核字(2024)第 024087 号

地区民生质量与经济质量的耦合机制研究——以江苏省为例
DIQU MINSHENG ZHILIANG YU JINGJI ZHILIANG DE OUHE JIZHI YANJIU——YI JIANGSU SHENG WEILI

宋　辉　著

策划编辑:周晓琬
责任编辑:周晓琬
责任校对:肖　翀
封面设计:墨创文化
责任印制:朱曼丽

出版发行	西南财经大学出版社(四川省成都市光华村街55号)
网　　址	http://cbs.swufe.edu.cn
电子邮件	bookcj@swufe.edu.cn
邮政编码	610074
电　　话	028-87353785
照　　排	四川胜翔数码印务设计有限公司
印　　刷	成都市火炬印务有限公司
成品尺寸	170mm×240mm
印　　张	19.5
字　　数	305 千字
版　　次	2024 年 4 月第 1 版
印　　次	2024 年 4 月第 1 次印刷
书　　号	ISBN 978-7-5504-6054-6
定　　价	96.00 元

前　言

　　保障和改善民生既是经济工作的出发点和落脚点，又是经济发展方式选择的出发点和落脚点。本书根据苏南、苏中和苏北地区的基本经济、民生指标呈现出的基本统计特征，提出了拟要开展研究的问题，并结合研究结果，阐述了江苏省民生改善、经济质量提升的基本导向。

　　本书兼顾民生质量改善基础、动力、成效的时间维度、空间维度的可比较性，从民生水平、民生公平、民生保障3个维度，设计了包括58项基础指标的江苏省地区民生质量评价指标体系。在对江苏省13个地区民生评价指标进行时间维度和空间维度比较分析的基础上，采用主成分分析法，分别对地区间民生质量的系统性特征、演变趋势和主导因素进行探究，分析发现：推动地区民生质量改善，应强化其民生保障方面措施的合理利用；缩小地区间民生质量差距，应注重民生水平方面措施的强化。

　　在构建地区经济质量评价指标体系基础上，本书对2010—2019年江苏省13个地区产业结构、开放创新、市场体制、乡村振兴、区域协调5个子系统的基础指标特征进行了考察，对地区经济质量及地区间经济质量进行了比较性分析。结果显示，各地区借助产业结构提升、开放创新、市场体制优化、乡村振兴和区域协调等抓手推动地区经济质量不断提升的态势与地区间经济质量差距维持着缓增的态势同时并存，其主要原因在于对提升地区经济质量因素与弥补地区间经济质量差距因素把控的错位，导致了地区在推动本地经济质量提升过程中不能很好地克服地区间经济质量的差距。

　　在对地区民生质量系统和经济质量系统内在运行特征进行研究的基础上，本书基于综合民生经济质量系统，对民生质量系统的耦合与经济质量系统的耦合状况进行了研究，揭示了民生经济质量系统运行的耦合态势、主导因素。目前，民生水平是江苏省多数地区阶段性中心民生子系统，是江苏省各地区经济系统优化、经济质量提升的主要目标性导向；乡村振兴是各地区阶段性中心经济子系统，是江苏各地民生系统优化、民生质量提升的主要依赖手段。

宋辉

2023 年 10 月

目　录

第一章　绪论 / 1

第一节　问题提出 / 1

第二节　文献综述 / 5

第三节　基本概念与主要问题 / 29

第四节　本章小结 / 36

第二章　地区民生质量评价指标体系 / 37

第一节　民生水平 / 37

第二节　民生公平 / 52

第三节　民生保障 / 63

第四节　地区民生质量 / 88

第五节　本章小结 / 119

第三章　地区经济质量评价指标体系 / 121

第一节　产业结构 / 121

第二节　开放创新 / 130

第三节　市场体制 / 140

第四节　乡村振兴 / 150

第五节　区域协调 / 162

第六节　地区经济质量 / 169

第七节　本章小结 / 212

第四章　地区民生经济质量系统的耦合机制 / 214

第一节　系统耦合理论 / 214

第二节　地区民生经济系统耦合特征 / 217

第三节　分地区民生经济子系统间耦合 / 228

第四节　本章小结 / 265

第五章　研究结论及展望 / 267

第一节　研究结论 / 267

第二节　创新之处 / 271

第三节　研究不足及展望 / 272

参考文献 / 274

附录 / 286

附录1　部分民生、经济发展指数评价指标体系 / 286

附录2　江苏省2010—2019年各地区经济质量子系统指数图 / 297

后记 / 301

第一章 绪论

第一节 问题提出

《国务院 2009 年政府工作报告》首次明确指出"坚持把保障和改善民生作为经济工作的出发点和落脚点";"十二五"规划[①]进一步强调,坚持把保障和改善民生作为加快转变经济发展方式的根本出发点和落脚点。2014 年 12 月,习近平总书记视察江苏省并为江苏省发展提出了"建设经济强、百姓富、环境美、社会文明程度高的新江苏"的"强富美高"的战略指引。2016 年 11 月,江苏省第十三次党代会定下了聚力创新、聚焦富民,高水平全面建成小康社会的"两聚一高"战略部署;2017 年 12 月,江苏省十三届三次全会将以上战略部署落实到必须坚持经济发展、改革开放、城乡建设、文化建设、生态环境、人民生活六个"高质量"任务上,江苏高质量发展的民生经济战略体系趋于完善。十九届五中全会后,习近平总书记在江苏考察时强调:"要全面把握新发展阶段的新任务新要求,坚定不移贯彻新发展理念、构建新发展格局,坚持稳中求进工作总基调,统筹发展和安全,把保护生态环境摆在更加突出的位置,推动经济社会高质量发展、可持续发展,着力在改革创新、推动高质量发展上争当表率,在服务全国构建新发展格局上争做示范,在率先实现社会主义现代化上走在前列。"江苏国民经济和社会发展第十四个五年规划和二〇三五年远景目标明确了当下江苏省经济社会发展的使命是"争当表率、争做示范、走在前列"。

2010 年以来,江苏省公共预算支出年均环比增速达到 11.16%,财政

[①] "十二五"规划即中华人民共和国国民经济和社会发展第十二个五年规划纲要。

预算在各个民生领域（文化体育与传媒、社会保障和就业、医疗卫生、节能环保、交通运输等）的支出结构维持着较为稳定的态势。其中，在教育、城乡社区事务、一般公共服务和农林水事务四个领域的财政扶持力度处于相对高位；并且自 2017 年以来，社会保障和就业的公共预算支持力度不断加强（见表 1.1.1）。与全省财政支出强度和结构向社保、教育、医疗等民生领域倾斜（洪源，2009）的举措形成鲜明对比的是民生经济基础区域。该区域特征呈现出明显的差异性：从江苏省三大区域（苏南、苏中、苏北)① 的人均生产总值、城乡居民人均消费支出和人口流动等经济和社会指标的对比来看，2010 年以来，苏南、苏中的人均地区生产总值（按户籍人口计算）同年度分别维持在苏北地区的约 3.71 倍和约 1.72 倍；另外，在同一个区域内，城乡间的统计指标也存在着较为显著的差异，比如，同一区域城乡居民人均消费支出维持着较为稳定的差距，苏南、苏中和苏北内的地区（地级市）间城乡居民消费支出分别维持在约 1.69 倍、约 1.67 倍和约 1.53 倍，呈现出由南到北逐渐下降的趋势特征。值得注意的是，这种区域性差异还表现在区域人口流动性上，用区域年末常住人口与年末户籍人口的对比来衡量区域人口流动性可以发现，苏南地区是典型的人口流入地、苏北地区则是典型的人口流出地、苏中地区则呈现较微弱的人口流出地特征（见表 1.1.2）。

---

① 江苏省三大区域中，苏南地区包括南京、苏州、无锡、常州和镇江 5 个地级市，苏中地区包括扬州、泰州、南通 3 个地级市及 8 个县级市、2 个县、9 个市辖区，苏北地区包括徐州、连云港、宿迁、淮安和盐城 5 个省辖市。

表 1.1.1 江苏省 2010—2019 年公共财政支出结构

项目	年份									
	2010	2011	2012	2013	2014	2015	2016	2017	2018	2019
公共预算支出/亿元	4 914	6 222	7 028	7 798	8 472	9 688	9 982	10 621	11 657	12 574
一般公共服务/%	12.85	12.03	11.67	11.02	10.11	8.73	9.23	9.63	9.64	9.63
公共安全/%	6.65	5.97	5.80	5.81	5.59	5.37	6.36	6.75	7.09	6.79
教育/%	17.61	17.57	19.22	18.40	17.76	18.03	18.46	18.64	17.63	17.61
科学技术/%	3.06	3.43	3.66	3.88	3.86	3.84	3.82	4.03	4.35	4.55
文化体育与传媒/%	1.80	1.88	2.15	2.23	2.25	2.02	1.94	1.83	1.69	2.10
社会保障和就业/%	7.42	7.74	7.94	8.09	8.38	8.65	9.00	9.82	11.29	11.26
医疗卫生/%	5.08	5.62	5.95	6.10	6.62	6.70	7.14	7.43	7.25	7.21
节能环保/%	2.85	2.74	2.76	2.94	2.81	3.18	2.86	2.75	2.73	2.96
城乡社区事务/%	12.71	13.05	12.21	12.91	14.42	15.85	14.43	14.13	13.72	13.50
农林水事务/%	9.95	9.94	10.73	11.13	10.61	10.41	9.87	8.65	8.55	8.21
交通运输/%	5.62	6.30	6.21	5.75	5.87	5.65	5.13	4.54	4.27	4.57
资源勘探等事务/%	5.35	4.73	4.03	4.44	4.30	4.63	4.38	3.27	2.77	2.43
其他各项支出 %	9.05	9.00	7.67	7.30	7.42	6.93	7.40	8.53	9.01	9.17

表 1.1.2 江苏省 2010—2019 年区域经济、民生指标特征

年份	人均生产总值对比		城乡居民人均消费支出对比			人口流动		
	苏南/苏北	苏中/苏北	苏南	苏中	苏北	苏南	苏中	苏北
2010	4.01	1.69	1.83	1.88	2.12	1.37	0.95	0.88
2011	3.93	1.66	1.83	1.84	2.09	1.38	0.95	0.88
2012	3.92	1.65	1.83	1.84	2.08	1.38	0.95	0.87
2013	3.86	1.66	1.80	1.87	2.15	1.38	0.95	0.86
2014	3.72	1.69	1.86	1.84	1.69	1.37	0.94	0.85
2015	3.63	1.70	1.83	1.81	1.64	1.36	0.95	0.85
2016	3.56	1.73	1.75	1.73	1.57	1.35	0.95	0.85
2017	3.53	1.78	1.70	1.68	1.53	1.33	0.95	0.86
2018	3.54	1.83	1.69	1.67	1.55	1.32	0.96	0.85
2019	3.41	1.83	1.62	1.66	1.54	1.30	0.96	0.86

注：人均地区生产总值是按户籍人口计算的（单位：元）。人口流动状况反映了江苏苏南、苏中和苏北地区年末常住人口与户籍人口的对比情况，某地区的人口流动值大于 1 意味着该地区为人口净流入地，相反则是人口净流出地。

江苏省的民生运行、经济运行呈现出的不同特质是各个区域不同地区在民生和经济方面运行的综合体现，那么，江苏省 13 个地区（地级市）的民生与经济系统各自呈现什么特征？各地区的民生质量与经济质量水平如何？保障和改善民生既是经济工作的出发点和落脚点，又是经济发展方式选择的出发点和落脚点。这是我们对民生保障、民生改善与地方经济质量提升关系的理论认知。那么江苏各地区民生和经济系统运行态势如何？民生系统和经济系统运行是否呈现出了应该有的协同发展状态？各地区民生系统与经济系统的协同发展状况如何？对以上问题给出合理的解释，厘清苏南 5 个地区、苏中 3 个地区和苏北 5 个地区各自民生质量、经济质量的内在形成机理，这对合理推动江苏整体民生、经济质量体系运行具有一定现实意义。

第二节　文献综述

一、民生质量的相关研究

民生即民众的生计。广义民生是指凡同人民生计相关的事项和权益，涵盖政治、经济、文化、社会和生态等领域。比如，郑功成（2018）所强调的大民生就接近于广义民生，即在人们的衣食住行等基本民生诉求基础上，涵盖了教育、就业、收入分配、社会保障、健康、安全、生态环境等各种民生诉求，并且纳入了民主、法治等更高层级的精神需要。狭义的民生侧重于人民生存和发展的基本利益需求（蒋永穆、张鹏、张晓磊，2016），是人民群众生存和生活的基本需要。比如钟春平（2018）认为当下民生热点问题主要集中在住房、教育、医疗、环境、就业及贫困等领域。随着经济、社会不断发展，其内涵与层次依次表现为温饱型民生、小康型民生、富裕型民生（闫莉、徐家林，2017）。总之，民生问题既是消费问题、又是社会建设问题（刘尚希，2013）。结合人们对民生广义视角和狭义视角的认知，民生系统与经济系统始终处于相互作用、互为因果的关系。当然，评价民生问题往往可以从相对静态与动态的两个视角，民生、民生质量、民生水平等常被用来展示民生所处的状态水平（王贤斌，2015），而民生改善、民生发展等常被用来说明民生的动态变化（罗党论、高妙媛，2014）。无论是揭示民生状态水平还是揭示民生动态化进程，都必然要建立在明确的客观指标基础之上。

（一）对民生的主客观认知

物质条件是民生的客观基础，人们心理对客观物质条件的诉求是民生的主观基础；物质条件实现的水平、人们心理诉求被满足的程度就是民生质量的两种表现形态。

1. 民生质量及其经济属性

在民生质量问题方面，国外研究所使用的概念（表述）比较多，比如福祉（well-being）、主观幸福（subjective well-being）、客观幸福（objective well-being）、快乐（happiness）、生活满意度（life satisfaction）等（全国人大财经委课题组，2011）。

民生质量受绝对收入水平的影响。在认知领域，民生质量是人们的一种自我感知，在人们收入水平较低阶段，民生感知水平会随着（人均）收入水平的提高而提高。伊斯特林（Easterlin，1995）认为，一般情况下，收入越高的人幸福感（happiness）越高，但是并不是收入的增长都能够带来幸福感的增加。当（人均）收入水平达到某一高度时，民生感知水平会在达到相应高度后不再提升，伊斯特林（Easterlin，2005）通过研究发现，20世纪50年代以来日本长期的经济繁荣并没有带来国民幸福感平均水平的上升；20世纪90年代之后的十年，美国国民的幸福感程度甚至一度下降（Blanchflower & Oswald，2004），也就是说，当人均收入水平超过这一高度时，民生感知水平会降低。英格尔哈特（Inglehart，1997）把生存和福祉（忍饥挨饿与好好活着的区别）与人均GDP的关系划分为两个阶段：第一个阶段是经济收益阶段（economic gains），在这一阶段经济增长对福祉提高的影响比较敏感，福祉与经济增长之间呈现出的是正向关系；第二个阶段是生活多样化阶段（life style），该阶段经济增长对福祉的影响不敏感，也就是说福祉与经济增长之间的正向影响关系不明显，这一点与伊斯特林（Easterlin，1995）的观点一致。卡尼曼和克鲁格（Kahneman & Krueger，2006）在研究中国经济增长的影响因素时，发现1994—2005年期间中国居民的幸福感并没有随着经济水平的上升而上升，同时，这个期间的被访者感觉不幸福的百分比在增加、感觉幸福的百分比在下降。贝凯蒂（Becchetti et al.，2011）借助英国家庭面板调查数据（the British Household Panel）对金钱和幸福感关系进行研究时，发现大多数伊斯特林类型个体的收入变化与幸福感变化之间存在微弱的正相关关系，少部分（2%）沮丧成功者的收入与幸福感变化之间表现出负相关关系。

民生质量受相对收入水平的影响更为显著。人们研究证实了绝对收入水平会对主观民生质量（福祉、幸福感）呈现出"阶段性"的不同影响效应，值得关注的是，这种"阶段性"的影响会因为研究对象的不同而又呈现出不一致的"阶段性"界定标准。比如，对于社会不同收入阶层民众来说，达成他们福祉或幸福感的绝对收入水平阶段性的标准显然不会一致。因此，在这类研究的基础之上，相对收入水平对民生质量的影响就成为社会关注的又一个重点领域。鲍尔和切诺娃（Ball & Chernova，2008）采用1995—1998年期间的世界价值调查（the World Values Survey，WVS）数据验证了个人绝对收入水平与相对收入水平与个人所感知的幸福之间呈现显著正相关，并且相对收入水平变化对个人幸福影响的效应强于绝对收入水平的变化，但是这两种效应与非物质性因素作用比较起来是小的。也就是说，一定条件下，相对于物质性因素，非物质性因素对人们的幸福影响更强，从这个层面上来说，个人幸福的主观性更强。巴特拉姆（Bartram，2011）发现美国本土居民的收入与幸福感之间存在着较强的关联性，但是这种关系在外来移民方面却表现出相对较弱的关联性，之所以会出现这种客观表现，其原因之一就是居民的地区差异带来认知的不同。埃基吉和克伊德米尔（Ekici & Koydemir，2016）借助认知社会（Understanding Society）的英国数据对期望收入与幸福感之间的关系研究表明，正向（收益）性的金融收益期望会降低家庭主观的幸福感水平（well-being），而逆向（损失）性的金融收益期望会提升家庭主观的幸福感水平，这也意味着，即使家庭未来收益期望存在不确定性，甚至家庭收益会出现意想不到的变故，但是这种期望预期依然会和家庭的主观幸福感水平相关。

　　无论是绝对收入还是相对收入，其都会对民生质量产生影响。抛开其他因素的干扰，民生质量感知与收入水平之间的关系呈现出的总体趋势应该是一种倒 U 形关系［图 1.2.1：横轴表示（绝对或相对）收入、纵轴表示民生感知（质量）］，这种先扬后抑的特征既是一般研究中所展示的结论，也是一般社会公众的切身感知。值得关注的是曲线中的点 L 和点 R，当民众收入分别是 Y_L 和 Y_R 时，民生质量感知水平都是 W，从满足民生福祉、维持相当水平的民生质量来说，点 R 所对应的收入水平 Y_R 存在着社会民生运行的低效率。由此，我们认为，过分追求物质财富、收益的高水平，并不能带来民生质量水平的实质提升；要达成理想的民生质量（图 1.2.1 中的 P 点），应该聚焦于民生水平上升以及下降阶段人们的（人均）收入水平控制问题。民生质量不仅与人们（人均）收入直接相关，还与人们（人均）相对收入水平直接相关。当今，在推动民生质量提高和经济发展两个重大社会使命中，注重前者更有利于维持和推动社会的可持续发展。显然，在推动民生质量提高方面，在注重资源、环境的可持续开发和利用的同时，更要关注城乡二元结构、地区差异等客观因素对民生公平的影响。

　　当然，国内也有学者和相关研究机构强调民生主观感知的重要性。朱孔来等（2010）分析了客观指标体系对民生影响的重要性，强调民生是人们对生活舒适、便利的主观感受，应注重从主观角度来解读民生。吴克昌和刘志鹏（2019）从民生获得感、宏观经济获得感、个人经济获得感与社会公平获得感设计了人民获得感评价指标体系，研究表明我国主要省份的民众获得感与当地经济水平（人均GDP）具有较大的差异性，也就是说，经济社会发展越好的地区，人们获得感指数不一定就越高。这样看来，主观民生质量有助于揭示民众在一定时空范围下的所想、所需，但是其在衡量上所存在的主观性，使得人们更加倾向于采用客观手段来对民生质量予以衡量。

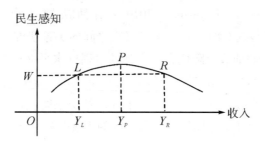

图 1.2.1　民生感知水平与（人均）收入

2. 民生质量的评价——民生质量衡量的指标体系

国内外学术界对民生问题的测度研究大都是从"居民生活质量"（inhabitant quality of life）的研究开始的，总体上看，研究经历了以客观指标为主的生活质量研究（Bauer，1966；吴寒光，1991）、主观幸福感的研究（Veroff et al.，1960）以及主观幸福的测度不断深化等主要阶段（刘扬 等，2010）。不丹是最早应用"国民幸福指数"（gross national happiness，GNH）来衡量民生质量的国家，该指数是对政府治理、经济增长、文化发展和环境保护四个方面（共72子项）的主客观数据加以综合评价的基础上获得的。国内对民生进行定量研究范式主要表现在三个层面。

其一，以客观指标为主体的民生运行质量评价指标体系。北京师范大学"中国民生发展报告"课题组（2011）对地区民生发展状况的研究视角涉及较广，设计了包括民生质量指数（26项四级指标）、公共服务指数（23项四级指标）和社会管理指数（13项四级指标）三类指数构成的民生指数评价指标体系（北京师范大学中国民生发展报告课题组、唐任伍，2011）（见附表1.1）。除了比较知名的研究机构在这方面的研究，众多学者也从不同视角对民生问题展开了较为广泛的研究。邓平（2009）认为为了促进民生问题的解决和改善，可以通过设计包括社会净财富、收入分配与公平、环境生态及安全水平、社会保障水平、人的全面发展与民主诉求的满足、公共服务水平等指标（见附表1.2），构建中国民生指数评价指标体系，在这个体系中，唯一的二级主观指标"社会治安满意度"出现在"环境生态及安全水平"中，因此，课题将该指标体系视作客观民生质量衡量体系。另外，在民生质量评价指标体系选择与确立上，冯南平等（2013）基于扎根理论对民生评价指标，从73个可观测的指标体系中筛选出了包括收入与就业、分配与公平、民生公共财政投入、福利保障、健康医疗、文化体育、居住交通、环境保护等领域22项指标的民生工程建设评价指标体系。在民生质量评价方面，客观指标衡量方式的可行性较强，是当前该领域对民生质量评价较为常用的方法，当然，随着人们对民生质量的主观特性的认识，也有越来越多的研究将民生质量衡量扩展到对主观因素的考核上。

其二，主客观指标融合的民生运行质量的评价指标体系。全国人大财经委课题组（2011）是比较早对我国民生质量进行评价的机构，该机构从居民生活、生态环境、社会环境、公共服务四个方面设计了包含有主客观指标的民生指数指标体系（见附表1.3）。这种民生质量衡量指标体系以主客观评价指标相互融合的形式存在（国务院发展研究中心中国民生指数研究课题组 等，2015；国务院发展研究中心中国民生调查课题组 等，2016），构建了中国主客观民生指数评价指标体系。其中，客观民生指数评价指标体系由居民生活、公共服务、公共安全和生活环境等4个一级指标、17个二级指标、31个三级指标构成，用来揭示民生水平和民生改善两大问题（见附表1.4）；主观民生指数评价指标体系由3个反映生活满意度指数的指标与12个反映民生整体满意度指数的指标构成，用来揭示民众的生活满意度和民生整体满意度。这种民生质量主客观衡量采用分表的形式，形成了"中国民生指数客观指标体系"和"中国民生指数主观指标体系"。张弥（2014）认为个人的心理参照系、成就动机程度以及个体安全感都会对民生幸福感产生显著影响，因此，他的民生幸福感评价指标体系包括了经济发展指数、居民生活水平指数、社会发展指数、生态环境指数、身体健康指数、政治参与指数和自我价值实现指数等。

其三，主观指标的民生运行质量评价指标体系。该体系要基于民生满意度的调查，设计相应指标体系，通过完全主观指标来对地方民生质量进行评价。任栋等（2015）设计了包括居民生计满意度、公共服务满意度、民生环境满意度、文化消费满意度4个一级指标、14个二级指标的四川民生满意度指标体系，对四川省民生满意度影响因素进行了分析。上海市政府发展研究中心根据居民对自身生活变化、现状满意度、阶层意识和信心变化4个方面的评价，构建了上海市居民的民生状况综合评价指数指标体系，以问卷调查方式获取数据进行研究，筛选出了关注率最高和关注强度最大的前十大民生问题（陈群民、吴也白，2013）。

（二）国内民生实践

"十一五"规划纲要（2006年3月）是较早明确我国民生改善的重要纲领性文件，在人民群众高度关切的饮水、交通、环境、读书、就业、收入、医疗、安全8个领域明确了民生改善的目的、具体要达成的目标，这样一套客观民生指标的出台开启了中国的"民生年"（2007年）。自此，发展民生、改善民生逐渐成为中国地区政府推动经济发展的重点关注领域。

1. 地区民生改善评价的指标体系

深圳市（2006年12月）是我国较早颁布并实施民生净福利指标体系对财政投向的民生效果进行鉴定的地方。该民生评价体系在指标的选择上，立足于国际使用、国内通用、部门专用的要求（邓平，2009），指标初期体系由收入分配与公平、安全水平、公共服务水平、社会保障水平、人的全面发展水平5个一级指标、21个二级指标组成，每个一级指标下的二级指标的分布状态分别是2个、5个、3个、7个和4个，如表1.2.1所示。

在该民生净福利指标体系的基础上，邹育根（2009）在原一级指标"公共服务"的基础上新增了"环境保护"，并将"财政性环保投资经费占财政支出比例（％）"作为该一级指标下的二级指标，这样就形成了包含有6个一级指标的评价体系，并且对除了"社会保障水平、人的全面发展水平"的其他4个一级指标下的二级指标进行了补充。

①在"收入分配公平"反映居民收入增长和收入分配公平衡量指标"基尼系数"的基础上，增加了反映影响居民实际收入购买力的"居民消费价格增长率"和反映居民富足程度的指标"恩格尔系数"，这样从居民实际收入、收入结构、收入分配公平等视角比较全面地揭示了民生基础

"收入分配公平"实质。②前期①"安全水平"指标涉及农产品质量安全、药品安全、空气质量、饮用水源水质、交通事故五个方面，显然这些都是与居民生活息息相关的具体细节；后期添加的假冒伪劣商品查处、刑事案件立案、生产安全三方面指标，更多地考虑到政府对特定社会问题处理的力度与方法，以及其对民生质量的影响。③一级指标"公共服务"下，前期涉及人均图书馆图书、财政在公共基础设施和环保方面的投资，这些指标反映的是民生的公共产品基础，没有涉及影响民生的私人产品。在此基础上，后期在"公共服务"下，增添了有关居民私有住房以及具有地区特征的经济适用房、廉租房的信息，同时，还将城市公交作为公共服务的评价指标考虑进来。另外，把财政在环境方面的投资指标转入到新增的"环境保护"一级指标下，这样考虑的优点就是丰富了对"公共服务"评价的视角，评价效果会更贴近实际。④一级指标"环境保护"下，共设定了5个二级指标，除了财政性环保投资指标，新增了与民生息息相关的人均公共绿地面积、空气质量、城市污水处理、城市生活垃圾处理4个指标；"环境保护"指标的增设不仅更好地实现了全面衡量地区民生质量的目的，也为地方强化环境管控提供了标准。对社会保障、人的全面发展水平两个一级指标衡量的二级指标的数量及内容在前后两个时期保持了一致、没有变化。前者涉及城镇失业率、零就业家庭状况、社会保险、工伤保险、财政在社会保障和就业上的支出、社会捐赠、医疗保险共7个子指标；后者涉及财政性财政对教科文卫体支出、职工在职培训、人均受教育年限、毕业生就业4个方面。从前后两个时期的指标体系比较看来，对民生质量改善予以评价一直处于不断更新之中；另外，一个显著的特征就是：民生质量评价指标的客观化、可衡量。

---

① 这里的"前期"是指执行《深圳市民生净福利指标体系》的 2006 年底至 2009 年邹育根提出对该体系修正的时期，"后期"是指邹育根对《深圳市民生净福利指标体系》进行修正的 2009 年。

表 1.2.1 深圳市民生净福利指标体系①

一级指标	二级指标	备注
收入分配公平	居民人均可支配收入增长率（%）*	市委、市政府
	基尼系数*	市委、市政府
	居民消费价格增长率（%）	
	恩格尔系数	
安全水平	主要农产品质量安全监测超标率（%）*	市委、市政府
	药品安全抽样合格率（%）*	市委、市政府
	达到Ⅰ级和Ⅱ级空气质量天数*	市委、市政府
	主要饮用水源水质达标率（%）*	市委、市政府
	交通事故死亡率（十万分之一）*	市委、市政府
	制造假冒伪劣商品查处率（%）	
	每万人刑事案件立案数（件）	
	生产安全事故死亡率（十万分之一）	
公共服务	人均公共图书馆馆藏图书*	市委、市政府
	财政性公共基础设施建设支出占财政支出比例（%）*	市委、市政府
	人均住房使用面积（平方米／人）	
	经济适用房和廉租房使用面积占住房使用总面积的比例（%）	
	城市公共交通分担率（%）	
环境保护	财政性环保投资经费占财政支出比例（%）*	市委、市政府
	人均公共绿地面积（平方米/人）	
	空气综合污染指数	
	城市污水处理率（%）	
	城市生活垃圾无害处理率（%）	

---

① 邹育根：《深圳市民生净福利指标体系之研究》，《特区实践与理论》2009 年第 03 期。

一级指标	二级指标	备注
社会保障	城镇登记失业率（%）*	市委、市政府
	零就业家庭户数*	市委、市政府
	社会保险综合参保率（%）*	市委、市政府
	劳务工工伤保险参保率（%）*	市委、市政府
	社会保障和就业支出占财政支出比例（%）*	市委、市政府
	社会捐赠*	市委、市政府
	劳务工医疗保险参保率（%）*	
人的全面发展水平	财政性教科文卫体支出占财政支出比例（%）	市委、市政府
	职工在职培训小时数*	市委、市政府
	人均受教育年限*	市委、市政府
	应届大中专毕业生就业比例（%）*	市委、市政府

注：标有*的是初期深圳市民生净福利评价的二级指标。

继深圳市民生净福利指标体系之后，我国其他城市也相继推出地方性民生衡量指标体系。比如，上海闵行区（2007年4月）推出了地方性民生指标体系，具体包括人民生活水平、社会就业保障、社会事业发展、社会公共安全、人口资源环境5大类40个指标。郑州市（2008年）与武汉市（2009年）也分别推出民生福利方面的评价指标体系（见表1.2.2）。

表1.2.2 地区民生评价指标体系比较

地区	发布时间	涉及领域	指标数
深圳市民生净福利指标体系	2006年	收入分配与公平、安全水平、社会保障水平、公共服务水平、人的全面发展水平	21
上海闵行区民生指标体系	2007年	人民生活水平、社会就业保障、社会事业发展、社会公共安全、人口资源环境	40
郑州市民生福利监测评价指标体系	2008年	收入分配与生活质量、安全水平、社会保障水平、国民教育水平、公共服务水平、财政公共投入	37
武汉市民生净福利指标体系	2009年	经济发展、资源环境、收入分配、社会保障、国民教育、社会安全、公共服务	36

资料来源：王威海、陆康强，2011。

2. 国家层面民生实践的战略布局

党的十七大以来，中国政府对改善民生、发展民生的认识不断深入。基于对民生改善是经济发展基础的认识，党的十七大提出"学有所教、劳有所得、病有所医、老有所养、住有所居"的民生改善目标，强调通过完善教育、就业、收入、社会保障（体系）、医疗、社会管理等途径加快推进以改善民生为重点的社会建设。党的十八大从维护最广大人民根本利益的高度出发，在"学有所教、劳有所得、病有所医、老有所养、住有所居"持续取得新进展的基础上，强调通过完善教育、就业、收入、（城乡）社会保障体系、医疗、社会管理等途径在改善民生和创新管理中加强社会建设。党的十九大从把人民利益始终摆在至高无上的地位出发，强调通过完善教育、就业与收入、社会保障、扶贫、医疗、社会治理、社会环境等途径提高保障和改善民生水平，加强和创新社会治理。经过长期不懈努力，党的二十大将增进民生福祉、提高人民生活品质完全落脚在教育、就业、收入、医疗及社会保障等最基本的环节。

中国政府对民生改善认知的升华。表1.2.3给出了我国在不同阶段政府对民生改善的认知过程，这种认知的升华表现在：第一，民生认知基础的进阶。民生认知基础经历了推进社会建设应该以改善民生为重点，到推进社会建设应注重民生改善与创新管理相结合，再到民生改善就是加强和创新社会治理，直至升华到"江山就是人民，人民就是江山"认知基础的过度。第二，民生改善领域的阶段性进阶。党的十七大和十八大把社会管理作为我国民生改善的重要领域之一。基于民生的实际状况，党的十九大将有关全面小康、国家安全方面的"扶贫"与"社会环境"作为民生改善的两个领域重点强调，这凸显了民生改善的阶段性。在社会管理、扶贫、社会环境得以阶段性目标达成的基础上，党的二十大将民生问题聚焦于教育、就业、收入、医疗、社会保障等基础性民生问题，这说明我国政府在提升民生质量、改善民生质量水平方面政策阶段针对性非常鲜明。第三，民生领域的认知进阶。党的十七大和十八大将教育、就业、收入、医疗、社会保障等界定为五种类型的基础性民生问题；党的十九大则将就业与收入融合的条件下，强调"就业就是最大的民生"；党的二十大则融合教育与医疗及生育为一体，强调人民（身心）健康是民族昌盛和国家强盛的重要标志。这说明，伴随着中国民生改善进程，推动阶段性民生改善的各个领域实现了体制机制与创新措施相互促进与融合（见表1.2.4）。

表 1.2.3　不同阶段政府对民生改善的解读

民生领域	党的十七大	党的十八大	党的十九大	党的二十大
教育	教育是民族振兴的基石，教育公平是社会公平的重要基础	教育是民族振兴和社会进步的基石	教育强国是中华民族伟大复兴的基础工程	人民健康是民族昌盛和国家强盛的重要标志
就业	就业是民生之本	就业是民生之本	就业是最大的民生	就业是最基本的民生
收入	合理的收入分配制度是社会公平的重要体现	实现发展成果由人民共享		分配制度是促进共同富裕的基础性制度
社会保障	社会保障是社会安定的重要保证	社会保障是保障人民生活、调节社会分配的一项基本制度	全面建成覆盖全民、城乡统筹、权责清晰、保障适度、可持续的多层次社会保障体系	社会保障体系是人民生活的安全网和社会运行的稳定器
医疗	健康是人全面发展的基础，关系千家万户幸福	健康是促进人的全面发展的必然要求	人民健康是民族昌盛和国家富强的重要标志	人民健康是民族昌盛和国家强盛的重要标志
社会管理	社会稳定是人民群众的共同心愿，是改革发展的重要前提	提高社会管理科学化水平，必须加强社会管理法律、体制机制、能力、人才队伍和信息化建设	提高社会治理社会化、法治化、智能化、专业化水平	—
扶贫	—	—	让贫困人口和贫困地区同全国一道进入全面小康社会	—
社会环境	—	—	国家安全是安邦定国的重要基石	—

表 1.2.4　阶段性民生改善措施

途径	党的十七大民生改善措施	党的十八大民生改善措施	党的十九大民生改善措施	党的二十大民生改善措施
教育	促进义务教育均衡发展；加快普及高中阶段教育；大力发展职业教育；重视学前教育；坚持教育公益性质，加大财政对教育投入	办好学前教育，均衡发展九年义务教育；基本普及高中阶段教育；加快发展现代职业教育；推动高等教育内涵式发展；积极发展继续教育；完善终身教育体系	推动城乡义务教育一体化发展；高度重视农村义务教育；办好学前教育、特殊教育和网络教育；普及高中阶段教育；完善职业教育和培训体系；加快一流大学和一流学科建设	把保障人民健康放在优先发展的战略位置，完善人民健康促进政策。优化人口发展战略，建立生育支持政策体系，降低生育、养育、教育成本

表1.2.4(续)

途径	党的十七大 民生改善措施	党的十八大 民生改善措施	党的十九大 民生改善措施	党的二十大 民生改善措施
就业	完善支持自主创业、自谋职业政策，改善就业结构；健全面向全体劳动者的职业教育培训制度；加强农村富余劳动力转移就业培训；建立城乡劳动者平等就业的制度；积极做好高校毕业生就业工作	鼓励多渠道多形式就业，促进创业带动就业；加强职业技能培训；健全人力资源市场，完善就业服务体系；加强劳动保障监察和争议调解仲裁，构建和谐劳动关系	实现更高质量和更充分就业；职业技能培训；解决就业结构性矛盾；鼓励创业带动就业；促进高校毕业生等青年群体、农民工多渠道就业创业；完善政府、工会、企业共同参与的协商协调机制	强化就业优先政策，健全就业促进机制；健全就业公共服务体系，完善重点群体就业支持体系，加强困难群体就业兜底帮扶；统筹城乡就业政策体系；健全终身职业技能培训制度；完善促进创业带动就业的保障制度
收入	处理好初次分配和再分配效率和公平的关系；逐步提高居民收入在国民收入分配中的比重；提高低收入者收入，逐步提高扶贫标准；创造条件让更多群众拥有财产性收入；扩大转移支付	提高居民收入在国民收入分配中的比重；提高劳动报酬在初次分配中的比重；初次分配和再分配都要兼顾效率和公平；再分配更加注重公平；多渠道增加居民财产性收入；保护合法收入	完善按要素分配的体制机制；扩大中等收入群体，增加低收入者收入，取缔非法收入；坚持在经济增长的同时实现居民收入同步增长、在劳动生产率提高的同时实现劳动报酬同步提高；拓宽居民劳动收入和财产性收入渠道	坚持按劳分配为主体、多种分配方式并存，构建初次分配、再分配、第三次分配协调配套的制度体系；完善按要素分配政策制度；加大税收、社会保障、转移支付等的调节力度；完善个人所得税制度
社会保障	以基本养老、基本医疗、最低生活保障制度为重点，以慈善事业、商业保险为补充，加快完善社会保障体系；完善城乡居民最低生活保障制度，逐步提高保障水平；完善失业、工伤、生育保险制度；采取多种方式充实社会保障基金，加强基金监管，实现保值增值；健全廉租住房制度，加快解决城市低收入家庭住房困难	改革和完善企业和机关事业单位社会保险制度；整合城乡居民基本养老保险和基本医疗保险制度；建立兼顾各类人员的社会保障待遇确定机制和正常调整机制；扩大社会保障基金筹资渠道；建立市场配置和政府保障相结合的住房制度；保障妇女儿童合法权益；大力发展老龄服务事业和产业；健全残疾人社会保障和服务体系；建立更加便民快捷的服务体系	全面实施全民参保计划完善城镇职工基本养老保险和城乡居民基本养老保险制度；完善统一的城乡居民基本医疗保险制度和大病保险制度；完善失业、工伤保险制度；统筹城乡社会救助体系，完善最低生活保障制度；保障妇女儿童合法权益；完善社会救助、社会福利、慈善事业、优抚安置等制度；加强农村留守儿童和妇女、老年人关爱服务体系；发展残疾人事业，加强残疾康复服务；加快建立房子多主体供给、多渠道保障、租购并举的住房制度	健全覆盖全民、统筹城乡、公平统一、安全规范、可持续的多层次社会保障体系；完善基本养老保险全国统筹制度，发展多层次、多支柱养老保险体系；实施渐进式延迟法定退休年龄；健全基本养老、基本医疗保险筹资和待遇调整机制，推动基本医疗保险、失业保险、工伤保险省级统筹；加快完善全国统一的社会保险公共服务平台；健全社保基金保值增值和安全监管体系；健全分层分类的社会救助体系等

表1.2.4(续)

途径	党的十七大 民生改善措施	党的十八大 民生改善措施	党的十九大 民生改善措施	党的二十大 民生改善措施
医疗	完善医疗服务体系、医疗保障体系、药品供应保障体系，建立国家基本药物制度，保证群众基本用药，确保食品药品安全；加强农村三级卫生服务网络和城市社区卫生服务体系建设；扶持中医药和民族医药事业发展	推进医疗保障、医疗服务、公共卫生、药品供应、监管体制综合改革；建立重大疾病保障和救助机制；巩固基本药物制度；健全农村三级医疗卫生服务网络和城市社区卫生服务体系；扶持中医药和民族医药事业发展；提高医疗卫生队伍服务能力；加强医德医风建设	深化医药卫生体制改革；加强基层医疗卫生服务体系和全科医生队伍建设；全面取消以药养医，健全药品供应保障制度；坚持预防为主，实施食品安全战略；传承发展中医药事业；支持社会办医，发展健康产业；促进生育政策和相关经济社会政策配套衔接，加强人口发展战略研究；积极应对人口老龄化，推进医养结合	实施积极应对人口老龄化国家战略；深化医药卫生体制改革，促进医保、医疗、医药协同发展和治理；促进优质医疗资源扩容和区域均衡布局；深化以公益性为导向的公立医院改革；促进中医药传承创新发展
社会管理（社会治理）	健全社会治安防控体系；完善信访制度；重视社会组织建设和管理；加强流动人口服务和管理	群众参与社会管理；流动人口和特殊人群管理服务畅通和规范群众诉求表达、利益协调、权益保障渠道；重大决策社会稳定风险评估机制；公共安全体系和企业安全生产基础建设；加强社会治安防控；依法打击惩治违法犯罪活动	加强预防和化解社会矛盾机制建设，正确处理人民内部矛盾；遏制重特大安全事故，提升防灾减灾救灾能力；依法打击和惩治黄赌毒黑拐骗等违法犯罪活动；加强社会心理服务体系建设，培育自尊自信、理性平和、积极向上的社会心态；加强社区治理体系建设	—

注：以上内容根据党的十七大报告、党的十八大报告、党的十九大报告、党的二十大报告相关内容整理而得。其中，党的十九大强调脱贫攻坚、维护国家安全战略，其中脱贫攻坚举措主要涉及"精准脱贫；注重扶贫同扶志、扶智相结合；重点攻克深度贫困地区脱贫任务；现行标准下农村贫困人口实现脱贫，贫困县全部摘帽"等；维护国家安全主要强调了"健全国家安全体系，加强国家安全法治保障，提高防范和抵御安全风险能力；严密防范和坚决打击各种渗透颠覆破坏活动、暴力恐怖活动、民族分裂活动、宗教极端活动；加强国家安全教育"等举措。

教育是民族振兴和社会进步的基石。党的十七大重点强调教育体系结构的优化，分别从学前教育、义务教育、高中教育、职业及特殊教育、高等教育等方面，明确了各类教育的发展方向。经过五年的发展，党的十八大更加注重各类教育在质量、均衡发展等方面的内涵式发展。党的十九大更多强调实现教育高质量发展的具体措施，比如强调城乡义务教育的一体化发展、办好网络教育、在高中教育方面深化产教融合及校企合作、高等教育要注重一流大学和一流学科的建设等。党的二十大强调降低生育、养育、教育成本，来推动人民健康是民族昌盛和国家强盛，对教育着墨较少，这正体现出我国的教育民生已经开始步入正轨。如果说党的十七大与党的十八大期间我国处于民生教育初期或中期的摸索阶段，党的十九大以来我国的民生教育则处于思路清晰，操作手段具体、精准的后期完成阶段，党的二十大以后则是开启强化教育高效运行的阶段。

就业是最大的民生。党的十七大重点解决的是就业结构改善、职业教育培训制度的健全、城乡劳动者平等就业制度的形成等问题。党的十八大将重点放在政府在就业领域的应发挥的作用，比如，政府促进和鼓励创业、加强职业技能培训、加强劳动保障监察和争议调解仲裁等，以构建和谐的劳动关系。党的十九大将重点放在提高就业整体质量水平之上，措施更为具体，比如，注重就业结构性矛盾的解决、鼓励创业，同时，强调完善政府、工会、企业在社会就业领域的协商协调机制。党的二十大在尊重就业是最基本民生的前提下，注重强化就业优先政策、健全就业促进机制，以促进高质量充分就业。

收入是维持和改善民生的根本保证。为了探索和形成合理的收入分配制度，在党的十七大到党的十九大期间，我国政府一直在初次分配和再分配效率和公平关系的处理上、按要素分配的体制机制的完善上、居民劳动收入和财产性收入渠道的拓宽上等方面着力。党的二十大强调指出构建初次分配、再分配、第三次分配协调配套的制度体系，以促进共同富裕的基础性制度的建立。

医疗是保障人民健康的基础，而人民健康又是民族昌盛和国家富强的重要标志。党的十七大以来，国家着重医疗保障、医疗服务、公共卫生、药品供应、监管体制等体系建设和改革，在摸索中，正逐步实现由表及里、由点到面地推动医疗服务体系全方位地与高质量民生相融合。

事关社会安定与社会稳定的社会保障与社会管理两个领域，涉及人民基本养老、基本医疗、最低生活保障、社会救助、社会福利、慈善事业、优抚安置以及社会治安、信访、社会矛盾化解、安全事故处理等，这两方面的民生改善措施呈现出的特征主要是由具体问题的解决到社会问题处置体制机制的建立和完善。为了推动全方位的民生改善，党的十九大将扶贫和社会环境单列出来作为民生改善的两个重要领域，为了实现2020年全面脱贫以及国家长治久安，党的十九大从精准扶贫、精准脱贫以及国家政治安全的两个维度给出了具体措施。在阶段性民生问题得以解决的基础上，党的二十大将民生改善聚焦于教育、就业、收入、医疗、社会保障等基本领域。

纵观我国民生质量改善进程及措施的完善与创新，我们发现，在教育、就业、收入、社会保障、医疗、社会管理等常规的重要民生领域，其中教育、就业、收入在推进民生改善上呈现出的是不断完善的体制机制推动着创新措施的推行与实施；社会保障与社会管理在推进民生改善上呈现出的则是不断创新的措施实施推动着该领域体制机制的不断完善；医疗在推进民生改善上呈现出的则是上述两种特征的融合，是不断创新的措施实施与该领域体制机制的不断完善相互推动，并行前进。

（三）民生系统与民生质量

综上，对民生的认知可以从广义和狭义的视角展开，即广义民生、狭义民生；在广义和狭义之间，大民生也正在成为一个展开研究的新视角。民生问题既是经济、社会发展的根本出发点，也是经济、社会发展的根本落脚点，因此，系统性、客观性是民生问题的本质属性。所谓民生问题的系统性是指民生所涉及不同领域的要素及各类要素间关系在民生改善上所呈现出的属性，这些民生领域所涉及的要素、要素间关系以及民生感知主体共同构成了民生系统。所谓民生问题的客观性是指民生所涉及要素及要素间关系的可衡量性，比如在当前相关研究和我国民生改善的具体实践中所涉及的教育、就业、收入、社会保障、医疗、社会管理等领域的具体要素及要素的关系。对民生改善、民生水平等的评价结果可以综合地称为民生质量，参照 ISO 9001 质量的定义，我们类比给出民生质量定义：所谓民生质量就是既定条件下民生系统固有特性满足民生诉求的程度。这样看来，民生质量包含有影响甚至决定了民生质量的客观条件（即既定条件下的民生系统固有特性）以及主观认知（人们对这种民生系统固有特性的感知）。基于此，我们可以把民生质量的评价区分为客观民生质量评价和主观民生质量评价，也就是说，基于民生系统固有属性的评价为客观民生质量评价，基于人们对民生系统固有属性人为感知的评价为主观民生质量评价。严格说来，建立在完备的民生系统之上的主观民生质量与客观民生质量应该是无差异的，此时的客观民生质量与主观民生质量对民生质量的衡量具有同等效应。之所以出现伴随着人们收入（经济）水平的提高，人们的幸福感会呈现出先扬后抑的倒"U"形特征，这是把民生质量简单根植于民生系统单一要素收入水平（或部分要素）基础之上、而忽略了民生质量系统性评价根本要求所导致的结果。正因为如此，在我国民生改善的实践过程中（从党的十七大到党的十九大），我们注意到民生改善系统性一直处于不断优化和完善的过程之中。也就是说，单一地强调教育、就业、收入、社会保障、医疗或社会管理水平的提高，只能导致其中单一要素与人们所感知的民生质量的背离。我们认为，提升民生系统诸要素整体水平是提升民生质量的必要条件，同时，为了避免民生系统某些要素水平的过快提升，导致民生系统要素间发展的不平衡、不协调，强化要素间的相对公平、协同发展就成为保证民生质量的另一个必要条件。当然，民生系统在公平、协同的状态下优化并完善必须建立在客观的民生保障基础之上。

二、经济质量的相关研究

经济质量是经济体系运行所呈现出符合经济系统关联主体要求的程度，表现为经济增长质量、经济发展质量等。经济系统关联主体一般涉及经济赖以增长（发展）的资源要素、生态环境、系统结构、民生诉求、政府规制、社会和谐等，对经济关联主体重视程度的不同一般会决定经济质量的属性。比如，强调资源要素对地方经济增长（发展）作用的经济质量一般以强调要素结构优化为主导，强调生态环境对地方经济增长（发展）作用的经济质量一般以强调经济增长（发展）的可持续性为主旨，强调民生诉求对地方经济增长（发展）作用的经济质量一般以满足居民全方位诉求为主旨，等等。伴随着经济发展、社会进步，人们对经济质量的认知和界定实现了由部分到整体、由局部到系统的升华。

（一）经济质量的界定

基于社会民生改善视角的经济质量。早期经济增长的研究往往聚焦于人均 GDP 的增长率、GDP 投资率等相对狭义的经济变量，这些是狭义经济增长的意涵。为了能够较为全面地认知经济增长，巴罗（Barro，2000）进行研究，发现经济增长与人们对更好生活的期待及生育率的下降、生活水平的提高与民主扩张、法律规则的可持续性、官僚腐败的下降密切相关。还发现经济整体发展水平并不有助于解释收入不公平的变化，犯罪率（谋杀率）与之也基本没有关系，但与收入的不公平更相关。因此，巴罗（Barro，2002）给予经济增长一种很宽泛的概念，他把经济增长理解为与经济增长紧密相关的社会、政治及宗教等方面的因素变化，具体包括个人受教育水平、预期寿命、健康状况、生育、法律和秩序发展的程度、收入分配、政治团体。这种看起来更加宽泛的经济增长解读方式，一方面赋予经济增长新的意涵，另一方面凸显了经济增长的社会、民生等前提条件、目标导向，这样就实现了由原先单纯经济增长量变衡量到综合经济增长质变衡量的演变，从而也就形成人们对经济增长质量民生视角的系统理解。

基于要素视角的经济质量。经济增长是经济发展的基础，数量型增长、质量型增长是经济增长（发展）所呈现出的阶段性特征（任保平、魏语谦，2017），所谓经济数量型增长是指通过投入大量低端要素驱动经济增长，实现经济规模在数量上的扩张；而经济质量型增长是一国或地区在数量规模增长的基础上，依靠技术进步、提高资源配置效率和生产效率等手段而实现的一种有效的经济增长（任保平，2015）。这种强调基于技术要素而实现的效率推动的经济增长就是狭义上的经济增长质量（马耶夫，1983；刘亚建，2002；刘海英等，2004；康梅，2006）。韩兆洲，黎中彦（2012）在总结相关研究的基础上认为区域综合经济实力是指区域拥有的经济规模实力、经济质量实力、经济创新能力、经济影响力和经济发展潜力，是区域在其内外经济社会占据地位和影响力的综合反映。这种定义不仅强调技术在经济增长中的潜在作用，并且延伸的经济增长的社会影响力、经济增长的可持续性等范畴，从而就实现了经济增长质量由狭义向广义的拓展，使得经济增长内涵更具广度，奠定了地区间经济质量评价公平性的基础。

基于结构协调优化视角的经济质量。区域经济发展表现在经济增长速度和经济增长质量两个方面：前者一般反映的是区域经济增长的速度或增长率，后者往往是区域经济增长"优劣程度"的表现（钞小静、惠康，2009）。刘有章等（2011）从有效性、协调性、创新性、持续性、分享性、稳定性来测度经济发展质量。何伟（2013）认为产业投入产出效率、结构协调度等因素推动了区域经济发展。当然，区域经济发展也会从经济增长、结构及质量等层面促进产业结构升级（董黎晖等，2017），可见，区域经济质量是在区域经济发展及产业结构等因素相互促进的状况下不断得到提升的。裴长洪和彭磊（2006）认为国家经济的外贸依存度与外贸贡献率对比（不一致性）特征直接影响国家经济质量的提高。徐雪和赵阳（2015）强调经济结构调整、收入分配结构改善、人力资本结构升级①有助于提高经济发展效益、推动经济增长的转型。

基于系统视角的经济质量。经济系统运行在符合自身运行规律的前提

---

① 国家（地区）人力资本结构升级往往表现为经济追赶国家人力资本结构的演化，比如：日本和韩国的高等教育比重大、中国中等教育占人力资本分布的绝大部分比重、拉美国家的初级教育劳动力比重较大。

下，满足社会、民生需求的层次显现出国家或地区的经济质量水平，经济系统的高效可持续性、社会系统的公平和谐性、民生系统的健康合意性及彼此之间的协调程度，会因为经济系统技术升级的时空有限性、社会与民生诉求的时空无限性而导致系统不协调。为此，注重发展方式的转变、优化经济结构、转换增长动力，正确处理好产业、市场、城乡区域、绿色发展、开放、经济调节、产权和分配等体系的建设才能建设现代化经济体系（高建昆、程恩富，2018）。刘世锦（2017）强调应从消费、生产、流通、投资到生活方式，加快全方位的绿色转型，把绿色发展作为质量提高的重要内容。刘伟（2017）强调现代化经济体系是发展、改革、开放的有机统一。洪银兴（2018）指出现代化经济体系的关键有三个体系：创新体系、供给体系、制度体系。高培勇等（2019）强调现代化经济体系本质上是实现社会主要矛盾、资源配置方式、产业体系、增长阶段等方面从传统经济体系向现代经济体系的转换。所以，提升经济质量就是要解决经济发展中的动力问题、不平衡问题、人与自然和谐问题、公平正义问题等，对以上问题的回答综合体现在"创新、协调、绿色、开放、共享"新发展理念的认知上。党的十七大以来，我国的经济发展正逐步由高速增长阶段转向高质量发展阶段，高质量发展就是能够很好满足人民日益增长的美好生活需要的发展，是创新成为第一动力、协调成为内生特点、绿色成为普遍形态、开放成为必由之路、共享成为根本目的的发展。在党的十七大至党的二十大期间，我国提升经济发展质量各项举措体现出延续性（见表1.2.5），对照党的十七大期间的八项促进国民经济又好又快发展，党的十八大期间的五项加快完善社会主义市场经济体制和加快转变经济发展方式，党的十九大期间的六项建设现代化经济体系的战略举措，党的二十大提出的构建新发展格局推动高质量发展的、着力推进城乡融合和区域协调发展的战略安排，可以发现，前后举措的互补性、递进性功能比较鲜明，比如在深化供给侧结构性改革、加快建设创新型国家、实施乡村振兴战略、实施区域协调发展战略等方面，四个时期只是在表述上稍有差别，但是目标指向非常明确并且一致，正是因为导向一致的目标、具有延续性的政策措施，保证了我国经济平稳地进入了转变发展方式、优化经济结构、转换增长动力的攻关期。

表 1.2.5　不同阶段经济发展战略布局

序号	党的十七大：促进国民经济又好又快发展	党的十八大：加快完善社会主义市场经济体制和加快转变经济发展方式	党的十九大：贯彻新发展理念，建设现代化经济体系	党的二十大：加快构建新发展格局，着力推动高质量发展
1	建设创新型国家	深化经济体制改革	深化供给侧结构性改革	构建高水平社会主义市场经济体制
2	推动产业结构优化升级	实施创新驱动发展战略	加快建设创新型国家	建设现代化产业体系
3	推进社会主义新农村建设	推进经济结构战略性调整	实施乡村振兴战略	全面推进乡村振兴
4	加强能源资源节约和生态环境保护	推动城乡发展一体化	实施区域协调发展战略	促进区域协调发展
5	推动区域协调发展	全面提高开放型经济水平	加快完善社会主义市场经济体制	推进高水平对外开放
6	健全现代市场体系	—	推动形成全面开放新格局	—
7	完善宏观调控体系	—	—	—
8	提高开放型经济水平	—	—	—

　　综上，经济质量是指一定时期内经济系统内在的条件（资源禀赋、协调机制等）维持该系统可持续性运行的程度。由此看来，经济质量可以基于经济系统运行的时间节点特征加以界定，即经济系统运行初始的质量关注点在于系统的资源条件是否能满足经济系统运行的可持续性；经济系统运行过程的质量关注点在于系统资源利用效率及经济系统内部的协调性能否满足经济系统运行的可持续性；经济系统运行结果的质量关注点在于通过业已形成的经济系统特征判断该系统运行方式是否具有可持续性。目前的研究更多的是将关注点放在经济系统运行结果，而对经济系统运行的初始及过程的质量研究有待加强，因为基期经济系统的终期质量是经济系统下一个运行周期初期质量的基础。本书涉及的经济质量是在关注经济数量型增长的前提下，将经济质量关注点落脚在经济系统运行的协同属性上。

（二）经济质量的定性研究

1. 经济质量提升的理念

经济运行质量是动态经济状态下的质量（柴杉，2009）。在新时期，我国可持续发展面临着来自经济结构、社会利益、城乡区域发展差距、资源环境约束和自然灾害五大领域的挑战，当然也面临着世界经济格局深度调整、绿色产业全球兴起、城市化进程加速、以改善民生为重点的社会建设整体推进和技术进步孕育后发优势的五大机遇（宋涛，2012）。中国从经济大国向经济强国转变需要突破经济发展水平较低、经济结构不合理、经济发展的质量有待提高等障碍（李平、段思语，2012）。经济增长质量是经济增长的一系列固有特性满足经济发展特定要求的程度的反映（郝颖等，2014）。高质量经济增长的具体要求，就是要实现三个转变，即质量转变、效率转变、动力转变（刘世锦，2017）。在数量扩张的基础上，经济增长从效率改进、结构优化和资源成本等特性规律方面规定着经济质量的优劣，并内涵于经济发展的进程之中。因此，应强化经济成本、民生改善、环境建设、多元主体考评等导向来创新我国的经济发展绩效评价制度（戴子刚，2011）。由于对外贸易、产业结构和能源消费结构影响着低碳经济的增长（雷明、虞晓雯，2015），为此，为进一步提高经济可持续发展能力，中国应大力发展循环经济、低碳经济，加大环境保护力度，持续改善生态环境，有力有效推进乡村全面振兴。

2. 经济质量提升的举措

对经济质量的认识可以从经济运行过程性影响因素、经济运行过程性结果两个角度理解。经济过程性结果直接表现为经济系统生产、生活领域的供求平衡状况或要求；当前众多的研究聚焦于经济系统的生产（供给）领域，关注经济高质量发展方式、发展渠道等问题，在不同具体领域形成了较为重要观点。比如，强调中国全球价值链（中部崛起）智能化变革（刘友金、周健，2018）、供求失衡引发的生产与体制变革、收入分配的改善、防治大气污染、基础支撑体系（张立群等，2018）、外商直接投资（FDI）质量（白俊红、吕晓红，2017）、对外直接投资的逆向技术溢出（ODI）（孔群喜等，2018）、信息通信技术（ICT）（郭美晨、杜传忠，2019）、保险深度和密度的提高（王博、邵全权，2015）、混合经济结构优化（景维民、王瑶，2018）、研发补贴（赵丽君、吴福象，2018）、技术进步、教育、行政管理成本（王小鲁等，2009）、雾霾污染（陈诗一、陈登科，2018）、干部学历分布（邓宏图、宋高燕，2016）、新经济方式（钞小静、薛志欣，2020）等。以上研究从不同视角给出了现代化经济体系应该关注的具体因素，高建昆和程恩富（2018）则强调要实现高质量发展，应该建设现代化经济体系；高培勇（2019）提出应从发展目标、发展理念、经济运行、宏观政策主线、宏观调控手段等方面去正确理解和把握高质量发展的内涵。

诚然，经济系统的供给（生产）环节是影响甚至是决定国家或地方经济质量的不可或缺的重要环节，从经济系统生命力的打造、可持续性运营的角度看，需求（生活）环节则决定了经济系统运行的规模、运行的层次、运行的可持续性；与需求环节密切相关的方面包括连接供求双方的市场、反映消费者消费实力的农村发展水平、反映城乡有别的区域协调等。因此，地区或国家经济质量的评价应当是建立在现代化经济体系基础之上，兼顾供求融合、协调。有鉴于此，本书将经济质量理解为：经济质量指经济系统运行过程固有特性满足需要的程度。经济系统运行的固有特性是指与经济体系相关的要素投入、产品劳务形成、消费及相关活动后果等所呈现出的系统性特征，表现为经济制度、经济资源、经济运行（马立平，1998）、经济和谐（曲振涛等，2003）等所呈现的状态。经济质量的一种直观理解是强调经济发展中的高效益、低消耗、低污染、扩大市场、增强竞争力，并强调实现经营方式的集约型转变，这一过程中要注重经济质量与增速并举、消除两极分化与优化基本经济制度并举、扩大开放与增强国家综合实力并举（杨承训、张新宁，2011）。

（三）经济质量的定量研究

1. 省域经济运行质量评价

任保平和魏语谦（2016）针对经济增长质量考虑到了经济增长的条件、过程和结果，设计了包括国民经济素质、经济效率、结构、稳定性、福利变化与成果分配、资源环境代价六个维度、共37个可测度的经济增长质量指标体系。任保平、魏语谦（2017）又从经济增长的效率、协调性、稳定性、共享性以及经济增长的素质五个方面设计了具体30个指标来对地方经济增长向质量型转换绩效进行测度，借助主成分分析法形成我国各地区的经济增长质量指数。孙志明（2017）为比较各区域间经济质量，从经济运行、经济结构、微观活力及民生福利四个维度构建了涵盖11项指标的评价体系，对各项指标数据进行指数化处理，采用算术平均法合成为质量指数，对我国 31 个省（自治区、直辖市）经济运行进行了评价。何伟（2013）认为经济发展质量是经济增长过程中所呈现出的有效性、协调性、创新性、持续性、分享性和稳定性等特征的优劣程度，基于此设计了包含28 个指标的经济运行质量综合评价指标体系，采用投影寻踪综合评价理论模型对中国 31 个省（自治区、直辖市）的经济运行质量进行了研究。黄清煌、高明（2016）则直接采用全要素生产率对经济质量进行测度。

2. 地方经济质量研究

地方经济质量和国民经济素质一样，都关注创新能力等体现未来发展潜力的因素（张连如，2005）。任彦军等（2012）在对我国西部地区固定资产投资产业结构进行研究时，从要素禀赋论出发，将经济质量定义为促进地区在一定时间上经济活动的内在存量，其大小由某一时点地区的初始要素禀赋所决定，短期内地区的初始要素禀赋变化微小，一般情况下，经济活动的内在存量（经济质量）越大说明当前经济发展越好。徐瑛和陈秀山（2006）提出地方经济质量评价涉及社会系统与自然资源—环境系统保持和谐、区域间（社会经济系统内部）的协调发展以及区域内经济长期、稳定、健康发展等三个层面。李朏朏和鲁丰先（2016）在对河南省经济增长质量的时空格局进行研究时，从经济增长稳定性、经济增长结构、科技创新能力、福利分配和人民生活、资源利用和生态环境代价五个维度，设计了包含有 25个三级指标的河南省省辖市经济增长质量评价指标体系，研究表明后两个二级指标对经济增长质量的影响作用较大。

3. 经济质量的其他研究领域

在城市经济发展质量定量评价方面，王德利和王岩（2015）从经济效率、经济影响力、经济福利、经济发展四个维度构建了城市经济发展质量综合评价指标体系，采用数据包络分析模型计算经济效率指数，采用标准值模型分别计算出经济影响力指数、经济福利指数、经济发展指数，加权指数四种指数形成北京市的经济发展质量指数。在产业发展质量定量评价上，Rosa 和 Beloborodko（2015）从产业地理位置接近度、环境表现及经济表现三个方面设计了产业协同发展质量评价指标；王俊岭和王贤（2016）提出生态经济质量的概念，基于减量化、再循环和再利用、无害化三个方面设计了包含有 15 个观测指标的钢铁工业生态经济质量评价指标体系，兼顾评价指标的全面性与代表性，采用灰色关联法将评价指标体系缩减为 7个观测指标的评价体系。

由此可见，对经济运行质量认知是多视角的，比如基于经济发展的可持续性来研究可持续经济发展质量、基于经济发展的新发展理念来研究经济发展的高质量等，形成了关注侧重点不同的经济运行质量评价标准。值得注意的是，不管经济质量研究的对象（省份、地方、城市、产业等）如何变化，在对经济质量进行定量测度研究时，民生诉求因素都是摆脱不了的，这意味着，民生是经济质量之本。为此，鉴于经济运行终极目标在于服务于人们生存发展的需要，本书试图基于民生改善视角来研究地方经济运行质量，验证社会经济系统运行所呈现出的内部子系统协同状态。

三、民生与经济质量的关系

民生改善与经济质量提升是相互助力、并行于同一综合系统的经济社会和谐进步的两大系统：民生改善是经济质量提升的着力点、落脚点、目标导向，经济质量提升是民生改善的根本保证。但是，当前在经济系统运行向高质量转型的阶段，经济发展与民生支出之间往往会呈现出较强的不对称性（罗党论、高妙媛，2014）。为了揭示和克服这种不对称性，专注于民生质量、经济质量特定领域问题的研究就成为必然。

在经济运行质量的研究中，无论是国家层面还是地区层面，"福利变化""经济福利""民生福利"等反映民生改善进程的指标都被作为一种约束性因素纳入考察国家或地区经济运行质量的影响因素中。而在民生改善实践中，政府民生支出对农村居民消费的影响往往大于其对城镇居民消费的影响，而居民收入对消费的影响也往往大于民生支出对消费的影响（魏向杰，2012）。因此，反映经济发展现状的居民人均可支配收入等指标是评价民生改善不可或缺的。对高质量经济发展的理解往往是侧重于"效率"，较少关注其分配结构"公平"的民生意义（罗楚亮，2019）。实质上，经济活动归根结底是为了改善民生水平、实现民生公平，非民生的经济活动是人类行为的异化（金碚，2011），从这个视角看，对经济活动的评价应该用民众生活质量指数取代简单的经济发展指数（曹文宏，2007）。也就是说，民生所导向的经济应是注重效益、效率、公平、绿色的经济，民生是区域经济质量的重要构成内容、是提升区域经济质量的核心环节。

经济质量因素对民生改善因素的影响。张永梅和李放（2010）认为城乡基本医疗卫生服务之所以产生不均，原因在于城乡区域经济发展不均衡、政府长期推行城乡二元医疗卫生制度以及二元财政卫生支出制度。惠宁和熊正潭（2011）强调在经济发展方式上，城乡固定资产投资差异的扩大都会 Granger 影响到城乡收入差距的扩大。张治觉和张亮亮（2012）在政府分类支出对居民消费产生引致还是挤出效应的研究中，强调长期内政府民生支出对居民消费能够形成显著的引致效应，短期内这种效应不明显。沙玛和昌德拉塞卡（Sharma & Chandrasekhar，2014）在印度城市辐射区发展、经济活动空间分布与城乡劳动力流动关系的研究中，指出周边城市面积较大或第二产业工作集中的地区更有可能造就在城乡之间往返的工人群体，当然，地区城乡失业率和工资差距也是推动或抑制人们选择由城市到农村或由农村到城镇往返工作的重要因素。基伦科和涅夫佐罗娃（Kireenko & Nevzorova，2015）在研究地下经济（shadow economy）收入与生活质量的关系时，认为生活质量改善与生活质量水平主要依赖地下经济收入水平，在相关研究证实二者存在关联性的基础上，印证了地下经济收入有助于提高生活质量水平。杨林和王璐（2017）在城乡公共文化资源非均衡配置影响因素的研究中，认为经济发展水平是主导因素、公共文化财政投入是关键因素，而城镇化进程是重要的社会条件。朱紫雯和徐梦雨（2019）在研究中国经济结构变迁与高质量发展时，强调资本逐利行为导致的资本回报率大于增长率加剧了收入不平等，使得去全球化的呼声高涨，这也是地区民生问题产生的原因之一。

民生改善因素对经济质量因素的影响。谢（Tse，2016）在研究中国城镇居民偏见与农村移民到城镇实现城乡居民融合的关系时指出，不单单是教育层次高、家境更殷实的城市户口居民对农村居民融入城市更具有偏见，正是这种城镇人口的偏见影响到了农民工的城市融入。普洛加尼等（Plagányi et al.，2013）在研究把基本民生及生活目的融于自然资源管理的问题时，强调在自然资源管理决策上，整合当地居民生活与生活方式的目标，必须要遵循经济、社会与生态三方面彼此协调。陈等人（Chen et al.，2016）对人口结构和经济发展在重构对农村贫困发生率的影响进行研究，认为收入的增加固然可以改善农村贫困人口的生活条件，但在一定程度上，收入不平等却会导致脱贫的难度加大，中国大部分地区经济增长对农村扶贫的积极影响已经消失，人口老龄化问题已经成为中国大部分地区贫困发生率的关键影响因素。我们知道，人均 GDP 增长率、投资的 GDP 占比等狭义的经济变量常常被用来衡量经济增长；经济发展问题的研究则需要关注质量维度的变量，比如健康、生育、政治制度、环境、教育、收入分配、犯罪和宗教等（Barro，2002）。工业化与农村/城镇工资（比率）差异下降有关，伴随着传统部门生产效率的提高、劳动力脱离土地，这标志着（城乡）劳动力市场的进一步融合（Borodkin et al.，2008）。在降低城乡居民收入差距方面，张（Zhang，2012）认为全要素生产率的提升、农民工城镇化更有效，而资本的城乡配置不合理则会拉大城乡居民收入的差距。刘欢（2018）在民生财政支出、人口流动与经济增长关系的研究中，提出在考虑地区人口流入规模的条件下，提高民生财政支出水平将带来更大的经济增长效应。

近年来，民生问题、区域经济质量问题成为地方政府关注的核心问题，也是学界关注的热点。多数研究侧重于定性或定量分析范式，关注其中一个问题，或侧重于其中一个问题，研究视角大多聚焦于国家层面，而针对特定区域民生或经济运行质量的研究涉及不多；另外，中国人均 GDP 在 2010 年超过了英格哈特（Inglehart，1997）民生福祉与人均 GDP 影响关系的分界点（5000 美元，按 1995 年美元的购买力平价），也就是说，2010 年以来我国的人均 GDP 对民生提升的正向影响关系开始走向不敏感阶段。经济发展的目标不应该是 GDP 最大化，而是提高人类福祉和生活质量（Sorrell，2010），正因为如此，本书以 2010 年以来江苏 13 个地级市为研究对象，采用定量与定性相结合的分析范式，揭示江苏民生改善、经济运行质量提升过程中民生、经济系统运行的状态，试图给出目前各地区民生经济质量提升合理对策及有待改进的制度安排问题，这对于推动江苏现代化经济体系建设具有重要现实意义。

第三节　基本概念与主要问题

本书以 2010 年以来江苏 13 个地级市为研究对象，基于民生视角考察地区经济质量的目的，从系统的角度构建民生质量和经济质量评价指标体系，揭示地区民生质量与经济质量提升过程中民生系统、经济系统及其之间相互协同发展的内在特征。对以上问题予以解答必须建立在基本概念明确界定和关键指标合理处置的基础之上，所以本节主要阐述基本概念与主要问题。

一、地区民生质量及评价指标体系框架

1. 民生质量客观与主观评价的等同性条件

民生质量的客观性评价建立民生系统一系列客观属性基础之上，是对系统变量运行内在协同性的一种鉴定。民生质量的主观性评价建立在民众对民生系统固有属性的感知基础之上，是对系统变量影响感知的一种测量。设民生系统 $S = S(x_1, x_2, \cdots, x_n)$，其中 $x_i(i = 1, 2, \cdots, n)$ 代表民生系统的 i 变量。建立在该民生系统之上的民生质量感知函数可以表述为 $U(x_1, x_2, \cdots, x_n)$，建立在既定要素禀赋下 (m) 的约束函数 $f(x_1, x_2, \cdots, x_n)$ 之上，约束函数相当于在既定资源禀赋 m 下对民生质量客观属性 x_i 规模即对比关系的衡量，即客观民生质量。此时，实现主观民生质量最大化的民生系统变量 i 间的关系以及其与要素禀赋 m 的关系也是对客观民生质量的反映，这样就实现了系统条件下主观民生质量与客观民生质量的等同。为了说明这个问题，设在民生系统 $S = S(x_1, x_2)$ 下，民生质量感知函数为 $U = x_1^\alpha x_2^\beta$，约束函数 $f(x_1, x_2) = x_1 + x_2 = m$，此时，实现民生感知函数最大的系统变量应满足 $x_1 = \alpha m/(\alpha + \beta)$、$x_2 = \beta m/(\alpha + \beta)$；同时，这一关系也是民生质量的客观保证，也就是说，当 x_1 大于或小于 $\alpha m/(\alpha + \beta)$、$x_2$ 保持 $\beta m/(\alpha + \beta)$ 不变时，主观民生质量处于下降或上升期，此时，客观民生质量呈现出的状态是要素过分利用或利用不足。

2. 地区民生质量

自党的十七大以来，中国政府开始高度关注民生问题，我国阶段性民生共性问题体现在"收入、教育、就业、医疗、社会保障、社会管理"等重点领域。纵观国际机构以及其他国家和地区（联合国、OECD、美国、日本、印度等）的民生评价指标（见表1.3.1），在民生质量的衡量方式上，与国内学者及研究机构对民生的评价相比较，关注点逐渐趋于一致，侧重于民生保障及提升的视角，这也与我国地区政府关注的民生领域趋于接近。鉴于该研究领域存在对民生表述方式多样但内涵趋同的特点，本书在江苏地区民生研究上，采用"地区民生质量"对民生问题加以表述。所谓地区民生质量是指满足地区居民在收入、教育、就业、医疗、社会保障、社会管理等民生系统各要素需求的能力，这种满足需求的能力体现在民众对民生水平的感知、对民生公平的感知，以及对保持和推动民生改善保障能力的感知。鉴于系统性评价基础上客观民生质量与主观民生质量等同的属性，对民生水平系统、民生公平系统和民生保障感知的评价也就等价于对民生水平、民生公平和民

保障系统及其协调性的客观性评价。其中，民生水平系统主要由民众特定时点上的基础民生质量指标体系构成，比如不同类型的收入水平、消费水平等；民生公平系统由反映民众对同一民生质量指标在不同主体之间不同表现形态对比指标体系构成，比如同一时点城乡居民食品支出的对比。民生保障系统由反映保障民生水平提高和民生公平提升的相关指标体系构成，比如，地区在为了维护和提高居民民生水平和民生公平在就业、教育、医疗、社会保障、社会管理等方面的衡量指标。

表 1.3.1　不同学者、机构的民生水平评估系统

编号	评价目标	主要中间指标	研究者
1	深圳市民生净福利指标体系	收入分配公平；安全水平；公共服务；环境保护；社会保障；人的全面发展水平	邹育根（2009）
2	中国民生指数评价体系	社会净财富；收入分配与公平；环境生态及安全水平；社会保障水平；人的全面发展与民主诉求的满足；公共服务水平	邓平（2009）
3	上海市闵行区民生指标体系	人民生活水平指标；社会就业保障；社会公共服务；社会公共安全；生态文明建设	上海市闵行区政府
4	联合国的民生评价社会指标	人口：家族形成、家族、家庭；学习及教育事业；有收益的活动及无收益的活动；收入、消费、积蓄的分配；社会保障及福利事业；健康、保健事业及营养；住宅及居住环境；公共秩序及安全；时间的使用；业余时间及文化活动；社会阶层及流动情况	朱孔来、花迎霞、孟宪霞（2010）
5	经济合作与发展组织（OECD）的民生评价社会指标	寿命；生活健康情况；教育设施的利用；文化程度；就业机会；工作生活质量；时间利用；收入；财富；住房条件；服务设施；环境公害；社会现象；危险事故；受到威胁	
6	美国的民生评价社会指标	人口和家庭；健康和营养；住房和环境；交通运输；公共安全；教育和训练；工作；社会保险和福利；收入和生产率；参与社会活动；文化、闲暇和时间的利用	
7	日本的民生评价社会指标	自然环境；人口家庭；经济基础；财政；学校教育；医疗；健康；劳动；家计；居住环境；社会保障；社会教育；安全；生活时间的分配	
8	印度的民生评价社会指标	人口；保健和营养；住房；教育；劳动和就业；收入；犯罪	

表1.3.1(续)

编号	评价目标	主要中间指标	研究者
9	中国民生发展指数	民生质量指数（收入与就业质量、文化与教育质量、生态与环境质量、居住与出行质量、安全与健康质量）；公共服务指数（基础设施建设、科教文卫建设、生态文明建设、公共安全建设、住房保障建设）；社会管理指数（城乡统筹管理、社会保障建设、就业与收入分配调节）	北京师范大学中国民生发展报告课题组、唐任伍（2011）
10	民生指数指标体系	居民生活（收入与就业、消费、收入分配）；生态环境（环境治理、环境满意度）；社会环境（社会治安、政府治理）；公共服务（义务教育、医疗卫生、社会保障、公共设施）	全国人大财经委课题组（2011）
11	民生工程评价指标体系	收入与就业、分配与公平、民生公共财政投入、福利保障、健康医疗、文化教育、居住交通、社会安全、环境保护、基础设施	冯南平、唐运舒、彭张林等（2013）
12	中国民生指数客观指标体系	居民生活（收入分配、消费水平、就业状况、居住状况）；公共服务（文化教育、医疗卫生、社会保障、社会服务、交通状况）；公共安全（公共安全、生产安全、卫生安全、质量安全）；生态文明（空气质量、垃圾处理、水质达标、绿化水平、农村环境）	国务院发展研究中心中国民生指数研究课题组等（2015）
13	民生指数指标体系	居民生活（收入和消费、就业、分配、生活压力）；公共服务（教育、医疗卫生、社会保障、社会服务、交通）；公共安全（自然灾害、事故灾难、公共卫生、社会安全）；生活环境（空气质量、水环境、植被环境、城乡居住环境）	国务院发展研究中心中国民生调查课题组等（2016）

3. 地区民生质量评价指标体系框架

基于系统运行特征，构建具备时间属性的民生水平，具备空间属性的民生公平，以及具备推动民生水平和公平提升的基础、动力和成效属性的民生保障三个维度的民生质量评价指标体系。三个维度的评价指标变量综合，分别对应构成了民生水平系统、民生公平系统和民生保障系统。这三个系统运行的综合属性表现就是民生质量指数，而每个子系统运行的综合属性分别对应着民生水平指数、民生公平指数和民生保障指数。

二、地区经济质量及评价指标体系框架

1. 地区经济质量

经济高质量发展是体现新发展理念的发展，发展的根本目的是满足人民的美好生活需要（逄锦聚 等，2019）。基于民生的经济质量就是指地区的经济系统及运行对于推动民生改善的程度，体现在前者与后者之间的协同度、前者对后者的作用强度及后者对前者的导向和依赖程度。因此，经济发展的质量变革、效率变革及动力变革成效取决于其满足社会需求变化的程度（国家发展改革委经济研究所课题组，2019）。在对经济质量评价指标体系的构建上，研究的视角较多，比如现代化视角、经济发展质量的综合视角、经济增长效率视角、数字经济视角、经济高质量视角等（见表1.3.2）。在对我国经济高质量发展测度研究上，史丹、李鹏（2019）基于新发展理念设计了经济高质量发展的指标体系，包括了创新驱动、协调发展、绿色生态、开放稳定、共享和谐5个一级指标。其中：创新驱动涉及宏观效率、微观效率（生产效率）、创新投入和创新产出4个二级指标，共13个三级指标；协调发展涉及产业结构、城乡结构、城镇化、投资消费结构、金融结构和区域协调6个二级指标，共12个三级指标；绿色生态涉及资源消耗、工业排放、生态环境和环境治理4个二级指标，共12个三级指标；开放稳定涉及开放、稳定和安全3个二级指标，共13个三级指标；共享和谐涉及福利分配、人民生活和基础设施建设3个二级指标，共12个三级指标（见附表1.5）。以上对国家或地区经济质量的评价为本书提供了较为全面的参考。

表 1.3.2　不同学者、机构的经济质量评估系统维度

编号	评价目标	主要中间指标	研究者
1	省域基本现代化评价指标体系	经济现代化；社会现代化；民生现代化；生态现代化；文化现代化	沈正平等（2013）
2	经济发展质量的综合指标体系	分享性、稳定性、有效性、协调性、创新性、持续性	何伟（2013）
3	经济发展质量综合测度指标体系	经济效率指数（EEI）；经济影响力指数（EFI）；经济福利指数（EBI）；经济代价指数（EPI）	王德利、王岩（2015）
4	经济增长质量指标体系	经济增长稳定性；经济结构合理性；社会需求；科技进步；资源环境；居民生活	周海鹏等（2016）

表1.3.2(续)

编号	评价目标	主要中间指标	研究者
5	中国经济增长质量指数构成	效率;结构(产业结构、投资消费结构、金融结构、国际收支、城乡二元结构);稳定性(产出波动、价格波动、就业波动);福利变化与成果分配(福利变化、成果分配);生态环境代价(资源消耗、环境污染);国民经济素质(基础素质、能力素质、协调素质)	任保平、魏语谦(2016)
6	经济质量评价指标体系	经济运行(人均GDP、GDP增长率、地方财政能力);经济结构(非农产业比重、外贸依存度、城镇化);微观活力(贷款增长率、人均发明专利);民生福利(人均可支配收入、城乡收入比、痛苦指数)	经济质量研究课题组、孙志明(2017)
7	我国经济高质量发展测度	创新驱动(宏观效率、微观效率、创新投入、创新产出);协调发展(产业结构、城乡协调、城镇化);绿色生态(资源消耗、工业排放、生态环境、环境治理);开放稳定(开放、稳定、安全、投资消费结构、金融结构、区域协调);共享和谐(福利分配、人民生活、基础设施建设)	史丹、李鹏(2019)
8	经济高质量发展评价指标体系	高质量供给(创新能力、人才供给、动能转换);高质量需求(消费水平、消费升级、城镇化进程);发展效率(资本产出效率、人力资本贡献率、生态能源效率);经济运行(增长质量、安全稳定、产业升级、风险防范);对外开放(对外贸易、利用外资)	马茹等(2019)
9	高质量发展指数评价指标体系	创新发展指数、协调发展指数、绿色发展指数、开放发展指数、共享发展指数	刘瑞、郭涛(2020)
10	经济高质量发展水平测度	产业结构(产业结构高级化、产业结构合理化、生产性服务业占比);包容性TFP(包容性TFP指数);技术创新(创新指数);生态环境(二氧化硫去除率、工业固废综合利用率、PM2.5);居民生活(人均GDP、人均教育支出、人均医院床位数)	赵涛等(2020)
11	中国经济高质量发展的指标体系	创新性(创新动力、创新产出、效率提升);协调性(区域协调、城乡协调、产业协调);开放性(对外贸易、利用外资、对外投资);可持续性(稳定发展、绿色发展);共享性(收入、消费、健康、教育、休闲)	陈景华等(2020)

2. 地区经济质量评价指标体系框架

目前关于地区或区域经济质量发展的评价多从经济发展属性角度予以

研究，而围绕经济发展领域所呈现出的质量特征研究不多，纵观党的十七大、党的十八大、党的十九大及党的二十大对经济发展的重视，不单单是强调发展理念，更为重要是强调把发展理念贯穿于具体的经济领域。从经济系统协同发展的视角出发，本书从以下几方面考虑地方经济质量评价指标体系：供给侧结构性改革不断调整和优化经济系统基础的产业结构、消弭城乡二元结构的乡村振兴重要举措、不断完善的社会主义市场体制、强化经济系统协同发展的区域协调、推动形成全面开放新格局、建设创新型国家、推动经济系统优化的动力来源开放创新，共同构成了经济系统，系统各要素运行的综合水平和状态就是经济质量。

三、指标属性及正向化

（一）指标属性及合意性

民生系统和经济系统指标变量往往表现为正向、逆向和适度属性。所谓正向指标也就是望大指标，对于民生系统或经济系统的望大指标来说，指标值的增大伴随着民生质量或经济质量的提升。当然，一些正向指标实际变动并一定呈现出望大属性。为此，我们界定：当指标的期望变化属性与其实际变化情形一致时，我们认为这种指标的变化是符合民众意愿的，此时，称该指标的变化处于合意状态；相反，当指标的期望变化属性与其实际变化情形不一致时，我们认为这种指标的地区变化是违背民众意愿的，此时，称该指标的变化处于非合意状态。如图1.3.1所示，图中"+""-"分别表示指标变量值增大、减小。当研究中把逆向指标、适度指标正向化后，对于时间序列数据来说，其在每个时间点上变化的合意状态将直接影响系统属性（比如民生质量、经济质量等）。因此，变量合意性概念的提出有利于揭示变量阶段性波动对系统属性的影响。

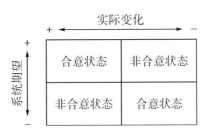

图 1.3.1　指标合意性判断

（二）适度指标的正向化处理

在对一个民生或经济现象进行综合评价的问题中，往往会涉及正向、

逆向和适度指标三种类型的指标变量，为了实现所关注问题多指标在统一的同趋势口径下予以进行分析的目的，逆向指标的正向化和适度指标的正向化往往是必须例行的动作。逆向指标的正向化常常可以通过对原始变量进行改变符号来实现（黄志典、李宜训，2017；Ambarish et al.，1987），当逆向指标的取值没有出现 0 时，原始数据的倒数形式是一种逆向指标正向化最为简单而有效的形式（陈军才，2005）。为此本书采取这种方法对逆向指标正向化。在适度指标正向化问题的处理上，存在着适度指标的适度值范围（谢赤、钟赞，2002）和点值（陈迪红等，2003）的具体情形有不同的适度指标正向化的做法。对于后者：假设 a 是适度指标 x_i（其指标值为 $\{x_{it}\}$，其中 $t = 1$，2，…，T）的适度值，x_{it} 距离适度目标值 a 越大意味着其越不符合期望，所以，$|x_{it} - a|$ 反映了 t 时间点，指标 x_i 的不符合期望的程度，呈现明显的逆向特征，考虑到 $|x_{it} - a|$ 值可能为 0 的可能，故设计正向化指标形式为 $1/(\beta + |x_{it} - a|)$（史丹、李鹏，2019；陈迪红、李华中、杨湘豫，2003；任保平等，2018），其中 β 为待定的常数，从便于比较正向化指标的实际意义出发，将 β 设定为 $|\max x_{it} - a|$。这种计算方式的长处在于：第一，可以避免分母为 0 导致无法计算的情况出现；第二，避免 $|x_{it} - a|$ 过小导致正向化值过大失真情况发生，也就是说，可以保证正向化指标在 $1/|\max x_{it} - a|$ 左右波动。

第四节　本章小结

本章从苏南、苏中和苏北地区的基本经济、民生指标呈现出的基本统计特征，提出了拟要开展研究的问题。结合江苏省的战略部署，阐述了江苏民生改善、经济质量提升的基本导向。针对要研究的问题和民生、经济质量提升的原则导向，本章从民生质量认知与实践、经济质量的认知和定性及定量研究范式、民生与经济质量的关系等领域进行了文献梳理，阐述了民生质量与经济质量间的关系。在此基础上，从质量管理视角，分别对民生质量与经济质量的内涵予以界定；从系统论的视角，从民生水平、民生公平、民生保障三个方面设计民生质量评价指标体系的构想；同时，结合地区经济发展的动态性特征，从产业结构、乡村振兴、市场体制、区域协调、开放创新等方面给出江苏省地区经济质量系统评价指标体系的构想。

第二章　地区民生质量评价指标体系

本章兼顾民生质量改善基础、动力、成效的时间维度、空间维度的可比性，从民生水平、民生公平、民生保障三个维度设计民生质量评价指标体系。在对江苏13个地区民生评价指标进行时间维度和空间维度比较分析的基础上，本章采用主成分分析法，分别对地区、地区间民生质量的系统性特征、演变趋势及主导因素进行探究。

第一节　民生水平

民生水平是时间维度上地区民生质量状况的反映，民众的收入和支出是保证民生质量的经济基础。城乡居民是感知和评价地方民生质量的主体，民众收入及来源、支出及去向是反映民众生活质量最直接的基本因素。

民众收入来源渠道的多寡反映了民众维持和提高自身民生质量水平，获取经济来源的多样性和灵活性，不同渠道经济收入来源份额的对比潜在地反映了居民获取收入的能力、拥有资源禀赋的状况及职业选择的倾向。

民众消费支出类型反映民生质量涉及的范围，不同类型消费支出的额度及对比反映了民生质量提升演变的方向。

为此，在构建民生水平系统时，本书关注民众四类收入来源、八项消费支出类型及相应的综合指标，在此基础上，对江苏13个地区民生水平加以比较分析。

一、民生水平的收入统计指标体系

（一）民生水平的收入评价指标

在收入相关指标的选择上，北京师范大学中国民生发展报告课题组（2011）采用"城镇居民人均可支配收入、农村居民人均纯收入、城乡居民人均人民币储蓄存款年底余额"等客观绝对值指标对民生水平进行衡量。国务院发展研究中心中国民生指数研究课题组（2015）用"城乡居民人均可支配收入实际增长率/人均 GDP 增长率、当地最低工资标准/城镇从业人员平均工资、城镇单位就业人员平均工资实际增长率/人均 GDP 增长率"等相对指标对民生水平进行评价。全国人大财经委课题组（2011）采用了复合指标"城乡居民家庭人均可支配收入"对民生水平进行测度。

也就是说，目前在测度民生水平的收入指标选择上，总量指标选择是一个明确的选项，值得注意的是，以上民生质量研究的对象聚焦在国家层面或省域层面，研究对象比较单一；为了更好地揭示地方民生水平，要实现较为深入探究民生水平的影响因素，细化这种总量指标是有必要的。

为此，借助目前研究的思路，本书在构建地区民生水平评价指标体系上，全面考虑了地区城乡居民收入来源的分项指标以及能够反映居民收入的综合指标。在收入分项指标设计上，兼顾城镇与农村居民工资收入、经营净收入、财产净收入和转移净收入，形成人均工资收入、人均经营净收入、人均财产净收入、人均转移净收入等分项指标。获取以上四类人均性收入的方法是，借助地方城镇化率对城镇、农村居民的四类人均来源收入和两类人均可支配收入进行加权形成①。以人均工资收入为例，其计算方法为：城镇居民人均工资收入×城镇化率+农村居民人均工资收入×（1−城镇化率），以上4类收入是不分城镇与农村的综合性指标。为了实现数据年度之间的可比性，统一采用地区生产总值的平减指数（2005年为基期）对以上数据进行平减处理。

另外，为了从总体上揭示地区城乡民生水平，将城乡居民可支配收入增长质量和年末城乡居民人均储蓄存款余额作为考察对象。其中，城乡居民可支配收入增长质量用城乡居民人均可支配收入增长率与人均GDP增长率的比值来表示；在获取年末城乡居民人均储蓄存款余额上，设定年存款利率为0.017 5，以2005年为基期，采用复利方式对逐年的存款余额予以贴现获得。综上，江苏地区民生水平收入评价指标体系如表2.1.1所示。

———————————

① 城镇住户方面：城镇就业面指就业人口占家庭人口的百分比。城镇就业者负担人数指家庭人口与就业人口之比。城镇家庭总收入指家庭成员得到的工资性收入、经营净收入、财产性收入、转移性收入之和，不包括出售财务收入和借贷收入。城镇居民家庭可支配收入指家庭成员得到可用于最终消费支出和其他非义务性支出以及储蓄的总和，即居民家庭可以用来自由支配的收入。它是家庭总收入扣除交纳的个人所得税、个人交纳的社会保障支出以及记账补贴后的收入。计算公式为：城镇居民家庭可支配收入＝家庭总收入−交纳个人所得税−个人交纳的社会保障支出−记账补贴城镇家庭总支出指家庭除借贷支出以外的全部实际支出。包括现金消费支出、财产性支出、转移性支出、社会保障支出、购房与建房支出。城镇家庭现金消费支出指家庭用于日常生活的全部现金支出，包括食品、衣着、居住、家庭设备及用品、交通通信、文教娱乐、医疗保健、其他等八大类支出。城镇家庭服务性消费支出指家庭用于支付社会提供的各种文化和生活方面的非商品性服务费用。农村住户方面：总收入指调查期内农村住户和住户成员从各种来源渠道得到的收入总和。按收入的性质划分为工资性收入、家庭经营收入、财产性收入和转移性收入。工资性收入指农村住户成员受雇于单位或个人，靠出卖劳动而获得的收入。家庭经营收入指农村住户以家庭为生产经营单位进行生产筹划和管理而获得的收入。农村住户家庭经营活动按行业划分为农业、林业、牧业、渔业、工业、建筑业、交通运输业邮电业、批发和零售贸易餐饮业、社会服务业、文教卫生业和其他家庭经营。财产性收入指金融资产或有形非生产性资产的所有者向其他机构单位提供资金或将有形非生产性资产供其支配，作为回报而从中获得的收入。转移性收入指农村住户和住户成员无须付出任何对应物而获得的货物、服务、资金或资产所有权等，不包括无偿提供的用于固定资本形成的资金。一般情况下，指农村住户在二次分配中的所有收入。现金收入指农村住户和住户成员在调查期内得到以现金形态表现的收入。按来源分成工资性收入、家庭经营现金收入、财产性收入、转移性收入。农村居民家庭纯收入指农村住户当年从各个来源得到的总收入相应地扣除所发生的费用后的收入总和。计算方法：农村居民家庭纯收入＝总收入−家庭经营费用支出−税费支出−生产性固定资产折旧−赠送农村内部亲友纯收入主要用于再生产投入和当年生活消费支出，也可用于储蓄及各种非义务性支出。"农民人均纯收入"是按人口平均的纯收入水平，反映的是一个地区农村居民的平均收入水平。总支出指农村住户用于生产、生活和再分配的全部支出。包括家庭经营费用支出、购置生产性固定资产支出、税费支出、消费支出、财产性支出和转移性支出。

表 2.1.1　民生水平收入评价指标体系

分类指标	基础指标	代号	计量单位	属性	计算方法
分项收入	人均工资收入	L111	元/人	正向	以 2005 年为基期的地区生产总值平减指数对各个指标进行平减获得指标变量值
	人均经营净收入	L112	元/人	正向	
	人均财产净收入	L113	元/人	正向	
	人均转移净收入	L114	元/人	正向	
综合收入	城乡居民可支配收入弹性	L121	%	适度	城乡居民人均可支配收入增长率/人均GDP 增长率
	年末城乡居民人均储蓄存款余额	L122	元/人	正向	以 2005 年为基期的地区生产总值平减指数进行平减获得

（二）民生水平的收入评价指标统计特征

1. 民生水平的实际收入指标统计特征

（1）基于时间维度、单一地区视角。民生水平的收入评价指标中反映实际收入状况的指标包括：人均工资收入、人均经营净收入、人均财产净收入、人均转移净收入以及年末城乡居民人均储蓄存款余额。图 2.1.1~图2.1.4 分别给出了江苏省 13 个地区上述五类指标变量 2010—2019 年期间的演变特征。通常条件下，这五类指标变量取值越大，意味着民众的收入和存款余额越大，民生质量的经济基础越强，各地区指标变量显著递增的趋势与其望大属性一致。在指标合意性方面，对于合意性较高的人均工资收入来说，2010—2019 年期间，13 个地区中只有南通、徐州和连云港2013 年的人均工资收入相对于上一年度有所回落，分别递增−0.94%、−2.66%和−8.24%，出现了非合意状态；人均经营净收入的非合意状态也只是零星出现在部分地区，常州、苏州在 2017 年，泰州在 2013 年的增长率分别是−0.91%、−1.45%和−14.68%，连云港分别在 2010 年和 2019 年的增长率分别为−5.27%和−1.33%，宿迁分别在 2010 年和 2013 年的增长率分别为 −1.77%和−1.04%；人均财产净收入的非合意状态出现的频率也是很低，无锡、常州、镇江和徐州在 2011 年、2012 年、2010 年和 2012 年的增长率分别为−1.98%、−9.20%、−3.00%和−7.56%；人均转移净收入的非合意状态的时间特征非常明显，除宿迁外的江苏 12 个地区的人均转移净收入在 2013 年出现了负增长；年末居民人均储蓄存款的非合意状态主要发生在苏北的五个地区的 2015 年，该年度徐州、连云港、淮安、盐城、宿迁年末居民人均储蓄存款相对于上年度的增长率分别是−3.59%、−6.45%、−4.24%、−0.34%、−5.20%。综上，在居民四类收入以及年末居民人均储蓄存款中，除了极少部分地区在极少年份出现非合意状态，整体上都表现出显著的上升趋势，这意味着江苏各地居民收入来源系统稳健。

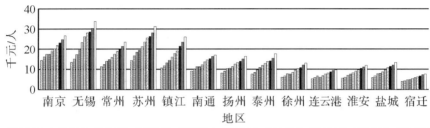

图 2.1.1　人均工资收入

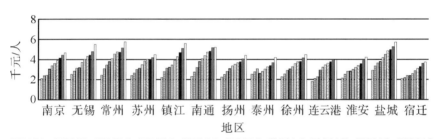

图 2.1.2　人均经营净收入

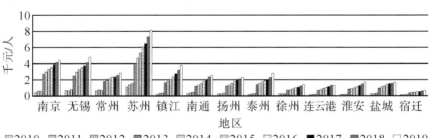

图 2.1.3　人均财产性收入

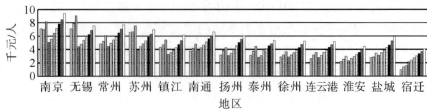

图 2.1.4　人均转移净收入

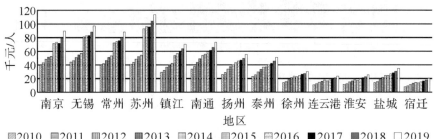

图 2.1.5　年末居民人均储蓄存款

（2）基于空间维度、地区间比较视角。对比同年度地区间人均工资收入、人均经营净收入、人均财产净收入、人均转移净收入以及年末城乡居民人均储蓄存款余额的高低分布，除人均经营净收入外，其他四个指标变量高低分布的地区特征非常典型，苏南地区对应的指标值高过苏中地区，苏北地区居后，其中宿迁在各项指标中都处于末位。在四类收入指标变量中，2010—2019 年期间，地区间人均工资收入、人均经营净收入、人均财产净收入、人均转移净收入的最大值平均是其最小值的 4.17 倍、1.56 倍、11.37 倍、3.51 倍；由此可见，江苏各地区间收入悬殊较大的是人均工资收入和人均财产净收入、悬殊相对较小的是人均经营净收入和人均转移净收入。另外，从全省视角看，近年来（尤其是 2013 年以来），四类城乡居民人均来源收入结构相对比较稳定，总体上呈现"人均工资收入：人均经营净收入：人均财产净收入：人均转移净收入 = 60：16：9：15"的特征，当然地区之间的差异也是比较明显的，苏南地区在人均工资收入和人均财产净收入分别比苏北地区高出约 10% 和 4%，而人均经营净收入和人均转移净收入分别比苏北地区低约 10% 和 4%。由此我们认为，苏南、苏中、苏北收入来源相对优势及结构的对比共同造成了江苏各地人均收入的差异。

2. 民生水平的收入性增量指标统计特征

（1）指标含义。城乡居民可支配收入弹性是城乡居民人均可支配收入增长率和人均 GDP 增长率的对比情况，前者衡量的是居民可支配收入的变化情况，是民生质量的直接反映；后者衡量的是地区经济发展进程，是地区民生质量的重要基础和保证。二者对比反映了地方经济运行的健康状况：当比值较长期维持着大于 1 的状态，意味着在地区经济系统中居民消费的主导地位越强，经济系统的投资机制不健康；在比值较长时间维持着小于 1 的状态，意味着地区经济发展中，投资的主导性质越强。基于此，我们认为城乡居民可支配收入弹性是适度指标，为了揭示该指标的合意性，采用 $1/(\beta + |x_{it} - a|)$ 形式对该指标进行正向化处理，其中 a 取值 1，β 为 $|\max x_{it} - a|$。2010—2019 年期间，江苏 13 个地区的城乡居民可支配收入弹性正向化后的演变特征如图 2.1.6 所示。

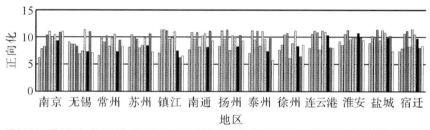

图 2.1.6 城乡居民可支配收入弹性

（2）基于时间维度、单一地区视角。理论上，正向化后的城乡居民可支配收入弹性具有望大属性，但是从各个地区 2010—2019 年期间该指标连续呈现出的值来看，其变化望大属性不明显，非合意状态出现得比较频繁，这意味着，相对于人均 GDP 增速，城乡居民对其可支配收入增速并不是处于相对稳定的状态。

（3）基于空间维度、地区间比较视角。比较同期地区间正向化的城乡居民可支配收入弹性，我们发现，该弹性值处于在相对稳定的状态，也就是说，同期地区间正向化的城乡居民可支配收入弹性最大值与最小值商的均值维持在 1.54 左右；2016 年地区间正向化的城乡居民可支配收入弹性最为接近，其最大值与最小值商为 1.18。由此可以看出，相对于地区的 GDP 增速，江苏各地人均可支配收入的增速虽有差异，但差异较小。

二、民生水平的支出统计指标体系

(一) 民生水平的支出评价指标

在民生质量评价方面，居民收入是民生水平普遍采用的一类指标，居民消费往往是被忽视的因素，比如，"上海市闵行区民生指标体系（2007）"中只有收入类评价指标，没有居民消费类指标；邓平（2009）在构建"中国民生指数评价体系"时，完全没有把居民消费支出作为评价指标。邹育根和马晓鹏（2009）在构建"深圳市民生净福利指标体系"时开始采用"居民消费价格增长率"这种综合性消费指标。北京师范大学中国民生发展报告课题组（2011）在构建"中国民生发展指数"时考虑了多维的消费指标，比如农村居民家庭人均住房面积、城镇居民房价收入比、城镇居民消费水平、农村居民消费水平等。国务院发展研究中心中国民生指数研究课题组（2015）在构建"中国民生指数客观指标体系"时，将"城乡居民家庭人均消费支出"作为重要考量指标。也就是说随着人们对民生水平的认知程度加深，居民消费支出领域的指标正在不断地被强化，但是总体看来，目前的民生质量消费性指标的设计多以综合指标为主，很少有把居民分类型消费支出详细指标用于衡量民生水平。对于城乡居民来说，居民人均食品烟酒、衣着、居住、生活用品及服务、交通通信、教育文化娱乐、医疗保健等消费支出都是从不同层面揭示民生质量重要参考，彼此之间的消费支出构成及演变都是民生水平的真实体现，为此，从分项视角构建了民生水平的消费支出评价指标体系（见表2.1.2）。

在支出综合性指标选择上，本书采用王贤斌（2015），刘渝琳和刘珊宏（2011），以及姜文芹（2018）等的做法，将"居民消费价格总指数"作为评价地区民生水平的综合指标之一；同时，针对城乡二元结构特征，本书设计了"城镇居民消费支出的可支配收入占比"和"农村居民生活消费支出的纯收入占比"作为民生支出视角评价的指标。

表 2.1.2　民生水平的支出评价指标

分类指标	基础指标	代号	计量单位	属性	计算/获取方法
分项支出	居民人均食品烟酒消费支出	L211	元/人	正	基于城镇化率对城乡居民人均分类消费支出加权
	居民人均衣着支出	L212	元/人	正	
	居民人均居住消费支出	L213	元/人	正	
	居民人均生活用品及服务消费支出	L214	元/人	正	
	居民人均交通通信消费支出	L215	元/人	正	
	居民人均教育文化娱乐消费支出	L216	元/人	正	
	居民人均医疗保健消费支出	L217	元/人	正	
	居民人均其他用品和服务消费支出	L218	元/人	正	
综合支出	居民消费价格总指数	L221	—	逆	江苏统计年鉴
	城镇居民消费支出的可支配收入占比	L222	—	逆	江苏统计年鉴
	农村居民生活消费支出的纯收入占比	L223	—	逆	江苏统计年鉴

（二）民生水平的支出评价指标统计特征

1. 分项支出指标统计特征

（1）分项支出指标数据的整理。居民人均八项消费支出数据的获取与上文中居民人均收入的处理方式相同。第一，基于地区的城镇化率，城乡居民相应的消费支出进行加权，以获得八项人均消费支出变量的值；第二，以 2005 年为基期，对加权形成的居民消费支出进行等价折算，结果如图 2.1.7~2.1.14 所示。当然，这类指标的客观性及数据的绝对性，保证了其应具备的正向性特征。

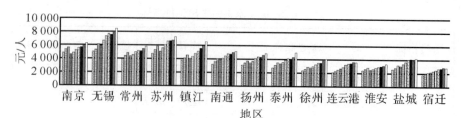

图 2.1.7　居民人均食品烟酒消费支出

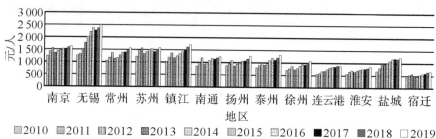

图 2.1.8　居民人均衣着消费支出

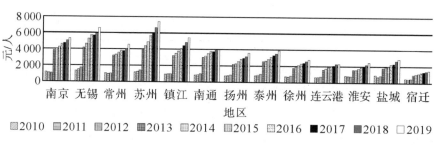

图 2.1.9　居民人均居住消费支出

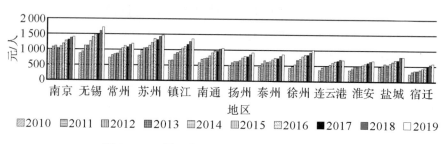

图 2.1.10　居民人均生活用品及服务消费支出

　地区民生质量与经济质量的耦合机制研究——以江苏省为例

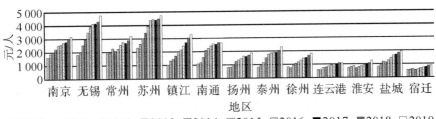

图 2.1.11　居民人均交通通信消费支出

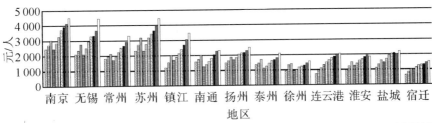

图 2.1.12　居民人均教育文化娱乐消费支出

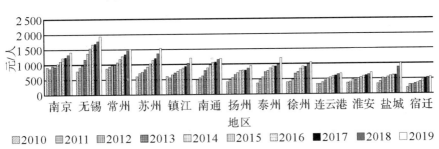

图 2.1.13　居民人均医疗保健消费支出

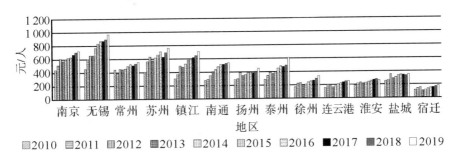

图 2.1.14　居民人均其他用品和服务消费支出

（2）单一地区视角。纵观每个地区居民八项消费支出，伴随时间推移，每个地区每种居民人均消费支出整体上都呈现出鲜明的递增性，正向性趋势明显。在指标合意性方面，每类指标在 2010—2019 年期间，都有下行波动的情况。值得注意的是，2013 年，江苏 13 个地区居民居住消费支出相对于 2012 年出现了明显的陡增，这种单一领域消费支出的陡增直接导致同期其他消费支出呈现出负增长或增速放缓。这一年居民人均居住消费支出增长幅度最大的是南京，相对于 2012 年的支出增加了 2.6 倍之多，导致同期的人均食品烟酒消费支出下降了 17.58%、人均衣着消费支出下降了 12.97%、人均生活用品及服务消费支出下降了 6.66%、人均教育文化娱乐消费支出下降了 19.02%、人均其他用品和服务消费支出下降了 5.46%，甚至人均医疗保健消费支出也下降了 1.65%，只是交通通信消费支出保持着增长；这一年居民人均居住消费支出增长幅度最小的是宿迁，相对于 2012 年的支出增加了 92.48%，同期消费支出下降的有人均衣着消费支出、人均交通通信消费支出、人均其他用品和服务消费支出三类消费支出，相对于 2012 年，上述三项分别下降了 18.49%、12.14%、30.06%。对比 2013 年前后两年（2012—2014 年）江苏各地居民消费支出结构（见表 2.1.3），我们发现：相对于 2012 年地区的消费支出结构，人均居住消费支出陡增直接削弱了居民在食品烟酒、衣着、教育文化娱乐等领域人均消费支出的比例；同时，相对于 2013 年，2014 年各地区居民人均消费支出比例变化幅度不大。因此，我们认为，消费支出结构的变化直接反映了民众对民生质量认知的变化，并且这种变化在短期内呈现出刚性存在的特征。所以，全面考量地区居民消费支出对研究地区民生质量具有重要意义。

表 2.1.3　2012—2014 年江苏各地居民消费支出结构对比　　单位:%

消费类型	年份	南京	无锡	常州	苏州	镇江	南通	扬州	泰州	徐州	连云港	淮安	盐城	宿迁
食品烟酒	2012	35.14	35.09	34.90	33.39	36.77	35.13	36.57	35.12	35.29	36.71	35.91	34.82	37.48
	2013	27.06	29.56	29.43	27.20	29.11	29.24	31.18	29.82	31.25	32.88	31.67	31.32	36.61
	2014	26.40	29.15	29.00	26.84	28.77	29.18	31.06	29.48	31.12	32.39	31.54	31.64	36.26
衣着	2012	9.80	8.78	9.90	8.97	11.10	10.33	10.60	9.95	10.69	9.82	9.07	10.18	10.15
	2013	7.97	8.96	7.70	7.20	8.45	7.12	7.81	8.10	8.26	8.39	8.39	9.77	7.78
	2014	7.79	8.92	7.41	6.85	8.31	7.09	7.83	8.27	8.23	8.38	8.33	9.46	7.66

表2.1.3(续)

消费类型	年份	南京	无锡	常州	苏州	镇江	南通	扬州	泰州	徐州	连云港	淮安	盐城	宿迁
居住	2012	6.62	9.87	7.18	8.06	7.80	8.81	8.93	10.13	10.03	10.67	9.86	9.10	9.01
	2013	22.42	21.08	21.65	21.42	23.03	22.92	19.63	22.99	19.82	19.27	19.81	18.50	16.30
	2014	21.83	20.50	21.19	21.21	23.02	22.57	19.23	21.87	20.00	19.31	18.80	17.75	16.05
生活用品/服务	2012	7.02	6.49	6.14	6.06	6.95	6.28	6.25	6.66	6.66	7.25	6.23	6.28	6.31
	2013	6.12	5.67	5.91	5.70	6.48	5.71	5.78	5.54	7.81	6.05	6.03	5.61	6.01
	2014	6.01	5.59	6.03	5.49	6.30	5.83	5.66	5.31	7.61	6.05	6.03	5.45	6.05
交通通信	2012	12.57	14.50	16.26	17.38	11.77	13.62	9.92	11.51	11.22	10.94	11.00	12.76	11.14
	2013	13.14	14.79	13.93	18.45	12.19	16.10	11.13	13.40	12.25	9.56	9.24	11.49	9.20
	2014	13.63	15.33	14.28	18.90	12.46	15.87	11.54	14.73	12.44	9.58	9.42	11.92	9.20
教育文化娱乐	2012	19.07	15.90	15.35	18.19	16.33	17.47	18.48	17.13	17.39	16.31	18.98	17.40	17.87
	2013	14.43	10.68	11.70	12.47	12.20	9.72	15.40	10.15	10.66	16.31	16.29	15.10	16.82
	2014	15.48	11.08	12.37	13.29	12.57	10.09	15.64	10.61	10.72	16.70	17.14	15.79	17.54
医疗保健	2012	5.96	5.59	7.01	4.33	5.29	5.36	5.42	5.60	5.85	5.64	5.97	5.66	5.38
	2013	5.48	5.94	6.67	4.49	5.15	6.09	5.94	6.67	7.72	5.54	5.80	5.26	5.53
	2014	5.58	6.06	6.80	4.44	5.13	6.25	5.98	6.45	7.67	5.60	5.99	5.13	5.46
其他用品/服务	2012	3.82	3.78	3.26	3.62	3.99	3.00	3.83	3.91	2.88	2.67	2.99	3.80	2.67
	2013	3.38	3.32	3.03	3.07	3.39	3.10	3.33	3.33	2.22	1.99	2.77	2.97	1.75
	2014	3.27	3.37	2.91	2.98	3.45	3.12	3.05	3.29	2.21	1.98	2.75	2.86	1.77

（3）地区间比较。从历年江苏省13个地区人均居民消费总支出看，地区差异明显，人均消费支出最多的是无锡、最少的是宿迁，前者是后者的约2.8倍。对比分项人均消费支出，无锡在食品烟酒、衣着、生活用品及服务、医疗保健、其他用品和服务等领域、南京在教育文化娱乐、苏州在居住、交通通信等领域消费总体上处于领先地位；徐州在教育文化娱乐、宿迁在除了教育文化娱乐的七个消费领域都处于滞后地位。其中，悬殊较大的前三个消费领域分别是其他用品和服务、交通通信、居住。2010—2019年期间，最大的地区消费支出分别是最小的地区消费支出的5.41倍、5.54倍和4.12倍。

2. 综合支出指标数据统计特征

图2.1.15~图2.1.17给出了江苏省13个地区2010—2019年正向化的居民消费价格指数、城镇和农村居民消费支出的可支配收入占比的分布状况。

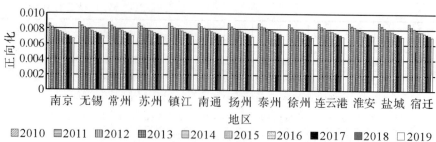

图 2.1.15　居民消费价格指数（2005 年＝100）

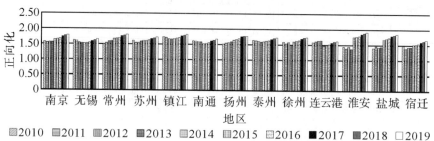

图 2.1.16　城镇居民消费支出的可支配收入占比

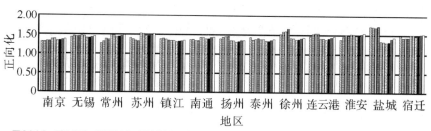

图 2.1.17　农村居民生活消费支出的纯收入占比

（1）居民消费价格总指数反映居民一定时期内所购买的生活消费品和服务项目价格变动趋势和程度的相对数，该指标值增大意味着居民同等数量资金购买力的下降，其逆向特征比较明显。每个地区的居民消费价格总指数都呈现出较为稳定的增长态势，并且年度之间的变化相对较为稳定。相对来说，苏南地区的南京、苏州及苏北地区的徐州价格总指数上升速度较快，相对于 2005 年，到 2019 年三个地区的居民消费价格总指数分别上升到 150.1、145.2 和 144.8；苏北的淮安、苏中的泰州居民消费价格总指数上升速度较慢，相对于 2005 年，分别是 140.0 和 141.0。

（2）城镇居民消费支出的可支配收入占比反映城镇居民消费支出在家庭总支出的合理布局情况。相对于城镇居民家庭的财产性支出、转移性支出、社会保障支出、购房与建房支出，其现金消费支出主要是用来满足居民衣、食、住、行、教育、医疗等基本民生领域的诉求，这部分支出相对较大，意味着民生水平越高；但是从其相对于可支配收入的份额来看，其值越小，说明在满足基本民生诉求的条件下，居民可自由支配的财富空间越大。因此，本书认为该指标是逆向指标。从指标的合意性来看，进入2015年以后，江苏省13个地区的城镇居民消费支出的可支配收入占比都呈现出逐年递减的态势，这意味着，进入2015年以来，江苏各地的民生基础在不断加强。2010—2014年期间，南通连续5年在城镇居民消费支出的可支配收入占比上都呈现逐年递增趋势，这与指标的逆向性不一致，处于比较显著的不合意状态；无锡在2011—2014年期间，连续4年也呈现出相同的状态，除常州外，其他地区在2010—2014年期间都有1年、2年或3年的递增状态，也就是说呈现出不合意的状态。总的看来，在江苏13个地区中，只有常州在2010—2019年期间，其城镇居民消费支出的可支配收入占比呈现与逆向指标相吻合的变化趋势，一直处于合意状态，其他地区或多或少都存在由不合意状态向合意状态转变的过程。

（3）农村居民生活消费支出的纯收入占比反映农村家庭消费支出在各类支出的布局状况，相对于家庭经营费用支出、购置生产性固定资产支出、税费支出、财产性支出和转移性支出，农村居民生活消费支出是用来满足其衣、食、住、行、教育、医疗等要求的支出。当然，从绝对量来看，农村居民消费支出越多，意味着其民生水平会越高；但从相对量来看，农村居民可支配收入在其他非生活类支出更多的是加强民生水平基础的建设，由此看来，与城镇居民消费支出的可支配收入占比相似。我们认为，农村居民生活消费支出的纯收入占比也应归类为逆向指标。从指标的合意性来看，进入2017年以来，除泰州和淮安以外，其他11个地区的农村居民生活消费支出的纯收入占比都呈现出递减特性；2010—2019年期间，合意性质较为显著的是南京，南京地区只是在2016年，该指标表现出与逆向指标相悖而递增的非合意状态，其他地区该指标的非合意状态都分别在3到6个年份出现，其中泰州非合意状态最多。

第二节 民生公平

一、民生公平评价指标体系

民生质量基于地方居民的实际收入获取，以及多样性消费所带来的满足，同时，不同人群之间的同类收入与消费支出的对比也是影响民生质量的重要因素。在全国范围内，江苏是经济大省，历年来，其人均地区生产总值都走在前列，但是这并不能完全消除城乡二元结构、地区差异给民生公平性带来的影响。为此，针对江苏省 13 个地级市，本书构建了以各个地区城乡居民的四类收入比、八项消费支出比为评价指标变量的民生公平性评价指标体系（见表 2.2.1）。针对单一地区，在不同时间点上对该类指标进行比较，有助于揭示特定地区城乡结构演变进程的规律。理论上来讲，城乡二元结构差异对民生公平影响的消失，也就是城乡居民在收入和消费支出上对比差异性的消失，这种差异消失表现为各项收入及消费支出在城乡居民的对比上，其比值趋于 1，由此，本书认为这类指标为适度指标，其适度值为 1。针对同一时间（也就是特定年份，比如 2015 年），在不同地区对该类指标进行比较，有助于揭示地区差异对民生公平产生的影响。显然，该指标体系能够满足兼顾地区、城乡协调等维度对地区民生公平程度测度的要求。

表 2.2.1 民生公平评价指标体系

分类指标	基础指标	代号	计量单位	属性	计算方法
收入	城乡居民人均工资收入比	F111	—	适度	城镇居民人均量/农村居民人均量
	城乡居民人均经营净收入比	F112	—	适度	
	城乡居民人均财产净收入比	F113	—	适度	
	城乡居民人均转移净收入比	F114	—	适度	

表2.2.1(续)

分类指标	基础指标	代号	计量单位	属性	计算方法
支出	城乡居民人均食品烟酒消费支出比	F221	—	适度	城镇居民人均量/农村居民人均量
	城乡居民人均衣着支出比	F222	—	适度	
	城乡居民人均居住消费支出比	F223	—	适度	
	城乡居民人均生活用品及服务消费支出比	F224	—	适度	
	城乡居民人均交通通信消费支出比	F225	—	适度	
	城乡居民人均教育文化娱乐消费支出比	F226	—	适度	
	城乡居民人均医疗保健消费支出比	F227	—	适度	
	城乡居民人均其他用品和服务消费支出比	F228	—	适度	

二、民生公平性指标统计特征

（一）城乡居民四类收入比的统计特征

1. 城乡居民四类收入对比的区间分布

城乡居民四类收入比的最大值是 2010 年的城乡人均转移净收入比，比值是 19.57；最小值是 2010 年的城乡人均经营净收入之比，比值是 0.52；其他比值主要集中于 1 到 3 之间。因此，为了便于区分城乡居民人均收入对比情况，按城乡人均收入比的大小界定为三个区间，分别是区间（0，1]、（1，3]、（3，+∞）。当某类城乡居民人均收入比位于（0，1]区间，说明城镇居民人均收入低于农村居民，意味着在这类收入上，农村居民的创收能力较强，从推动城乡融合视角，本书称该区间为倡导区间。当某类城乡收入比处于（1，3]区间，说明城市居民人均收入高于农村居民，意味着在这类收入上，城镇居民的创收入或获得补助能力较强，综合城乡居民人均四类收入比值主体上都是分布于这个区间。为此，本书称这个区间为可接受区间。当某类城乡收入比处于（3，+∞）区间，说明城镇居民人均收入远高于农村居民，一方面这意味着城镇居民创收能力远强于农民，另一方面还意味着这可能是导致城乡收入差异悬殊的原因之一，本书称该区间为待优化区间。

（1）城乡人均工资收入比。从图 2.2.1 可知，相比较于其他三类收入的对比情况，城乡人均工资收入比值的分布比较稳定，并且随着时间的推移还表现出一定的下行趋势。2010 年和 2019 年各地区对应指标值：南京（2.719→2.128)[1]、无锡（1.657→1.971）、常州（2.027→1.953）、苏州（2.084→2.105）、镇江（2.428→1.963）、南通（2.560→2.047）、扬州（2.169→2.011）、泰州（2.542→2.172）、徐州（2.980→2.293）、连云港（3.044→2.310）、淮安（2.435→2.317）、盐城（2.695→2.175）、宿迁（2.178→1.854）。可见，除了徐州和连云港在 2010 年分别出现了 2.980 和 3.044 比值以外，江苏各地区在城乡对比工资收入保持着较为稳定的下降态势，最终维持在 2 倍左右。由于城乡居民人均工资收入在可支配收入中比例为 60%左右，这种稳定性的对比关系奠定了城乡收入悬殊的基础。

（2）城乡居民人均经营净收入比。在城乡居民四类收入对比中，城乡居民人均经营净收入是最为接近的民生质量指标，随着时间推移，各地区主体上表现出一定的上行趋势。2010 年和 2019 年各地区对应指标值：南京（0.624→1.585）、无锡（1.281→1.603）、常州（1.090→1.186）、苏州（0.965→0.820）、镇江（0.674→1.186）、南通（0.705→1.583）、扬州（0.888→1.138）、泰州（0.923→1.121）、徐州（0.519→0.692）、连云港（0.532→1.101）、淮安（0.973→1.694）、盐城（0.585→1.010）、宿迁（1.081→1.313），再结合该指标在 2010—2019 年期间取值，我们可以得出江苏各地区城乡居民人均经营净收入比呈现出存在上限的递增趋势。2010—2012 年期间，除无锡、常州和宿迁以外，其余 10 个地区城乡人均经营性收入比小于 1，说明这些时期农村人均经营净收入强于城镇。值得注意的是，苏州、徐州和盐城在 2010—2019 年期间，农村人均经营净收入都强过城镇，说明这些地区的城镇化产业明显优于当地的农村经济产业结构布局。另外，由于全省城乡居民人均经营净收入在可支配收入中所占比例为 16%左右，而苏北城乡居民人均经营净收入的可支配收入占比在 23%左右，高出苏南 10%上下的现状，这为克服城乡因收入差异而导致的二元结构问题，奠定了城乡协同发展、地区间产业结构融合的基础。

（3）城乡居民人均财产净收入比。相对于其他三类城乡人均收入的对比情况，其波动幅度较大，2010—2012 年期间，各地区总体上保持在可接

---

[1] 括号内的数据（2.719→2.128）表示地区（南京）具体指标（城乡人均工资收入之比）在 2010 年和 2019 年对应的数据值，从前后两个时期值的大小比较中可以初步判断该指标（城乡人均工资收入之比）在时间维度上的变化趋势。后同。

受区间；2013 年以来，维持在高位状态，2013 年和 2019 年各地区对应指标值：南京（5.199→5.183）、无锡（1.981→1.925）、常州（9.781→8.482）、苏州（2.685→3.346）、镇江（4.746→5.182）、南通（6.735→6.513）、扬州（9.790→7.703）、泰州（5.160→5.705）、徐州（9.478→8.292）、连云港（13.426→11.354）、淮安（9.968→10.599）、盐城（4.754→3.501）、宿迁（4.095→3.611）。值得注意的是，其中，城乡人均财产净收入悬殊相对较小的三个地区是无锡、苏州、宿迁，分别出现在苏南和苏北地区，这说明越强或越弱的地区经济实力有助于降低城乡居民在财产净收入上的差异。虽然城乡居民人均财产净收入占其可支配收入的9%左右，但是过于悬殊的城乡财产净收入比值，反映了地区城乡居民财产性收入经济基础的巨大差异，比如，苏南的常州，苏中的扬州和苏北的徐州、连云港、淮安。

（4）城乡居民人均转移净收入比。2010—2012 年期间，该指标都处于待优化区间。2010 年和 2012 年各地区对应指标值为：南京（19.571→10.565）、无锡（9.822→7.988）、常州（10.869→7.266）、苏州（9.080→7.380）、镇江（8.538→7.211）、南通（9.535→7.987）、扬州（13.419→11.509）、泰州（9.111→7.800）、徐州（12.813→10.702）、连云港（18.246→15.125）、淮安（14.400→9.503）、盐城（14.180→7.163）、宿迁（8.888→5.980）。2013—2019 年期间，除南京地区依然处于待优化区域以外，江苏其他 12 个地区的城乡居民人均转移净收入比值都落在可接受区间，也就是说，江苏各地 2010—2019 年期间，城乡居民人均转移净收入的悬殊程度在逐渐缩小，城乡二元结构特征在不断优化过程中。我们知道，地区经济的发展水平直接影响了地区间转移净收入的不平等，因此，在推动地方城乡经济协调发展的同时，还需要政府从战略高度对当前的收入分配政策加大改革力度，比如，提高高收入人群的收入税率。

2. 城乡居民四类收入比的合意状态

从克服城乡二元结构属性来看，四类城乡居民人均收入对比的理想状态是无差异，因此认定这四类指标为适度指标，适度值取 1，也就是适度指标正向化公式 $1/(\beta + |x_{it} - a|)$ 中 a 的值。其中，常数 β 是 2010—2019 年期间的各类城乡收入比最大值与 1 差的绝对值。图 2.2.1~图 2.2.4 给出了 2010—2019 年江苏 13 个地区城乡人均工资、经营、财产及转移净收入比正向化后的结果，总体上看，城乡居民人均工资收入比和城乡居民人均

转移净收入比的合意程度较高。

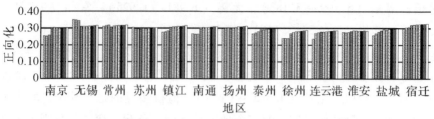

图 2.2.1　城乡人均工资收入比

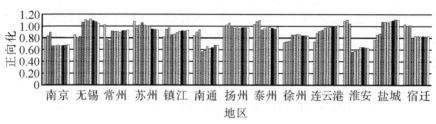

图 2.2.2　城乡居民人均经营净收入比

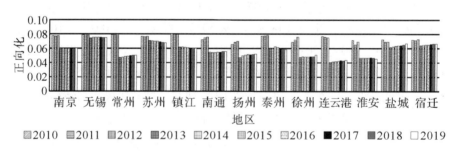

图 2.2.3　城乡居民人均财产净收入比

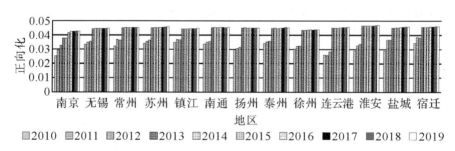

图 2.2.4　城乡居民人均转移净收入比

（1）在城乡居民人均工资收入比方面。2010—2019 年期间，泰州和宿迁两个地区呈现出完全合意状态，也就是说，这两个地区城乡人均工资收入的正向化值在时间维度上是逐年递增的；镇江、徐州、连云港分别在 2011 年、2017 和 2019 年出现一次非合意状态；常州、南通、扬州、盐城分别在 2013 和 2017 年、2011 和 2015 年、2012 和 2013 年、2015 和 2018 年两个年份上出现了非合意状态；南京、无锡、苏州和淮安等地出现了 3 ~4 个年份的非合意状态。其中的共性表现在：苏南、苏中、苏北地区中，整体经济实力较弱地区的城乡居民人均工资收入比呈现出更多合意状态。

（2）在城乡居民人均经营净收入比方面。2010—2019 年期间：连云港是唯一在城乡经营净收入对比呈现持续合意状态的地区，也就是说该地区城乡居民人均经营净收入比的正向化指标值呈现出连年递增的态势；合意状态持续相对稳定的还有南京、镇江，这两个地区分别在 2013 和 2016 年、2013 和 2018 年两个时间段出现的非合意状态；其他地区城乡居民人均经营净收入比的正向化指标出现的非合意状态都超过三次，其中，虽然苏州、徐州两个地区实际的城乡居民人均经营净收入比都小于 1，但是这两个地区该项指标的正向化呈现出较为显著的非合意状态。当然，地区在时间维度上所表现出的合意状态并不影响其正向化指标之间的差异，无锡、苏州、扬州、泰州、盐城等是同期中城乡居民人均经营净收入比的正向化指标值较大的地区。

（3）在城乡居民人均财产净收入比方面。2010—2019 年期间，扬州、盐城、宿迁的城乡居民人均财产净收入比正向化指标所呈现出的合意状态比较稳定，分别只是在 2013 和 2017 年、2011 和 2013 年、2011 和 2013 年的两个年份出现了非合意状态；南京、常州、徐州分别有三年的非合意状态；其他地区的非合意状态比较普遍，无锡、苏州、镇江、南通、泰州等地的城乡居民人均财产净收入比的正向化指标非合意状态更为突出。

（4）在城乡居民人均转移净收入比方面。相对于其他三类城乡人均收入比的正向化指标，城乡居民人均转移净收入比正向化指标的合意状态更为稳定。2010—2019 年期间，南京、苏州、盐城在该正向化指标上始终保持着合意状态，也就是说一直处于持续的递增态势；江苏 13 个地区中，只有南通、扬州两地呈现三次非合意状态，其他地区的非合意状态之多只有一次或两次，这说明江苏各地城乡居民在人均转移净收入方面始终处于不断的优化过程之中，也就是说城乡居民在转移净收入方面差距不断缩小，并且各地之间的缩小进程比较一致。

综合城乡居民人均四类收入正向化指标的演变趋势，我们发现城乡人均工资收入比与城乡居民人均转移净收入比正向化指标的合意状态更为稳定，而城乡居民人均财产净收入比与城乡居民人均转移净收入比的正向化指标合意状态的不确定性更高。因此，可以在保证城乡居民工资收入、转移净收入对比相对稳定的同时，强化产业结构优化升级，创造更多就业机会，充分发挥市场资源配置的决定性作用，为农村自主经营主体提供更好的创业机会；或者通过调整产业优惠、优化财政税收政策等手段，赋予农村住户、住户成员获得更多的货物、服务、资金或资产使用权甚至所有权。

（二）城乡居民八类消费支出比的统计特征

考虑到城乡居民人均八类消费支出比与城乡居民人们四类收入比具有类似性质，故在正向化城乡居民人均八类消费支出比时，采取城乡居民人们四类收入比的正向化措施。

（1）城乡居民人均食品烟酒消费支出比。图 2.2.5 给出了江苏省 13 个地区城乡居民人均食品烟酒消费支出比的正向化状态。从城乡居民在该类消费支出比的正向化指标值大小看，进入到 2013 年以后，盐城的城乡居民食品烟酒消费支出比的正向化指标值优势比较明显，这意味着该地区的城镇和农村居民在食品烟酒消费支出上的差异在缩小，其次是常州、徐州等地。相反，苏州、连云港、南通的该指标值是相对较小的，也就是说这三个地区的城镇与农村居民在日常食品烟酒消费上的支出存在着较大差距。从单一地区该正向化指标的变化趋势看，整体合意状态比较明显，在 2010—2019 年期间，南京、无锡、苏州、镇江、扬州、泰州等地只是出现一次非合意状态，在合意状态演变的强度上，盐城是合意状态演变、即城乡居民食品烟酒消费支出比的正向化指标值递增速度较为显著的地区。

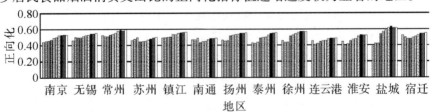

图 2.2.5　城乡居民人均食品烟酒消费支出比

（2）城乡居民人均衣着支出比。图 2.2.6 给出了江苏省 13 个地区城乡居民人均衣着支出比正向化的状态。从城乡居民在该类消费支出比的正向化指标值看，盐城、徐州、无锡、常州等地的该指标值相对较大，尤其是 2013 年之后，这意味着这些地区的城镇与农村居民在衣着消费支出方面的差异程度相对较小；南通、连云港、淮安等地的该项指标值同期相对较小，这意味着这些地区的城镇与农村居民在衣着消费支出方面的差异程度相对较大。从单一地区该正向化指标的变化趋势看，整体合意状态比较明显，其中泰州是唯一在 2010—2019 年期间城乡居民衣着消费支出正向化指标始终处于合意状态的地区；合意状态相对比较稳定的还有苏州、镇江、南通、扬州、连云港等地，这些地区在 2010—2019 年期间只出现过一次非合意状态；徐州是非合意状态出现较多（共有四次）的地区；盐城是合意状态推进强度较大的地区。

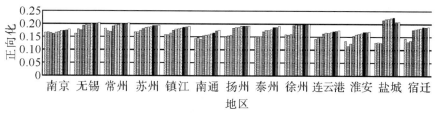

图 2.2.6　城乡居民人均衣着支出比

（3）城乡居民人均居住消费支出比。图 2.2.7 给出了城乡居民人均居住消费支出比的正向化状态，可以看出，2013 年是各地城乡居民人均消费支出正向化指标的分界点。2013 年前（不包括 2013 年），彼此之间差异不太明显，2013 年（包括 2013 年）后，盐城、镇江两地的城乡居民人均居住消费支出比正向化指标值相对较高，意味着这两地城镇和农村居民人均居住消费支出差距较小；南京、南通、泰州、淮安等地的值相对较小，意味着这些地区的城镇和农村居民人均居住消费支出差距较大。在各地区城乡居民人均居住消费支出比变化的合意状态上，2013 年江苏省 13 个地区城乡居民人均居住支出比无一例外地出现了明显变化，城乡人均消费支出显著的远离适度值 1，也是合意状态变化的一个分水岭，从 2013 年前地区间城乡人均消费支出的无序变化转变为 2013 年后的相对有序状态，这一点可以从城乡居民人均居住消费支出比的正向化指标值演变状态看出。2013 年（包括 2013 年）前合意与非合意状态交互变化频繁，以非合意状态为主调，其中苏南 5 个地区中，无锡、苏州始终处于非合意状态，其他地区在连续的 4 年中也都有 2 年处于合意状态。2013 年（不包括 2013 年）后，城乡居民居住消费支出比的合意状态相对比较稳定，其中无锡、宿迁在所有年份处于合意变化状态，南京、常州、镇江、徐州、连云港、盐城等地的城乡居民居住消费支出只是在一个年份上表现出不合意；不过其中苏州、淮安的非合意状态较为普遍。

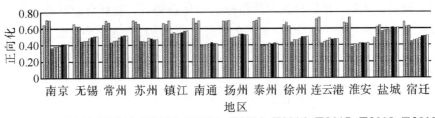

图 2.2.7　城乡居民人均居住消费支出比

（4）城乡居民人均生活用品及服务消费支出比。图 2.2.8 给出了江苏省 13 个地区城乡居民人均生活用品及服务消费支出比的正向化状态，显然，各地在该指标值上比较接近，也就是说，各地的城镇和农村居民在生活用品及服务消费支出上的差距相对比较稳定。时间维度上看，单一地区城乡居民人均生活用品及服务消费支出正向化特征趋势比较明显，其中，常州、苏州、镇江和淮安未表现出不合意状态，其他地区在 2010—2019 年期间至多在两个年份表现出不合意状态。南京、盐城、宿迁只是呈现出一次不合意状态，这意味着各地区居民该项消费支出的城乡差异的存在并呈现逐步缩小趋势。

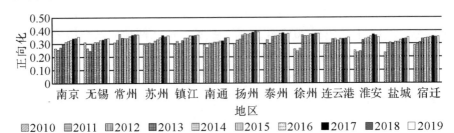

图 2.2.8　城乡居民人均生活用品及服务消费支出比

（5）城乡居民人均交通通信消费支出比。图 2.2.9 给出了江苏省 13 个地区城乡居民人均交通通信消费支出比正向化的状态。同年度城乡居民人均交通通信消费支出比的正向化指标值各有不同，并且近年来扬州、盐城、南通城乡居民人均交通通信消费支出比的正向化指标值远大于常州、无锡、淮安等地，这意味着居民在交通通信上的消费支出不仅地区之间有差异，并且同是苏南、苏中或苏北的地区也存在着城乡差异。时间维度上，单一地区的正向化趋势比较明显，其中，镇江在 2010 年和 2011 年出现两年明显的非合意状态后，正向化特征开始显现；南通和扬州经过 2010—2012 年连续三年的非合意状态后才开始呈现明显的正向化；其他地区在 2010—2019 年期间，虽然也都有在不同时间点呈现出非合意状态，但总体趋势的正向性是显著的。

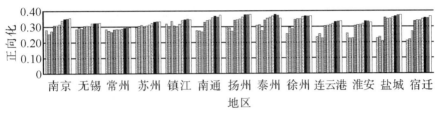

图 2.2.9　城乡居民人均交通通信消费支出比

（6）城乡居民人均教育文化娱乐消费支出比。图 2.2.10 给出了江苏省 13 个地区城乡居民人均教育文化娱乐消费支出比正向化的状态。显然，除了 2010—2012 年外，苏南的南京、苏州、无锡和常州以及苏中的南通，这些地区的居民人均教育文化娱乐消费支出比正向化值明显较低。与其形成鲜明对比的是，盐城、镇江和宿迁的该指标值相对较大，这意味着这些地区的城乡人均教育娱乐消费支出上的差异要好于南京、无锡、常州、苏州、南通等地区。时间维度上，单一地区城乡居民人均教育文化娱乐消费支出比的正向化指标值呈现出正向化特征，相对于其他类型的消费支出，其递增趋势较为平缓，这意味着在教育支出上，城乡差别的态势较为稳定。

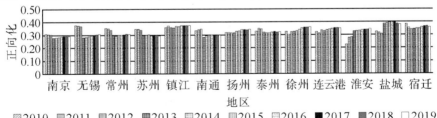

图 2.2.10　城乡居民人均教育文化娱乐消费支出比

（7）城乡居民人医疗保健消费支出比。图2.2.11给出了江苏省13个地区城乡居民人均医疗保健消费支出比正向化的状态，2013年前（不包括2013年），南通、宿迁两地的城乡居民人均医疗保健消费支出比正向化值相对较高；2013年后，淮安、盐城、扬州及苏南四个地区（南京除外）的该项指标值处于相对高位，这意味着同期这些地区的城镇与农村居民人均医疗保健消费支出差异相对较小。在指标变化的合意性上，无锡、常州、苏州、南通、扬州、泰州、徐州等地的合意性变化态势比较明显。

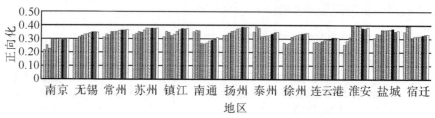

图 2.2.11　城乡居民人均医疗保健消费支出比

（8）城乡居民其他用品和服务消费支出比。图2.2.12给出了江苏省13个地区城乡居民人均其他用品和服务消费支出比的正向化状态。整体看来，2010—2019年期间，苏南和苏中地区的指标正向化值整体上高于苏北地区，苏北地区中盐城的该指标正向化值相对较高。不过在合意性的变化上，苏北地区整体表现要好于苏南和苏中地区，比如，盐城、淮安、宿迁在2010—2019年期间只有一年呈现出非合意变化状态，徐州、连云港只有两年呈现非合意变化。也就是说，在该指标上，虽然苏北地区当前城乡差异较为明显，但是克服这种差异的态势却较强。

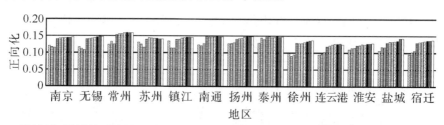

图 2.2.12　城乡居民人均其他用品和服务消费支出比

综合来看，在八项人均消费支出中，时间维度上，每个地区指标的递增特征比较显著，虽然过程中也会伴随有非合意状态的出现；空间维度上，城乡在各项支出中所呈现出的差距呈现出不同地理区位特征；苏北地区比苏南和苏中地区降低城乡结构差异上的进程上要快些，不同消费类型的城乡结构差异又呈现出苏北（或苏中）地区好于苏南的整体特征。由此可见，探讨民生质量，对不同消费进行全面考虑是必要的。

第三节　民生保障

结合党的十七大至党的二十大我国在民生质量提升上的举措，从教育、就业、医疗、社会保障、社会治理五个维度设计了江苏省地区民生保障的评价指标体系（见表2.3.1）。在指标的选择及教育保障的指标体系设计上，参照了（北京师范大学中国民生发展报告课题组，2011）等的做法，在医疗、社会保障等指标体系的设计上借助了（冯南平、唐运舒、彭张林等，2013）等的做法。

表 2.3.1　民生保障评价指标体系

分类指标		基础指标	代号	计量单位	指标属性
教育	供给	人均教育财政投资	G111	元	正
		人均公共图书馆藏书量	G112	册	正
	需求	城镇居民家庭文教娱乐支出比重	G113	—	适度
		农村居民家庭文教娱乐支出比重	G114	—	适度
		中小学在校学生占地区户籍人口比例	G115	—	正
就业	潜力	地区年末人员从业率	G211	—	正
	农村	农村从业人员比例①	G212		逆
		农村平均每户就业面②	G213	%	正
	城镇	城镇登记失业率	G214	%	逆
		城镇平均每户就业面	G215	%	正

---

① 数据来源：江苏统计年鉴"市县社会经济"。

② 数据来源：江苏统计年鉴"人民生活：分地区农村居民家庭基本情况。

表2.3.1(续)

分类指标		基础指标	代号	计量单位	指标属性
医疗	条件	卫生机构个数	G311	个/万人	正
		平均每千人拥有执业医师	G312	医师/千人	正
		卫生机构床位数	G313	张/千人	正
	财政	年度人均医疗卫生预算支出	G314	元/人	正
社会保障	住房	城镇居民人均住房建筑面积	G411	平方米/人	适度
		农村居民人均住房建筑面积	G412	平方米/人	适度
	交通电信	公路客运效率（公路客运量/公路里程）	G413	万人/（公里·年）	正
		公路货运效率（公路货运量/公路里程）	G414	万吨/（公里·年）	正
		互联网普及率	G415	户/（人·年）	正
	养老保险	人均社会保障和就业财政支出	G416	元/人	正
		人均保费收入	G417	元/人	正
社会治理	市政环卫	城市人均拥有道路面积	G511	平方米	正
		城市人均公园绿地面积（市辖区）	G512	平方米/人	正
		城市建成区绿化覆盖率（市辖区）	G513	%	正
		城市污水处理率（市辖区）	G514	%	正
		垃圾清运量强度	G515	千克/万元	逆

注：表中指标数据主要来源于江苏省统计年鉴及江苏各地区统计年鉴。

一、教育保障的评价指标及统计特征

针对教育供求，从地方财政支持、当前教育基础设施、教育消费、教育后备力量等方面设计提升民生教育质量的指标体系。

（一）教育供给方面

1. 指标属性

其一，在财政支持上，采用人均教育财政投资（单位：元）加以衡量，为了实现年度及地区之间指标的可比性，考虑到教育投资的消费属性，借助地方居民消费价格指数进行平减处理（以2005年为基期）。显然，随着人们对教育的认识逐步深入，地方对教育的人均财政投资也会不断得到加强，该指标的正向属性比较清晰（见图2.3.1）。其二，在教育基础上，借助地方人均公共图书馆藏书量予以衡量（见图2.3.2），这也是一种通常的做法，该指标的正向属性是明显的。

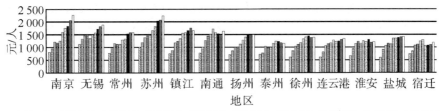

图2.3.1 人均教育财政投资

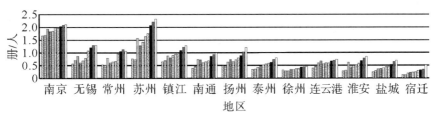

图2.3.2 人均公共图书馆藏书量

2. 人均教育财政投资

2010—2019年期间，同年度苏南的南京、无锡、苏州、镇江和苏中的南通等地人均教育财政投资规模明显高于其他地区，这种地区之间的差异维持在一个较为稳定的水平，地区最高与最低人均教育财政投资规模维持在1.7倍左右，最大差异出现在2019年，当年南京人均教育财政投资2 266元，是泰州（1 161元）的1.95倍。在变化的合意性上，江苏各地人均教育投资规模始终处于较为稳定的合意状态，其中，2010—2019年期间，苏州、扬州两地始终都处于合意变化状态，苏南的其他地区以及苏北的徐州、宿迁也都只是出现了一次非合意状态，这说明江苏各地方政府充分重视当地的教育事业发展。

3. 人均公共图书馆藏书量

2010—2019年期间，江苏各地人均公共图书馆藏书量地区间的差距是很明显的，同年度相比，南京和苏州两个地区人均公共图书馆藏书量明显高于其他地区；2016 年前南京地区的人均公共图书馆藏书量要多于苏州地区，2017 年后，后者超过前者。当然，同一地区人均公共图书馆藏书量出现递增趋势，表明各地人均公共图书馆藏书量都呈现合意性变化状态，正是因为如此，地区间的人均公共图书馆藏书量差异呈现逐渐缩小的趋势，相对于 2010 年地区最多与最少人均公共图书馆藏书量的倍数 12.58 倍，2019 年该差距则下降到 5.09 倍。如果单单以人均公共图书馆藏书量作为地区教育设施衡量指标的话，江苏各地教育硬件差异还是相当明显的。

（二）教育需求方面

1. 城镇和农村居民家庭文教娱乐支出比重

（1）指标属性。城镇居民家庭文教娱乐支出比重、农村居民家庭文教娱乐支出比重揭示了不同地区教育市场消费状况，但是在相关的文献及政府相关政策中，这两个指标的属性并没有被明确，造成了指标正向化的困难。相关研究给出了一定时代背景下的居民文化娱乐消费支出的合适占比，比如，国家统计局（2013）在全面建成小康社会检测指标体系中给出了"居民教育文化娱乐服务支出占家庭消费支出比重"的下限为 16%；肖路遥（2019）给出了广州迈向全球城市现代化的"教育文化娱乐消费支出比重"在 2030 年要达到 20%，到 2050 年要达到 30%；刘朝阳（2021）给出 2035 年河南基本实现社会主义现代化的"居民教育文化娱乐服务支出占家庭消费支出比重"要达到 20%。以上研究给出的指标都是要达到的目标上限，所以，城镇、农村居民家庭文教娱乐支出比重应该归类为适度指标。

（2）指标正向化及统计特征。适度指标正向化的一个步骤是确定公式 $1/(\beta + |x_{it} - a|)$ 中 a 的值。前面的分析表明城乡居民家庭文教娱乐支出比重的适度值会随着地区及其经济水平而有差异，为确定适度值 a，下文对江苏省不同地区城镇家庭该项消费支出比重的适度值进行分析。图 2.3.3 和图 2.3.4 分别给出了江苏省 13 个地区 2010—2019 年期间城镇居民人均文化教育娱乐消费支出[①]及相应的年度家庭消费支出所占比重。对比可以发现，家庭人均文教娱乐支出较高的苏南地区与支出相对较低的苏北地区，其对应的在家庭总支出中的比重却呈现出相反的情况。也就是说，淮安、连云港、宿迁等年度该项消费支出份额较低地区，其相对份额却较

---

① 数据是以 2005 年为基期，根据城市消费者价格指数平减得到。

大，而绝对量较高的苏州、常州、无锡、镇江等相对份额较低。其原因在于，该项支出中涉及文化、教育和娱乐等消费支出，相对于娱乐支出，文化、教育是居民的刚性支出，虽然在经济发展方面，江苏存在着地区和城乡的差异，但是在文化、教育上，人们对其重视程度不会因为地区不同而有显著差异，这种刚性消费支出一定程度上拉高了低收入地区的消费支出占比，从而占用了其他消费支出的额度。而对于高收入地区来讲，这类支出与其他生活支出性质相同，不存在刚性"鸠占鹊巢"的问题，为此，从维持民生质量的角度，根据江苏省 13 个地区 2010—2019 年期间城镇居民家庭年度消费支出总额所处的范围（最大值是南京的 4 504 元，最小值是徐州的 1 675 元），以及相应的支出所占比重范围（最大值是南京的 18.8%，最小值是徐州的 11.7%），设定三类城镇居民教育文化娱乐服务支出占家庭消费支出比重的适度目标值分别为 0.10（当家庭人均总消费支出低于 1 万元时）、0.13（当家庭人均总消费支出大于 1 万元而小于 1.5 万元时）、0.15（当家庭人均总消费支出大于 1.5 万元时）。仿照城镇的做法，以 2005 年为基期，设定三类农村居民教育文化娱乐服务支出占家庭消费支出比重的适度目标值为 0.08（当家庭人均总消费支出低于 0.8 万元时）、0.10（当家庭人均总消费支出大于 0.8 万元而小于 1 万元时）、0.12（当家庭人均总消费支出大于 1 万元时）。基于此，给出了江苏各地城镇与农村居民教育文化娱乐服务支出占家庭消费支出比重的正向化指标值（图 2.3.5、图 2.3.6）。在同一时间点，南京、淮安、盐城、宿迁等地的城镇居民文教娱乐家庭消费支出比重正向化值稍有逊色，这主要是因为这些地区的城镇居民人均文化教育娱乐消费支出比例较高，其他地区该项统计值更接近于适度值。除了这些地区，其他地区城镇居民的该项指标正向化值比较接近，不过无锡、南通、泰州、徐州的合意化程度比较明显。在农村方面，除了连云港、淮安、盐城、宿迁等地，其他地区的农村居民文教娱乐家庭消费支出比重正向化水平也比较接近，不过非合意性变化态势比较明显。当然，相对于农村居民，城镇居民在文教娱乐家庭消费支出比重正向化水平上的优势还是比较明显的。因此，基于城乡居民文教娱乐家庭消费支出比重的正向化所呈现出特征，我们认为在教育、文化与娱乐领域，江苏同一地区城乡差异值得重视。

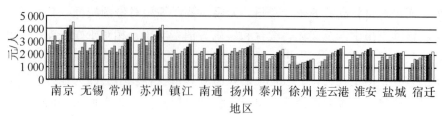

图 2.3.3　城镇居民文化教育娱乐人均消费支出

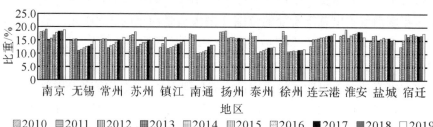

图 2.3.4　城镇居民教育文化娱乐服务支出占家庭消费支出比重

图 2.3.5　城镇居民教育文化娱乐服务支出占家庭消费支出比重的正向化

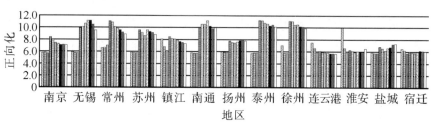

图 2.3.6　农村居民教育文化娱乐服务支出占家庭消费支出比重的正向化

2. 中小学在校学生占地区户籍人口比重

中小学在校学生占地区户籍人口比重反映地方受教育后备资源状况，

指标的正向属性比较明显。一个地区中小学在校学生状况，一方面，受该地孩子的出生率影响。往往是生活水平越高的地区伴随着越低的出生率（陈京，2019），以及经济发展水平、社会保障发展水平和受教育程度越高的地区，孩子出生率往往越低（王德怀、李旭东，2017）。另一方面，也受地方外来人口迁入的影响。

从地区指标数据年度分布状况看（图2.3.7），苏南的苏州、常州、无锡中小学在校生的户籍人口比重从2010年的11.5%、12.4%和12.7%分别上升到2019年的17.8%、13.9%和14.1%，苏北的徐州、连云港、宿迁的中小学在校生的户籍人口比重从2010年的11.4%、14.0%和15.3%演变到2019年的14.5%、14.3%和15.4%，这些地区的受教育资源显然相对好于苏中的南通（9.3%→8.6%）[①]、泰州（9.4%→8.5%）、扬州（10.9%→9.3%），苏南的南京（9.4%→10.8%）和苏北的盐城（9.1%→9.8%）。因此，在各地遵循相似的人口出生率的条件下，我们有理由相信，苏南三个地区和苏北三个地区有较高的中小学入学率，前者是因为人员的迁入、后者是因为经济生活水平相对较低。另外，从各地中小学在校学生占地区人口比例的变化趋势看，合意化程度比较高，也就是说递增趋势相对明显的地区主要是苏南的南京、无锡、常州和苏州，以及苏北的徐州、连云港和宿迁。

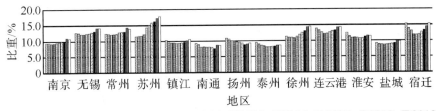

图2.3.7 中小学在校学生占地区户籍人口比例

二、就业保障的评价指标及统计特征

针对就业保障，本书从地区就业潜力、农村和城镇就业状况出发，设计了地区年末人员从业率、农村从业人员比例（农村从业人员/常住人

---

① 括号（9.7%→10.8%）的箭尾数字是地区2009年的中小学在校学生占地区户籍人口比重，箭头所指数字是地区2019年中小学在校学生占地区户籍人口比重。后同。

口）、农村平均每户就业面、城镇平均每户就业面、城镇登记失业率 5 项指标，形成了民生保障的就业评价体系。

（一）地区的就业潜力

为了对地区的就业总体状况进行考察，设计了年末人员从业率对地区的就业潜力进行考察。年末人员从业率是指不同地区年末从业人员与地区同期的年末常住人口比率，其值的大小说明地区人力投入社会经济活动的程度，该值越大，说明地区在吸收劳动力方面的潜力越强，该指标的稳定性程度也说明地区经济社会发展的潜力是比较确定的，否则，说明地区经济社会发展存在着一定的不确定性。所以说，该指标的正向属性比较明显。

从时间维度上看，2009—2019 年期间，江苏省 13 个地区的年末人员从业率保持着相对稳定的态势（见图 2.3.8），这一点并不满足合意性的要求，一定程度上意味着各地人员从业率已经接近该指标的天花板；其中从业状况处于相对高位的有南通、苏州、淮安、常州和宿迁，从业率分别在63.3%、63.1%、61.8%、61.5%和61.1%上下波动。从业率相对靠后的地区有盐城、徐州和南京，分别在 57.7%、56.7%和 55.7%上下波动。如果单独根据地区年度人员从业率来判定地区民生指标就业状况的优劣，显然有失偏颇，这样做会忽略就业行业的影响。所以，有必要分别考察农村与城镇的就业状况予以全面认知就业质量。

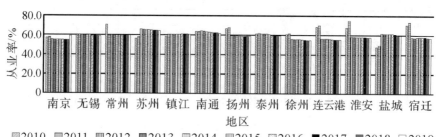

图 2.3.8　地区年末人员从业率

（二）农村就业状况

农村从业人员所从事的行业包括农林牧渔业、工业、建筑业、交通运输仓储及邮政业、批发和零售业等，和城镇人员所从事的同种类型的行业相比，农村从业人员所从事的这些行业大多处于产业链的低端，其技术含量有待提高、体力劳动成分更大。基于这种常识性认知，本书采用年度地区农村从业人员占该地区年末常住人口的比（农村从业人员比例），一方面来衡量地区农村人口的就业状况，另一方面揭示农村产业的城镇化进程。地区之间，当一个地区的该指标值较大时，意味着该地区农村居民就业状况良好，但从另外一个角度看，则意味着该地区农村经济的城镇化进程较为缓慢。所以从这个角度看，农村从业人员比例具有逆向性质。为了揭示农村劳动力的供给（潜力）状况，可借助农村平均每户就业面（平均每户整、半劳动力/平均每户常住人口）加以衡量，该指标值越大意味着从农户的角度给社会提供劳动的能力越强。

农村从业人员比例的统计特征。从时间维度上看，2010—2019年期间，苏南的南京（0.152→0.132）[①]、无锡（0.205→0.171）、常州（0.292→0.269）、苏州（0.182→0.160）、镇江（0.321→0.313）和苏中的南通（0.450→0.405）的农村从业人员比例总体上呈现出较为明显下降的合意状态；苏中的扬州、泰州和苏北的徐州、连云港、淮安、盐城、宿迁的农村从业人员比例保持着较为稳定的小幅度下行态势，该期间的均值分别为0.402、0.456、0.414、0.395、0.436、0.416、0.464（图2.3.9）。同一时点的截面数据显示，苏南地区农村从业人员比例小于苏中地区，苏中地区与苏北地区在农村人员从业比例方面差距不大。这也从另一个侧面揭示了苏中与苏北地区城镇化进程的现状，滞后于苏南地区。

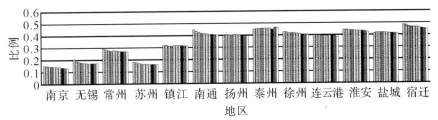

图2.3.9 农村从业人员比例

农村平均每户就业面的统计特征。从经济发展的生产要素角度看，农村平均每户就业面揭示的是农村劳动力供给潜力、家庭从业人员比重，其正向属性明显。但从各地区农村平均每户就业面最高值和最低值及其出现的时间点分布状况看（见图2.3.10），各个地区都表现出了总体下行的态

[①] 括号（0.152→0.132）的箭尾数字是地区2010年的指标值，箭头所指数字是地区2019年的指标值。后同。

势，总体上表现出非合意性。农村就业面反映的是每户整、半劳动力占户常住人口的比例，该指标值出现下行趋势，说明当前农村地区缺乏劳动能力的孩子与老年人的总人口相对在增加。鉴于当前地区出生率走低这一事实，可以推断出，农村老龄化已经成为制约农村劳动力后备力量增长的重要因素。同时，进行同期地区间比较，可以发现各地区的农村平均每户就业面差距不太明显，明显处于高位的是南京、常州、镇江和南通等，明显偏低的是宿迁。

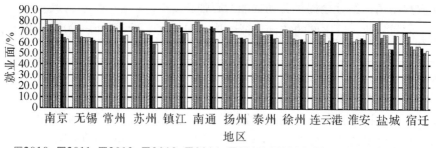

图 2.3.10　农村平均每户就业面

（三）城镇就业状况

年末城镇登记失业率是揭示城镇就业状况的一个重要的、也是常规研究中都采用的指标，在此基础上，采用城镇平均每户就业面（平均每户就业人数/平均每户家庭人口）对城镇就业潜力进行衡量。显然，这两个指标中，年末城镇登记失业率的逆向性与城镇平均每户就业面的正向性都非常鲜明。

年末城镇登记失业率的统计特征。2010—2019 年期间，江苏省 13 个地区中年末城镇登记失业率主体呈现逐年下行的合意状态特征非常鲜明（见图 2.3.11），登记失业率最高的发生在 2019 年的连云港地区，其值为 2.91%；登记失业率最低的主要发生在 2019 年众多地区，比如南京、无锡、南通、徐州、淮安等，其值为 1.75%。2010—2019 年期间，地区之间的年末城镇登记失业率彼此之间非常接近，也就是说各地城镇人口就业状况差距不大，这对于保障各地的民生质量公平意义比较深远。

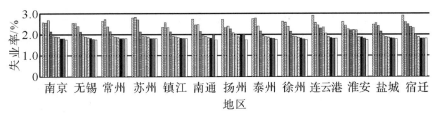

图 2.3.11　年末城镇登记失业率

城镇平均每户就业面。2010—2019 年期间，地区在城镇平均每户就业面表现上，其最小值和最大值及出现时间具体情况如图 2.3.12 所示。其中以镇江地区的城镇平均每户就业面稍微高一些，2010—2019 年期间的均值为 61.1%；其他地区差异不太明显，该期间最小均值是无锡的 53.8%。在时间维度上，地区在城镇平均每户就业面上的趋增合意度呈现出阶段性特征，每个地区总体上都类似出现倒"U"形的变化态势。以南京为例，2014 年是该地区城镇平均每户就业面由增转降时间节点；其他地区也有类似特征，差别只是体现在由增转降的时间节点不同而已。如果把这种情况与农村平均每户就业面相比较，只能说明一个问题，那就是城镇实际老龄化的时间节点稍微滞后于农村一些，这一点可以比较同一地区城镇与农村平均每户就业面由增转降的时间节点。比如，通过比较，我们可以认为南京城乡老龄化的时间节点一致，同为 2014 年；南通城镇老龄化的时间节点（2013 年）滞后农村（2012 年）1 年；徐州城镇老龄化的时间节点（2011年）滞后农村（2014 年）3 年。

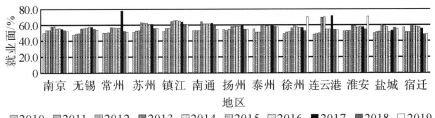

图 2.3.12　城镇平均每户就业面

三、医疗保障的评价指标及统计特征

从地区医疗保障的基本条件和地方财政对医疗的财政支持的力度两个方面对地区医疗对民生质量提升的作用进行指标设计。在地区医疗保障条

件方面，设计了人均卫生机构个数（个/万人）、平均每千人拥有执业医师（医师/千人）、人均卫生机构床位数（张/千人）三项指标，兼顾到医疗的医生、床位及机构等重要的硬件。在地方政府强化医疗综合实力的发挥作用的方面，设计了年度人均医疗卫生预算支出（元/人）。同时，为了便于实现地区间的比较，上述指标都是以人均指标来体现的，显然这类人均指标值越大，说明地区在民生医疗保障方面的实力越强，所以本书认为上述四个指标都是正向性指标。

（一）医疗保障基础条件

卫生机构个数、执业医师、卫生机构床位数是用于衡量地区医疗水平状况的总量指标，由于地理区位优势、经济及社会基础等因素的影响，苏南地区的这类指标一般都是远远优于苏中、苏北地区。真正能够体现民生水平的指标更应该从这些民生基础的人均拥有量上加以考量。为此，以地区年末常住人口作为基数对上述三类指标进行处理，形成了三类均值指标。

图2.3.13、图2.3.14、图2.3.15分别给出了江苏省13个地区2010—2019年人均卫生机构数、平均每千人拥有执业医师、人均卫生机构床位数的具体情形，纵轴分别代表上述三个指标的含义，单位分别是（个/万人）、（医师/千人）、（张/千人），横轴表示地区。

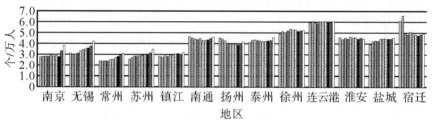

图2.3.13　人均卫生机构数

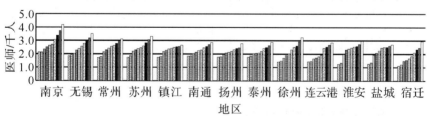

图2.3.14　平均每千人拥有执业医师

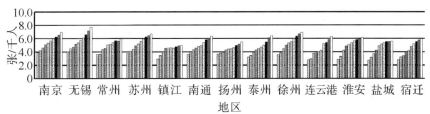

图 2.3.15　人均卫生机构床位数

从时间维度上综合来看，相较于人均卫生机构数，平均每千人拥有执业医师和人均卫生机构床位数的合意特征非常鲜明，也就是说，2010—2019 年期间，江苏省 13 个地区的平均每千人拥有执业医师和人均卫生机构床位数均呈现出显著的逐年递增趋势；而人均卫生机构数的合意程度比较低，其中只有苏南五个地区在该指标上表现出了一定的递增趋势，苏中三个地区呈现"U"形的变化趋势，苏北五个地区在该指标表现上，规律不太明显。当然，如果要探究地区在人均卫生机构数上的地区差异，可以通过地区年度卫生机构变化情况和地区常住人口的变化进行研究。

从空间维度上看，①在人均卫生机构数（个/万人）方面，2010—2019 年期间，虽然苏北和苏中各地区呈现出一定程度的非合意状态，但在整体水平上却好于苏南地区。尤其是苏北的连云港，该指标的最高值出现在 2011 年，为每万人 6.08 个卫生机构，苏南 5 个地区中该指标的最高值出现在无锡的 2019 年，为每万人 4.20 个卫生机构。②在平均每千人拥有执业医师（医师/千人）方面，如果将 2010 年作为考察不同地区平均每千人拥有执业医师水平的话，那么苏南与苏中 8 个地区起点基本相同，指标值在 1.8 医师/千人左右，苏北 5 个地区起点较低，指标值在 1.3 医师/千人左右。其中，起点最高的是南京，值为 2.12 医师/千人，起点最低的为宿迁，值为 1.13 医师/千人。各地区该指标的最大值均出现在 2019 年，其中南京的 4.20 医师/千人是苏南地区的最高值、泰州的 2.87 医师/千人是苏中地区的最高值、徐州的 3.24 医师/千人是苏北地区的最高值。相比较看来，该指标的增速上，苏南与苏北要快于苏中地区，这说明苏中地区医师的人才队伍相对比较稳定。③在人均卫生机构床位数（张/千人）方面，起点年（2010 年）苏南与苏中地区人均卫生机构床位数普遍高于苏北地区，该指标的最大值（4.07 张/千人）出现在无锡、最小值（2.77 张/千人）出现在盐城。各地区该指标的最大值均出现在 2019 年，最大值（7.66 张/千人）出现在无锡、最小值（4.93 张/千人）出现在镇江。与其他地区相比，镇江的人均卫生机构床位数不仅增幅相对较小，并且年度地区间的比较也相对处于下风。

综上，我们发现江苏各地由南（苏南）到北（苏北）的平均每千人拥有执业医师（医师/千人）总体呈现由高到低的演变态势，与人均卫生机构数（个/万人）总体呈现由低到高的演变态势、人均卫生机构床位数（张/千人）相对持平的变化态势共存。这意味着，江苏南部的单位卫生机构的职业医师数量、单位机构床位的职业医师数量显然高过北部，也就是说医疗保障方面，相对于苏南地区，苏北、苏中地区的职业医师相对短缺。

（二）医疗的财政支持

年度医疗卫生预算支出反映了地方政府对民生医疗的重视程度，为了避免地方人口、经济、社会等因素的影响，能够实现地区间的财政对医疗支持程度，用"年度人均医疗卫生预算支出（单位：元/人）"衡量，即年度的医疗卫生支出与年末地区常住人口比。在等价处理上，以 2005 年为基期，采用居民消费价格指数的平减指数进行，这样就形成了图 2.3.16 所给出的 2010—2019 年江苏 13 个地区具体情况，纵轴表示"年度人均医疗卫生预算支出"，横轴表示地区。

时间维度上，2010—2019 年期间，各个地区都表现出较好的递增趋势，合意状态比较明显。其中南京、无锡、苏州和南通四地呈现出持续性的合意状态；除了泰州、连云港和淮安分别在两个年度呈现出非合意状态，其他地区也都只是在一个年度呈现出非合意状态。这意味着，江苏各地都非常重视财政手段对当地民生保障的作用。

空间维度上，同年度地区间年度人均医疗卫生预算支出存在着相对较为稳定地区间差异，这种差异表现出随时间推移而缩小的特征。对比同期地区间的年度人均医疗卫生预算支出，支出数额居于前两位的地区，2010—2011 年分别是南京和无锡、2013 年是泰州和盐城、2014 年是南京和南通、2015 年是南通和泰州、2016 年是常州和盐城、2017—2018 年是南通和盐城、2019 年是南京和南通；支出数额居于后两位的地区，2010—2014 年、2015—2019 年期间分别是连云港和宿迁、徐州和连云港。以上事实说明，年度人均医疗卫生预算支出在地区之间有差异，但是这种差异存在逐渐缩小的趋势，考察 2010 年和 2019 年地区间年度人均医疗卫生预算支出的最大值和最小值，2010 年的年度人均医疗卫生预算支出最大值（338.1 元/人）出现在南京，最小值（170.7 元/人）出现在宿迁，两地区之间相差 167.4 元/人，前者是后者的 1.98 倍；到 2019 年两地区的指标值分别为 919.8 元/人和 650.7 元，两地区之间相差 269.1 元/人，前者是后者的 1.41 倍。以说明，年度人均医疗卫生预算支出具有较强的可操作性，表现在高支出地区的变化性和低支出地区的相对稳定性。

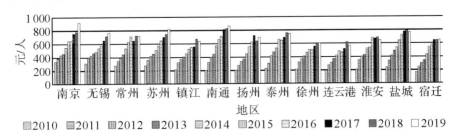

图 2.3.16 年度人均医疗卫生预算支出

四、社会保障的评价指标及统计特征

社会保障是保障人民生活、调节社会分配的一项基本制度，是社会安定的重要保证，因此，应力求全面建成覆盖全民、城乡统筹、权责清晰、保障适度、可持续的多层次社会保障体系制度。医疗保险、住房保障、社会救助、养老保险等构成了现代社会保障体系的基本骨架，并且中国社会保障改革也主要聚焦于这些主干项目（郑功成，2019），鉴于医疗保险已经单独作为影响民生的关键因素之一进行了研究。为此，本书从城乡居民住房、交通通信、养老和保险等角度设计了民生的社会保障测评指标体系。

（一）住房

对于中国城镇居民住房面积的要求，我们的标准一度由人均 8 平方米［《关于全面推进城镇住房制度改革意见的通知》（国办发〔1991〕73号）］[1]，逐渐增加到 2009 年城市人均住房达到 30 平方米[2]，再到 2019 年中国城镇人均住房建筑面积达到 39.8 平方米、农村居民人均住房建筑面积

---

① 资料来源：http://www.gov.cn/zhengce/content/2016-10/18/content_5121083.htm。

② 资料来源：http://www.gcsh.net/ask/6624867.html。

达到 48.9 平方米①。当然也有学者结合区域特征给出不同的小康社会及现代化社会的人均居住面积的标准值（张引等，2017）。城镇与农村居民住房面积大幅度提高，一方面说明，伴随着经济的发展，人们的物质生活质量水平在不断地提高，另一方面则意味着，人们的物质生活是建立在不断地向纵深处占用自然、土地等稀缺资源，长此以往，社会、自然生态等系统的协调运转将遭到破坏，所以上海等地开始以人均 60 平方米住房建筑面积为房产税的起征基点，对人均住房面积无节制地占有欲加以控制②。鉴于此，本书将城镇居民人均住房建筑面积、农村居民人均住房建筑面积作为考察住房社会保障的评价指标，并将人均 60 平方米住房建筑面积作为两个指标的适度值 a，通过公式 $1/(\beta + |x_{it} - a|)$ 对指标进行正向化。

图 2.3.17 和图 2.3.18 给出了 2010—2019 年期间江苏 13 个地区的城镇和农村居民人均住房建筑面积正向化指标的演变情况，其中，纵轴表示人均住房建筑面积的正向化值，横轴表示地区。

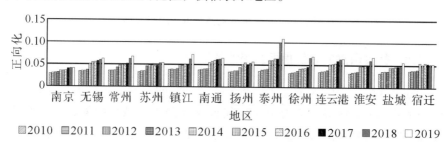

图 2.3.17　城镇居民人均住房建筑面积的正向化

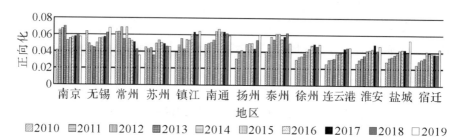

图 2.3.18　农村居民人均住房建筑面积的正向化

①　资料来源：http：//www. stats. gov. cn/tjsj/sjjd/202007/t20200727_ 1778643. html。
②　资料来源：http：//czj. sh. gov. cn/zys ＿ 8908/zcfg ＿ 8983/zcfb ＿ 8985/sszc ＿ 8998/20210111/xxfbdf0000016357. html。

时间维度上，进行城乡比较可以发现，城镇居民人均住房建筑面积的正向化指标表现出比较显著的合意性，也就是递增趋势比较显著。农村居民人均住房建筑面积的正向化指标并非如此，尤其是苏南5个地区及苏中的南通，其正向指标并没有呈现规律性的递增趋势，非合意性态势较明显。南京呈现出两阶段式（2010—2013年和2014—2019年）递增态势，无锡呈现出"U"形先降后升的变化趋势，常州、苏州、南通、泰州呈现倒"U"形的变化趋势，镇江、扬州递增趋势相对明显。苏北5个地区农村居民人均住房建筑面积正向指标的合意度较为明显。

空间维度上，从地区年度城镇居民人均住房建筑面积正向化指标所呈现的态势看，在城镇人均住房建筑面积上，2010—2013年期间，地区与地区之间差别并不太明显。由于2014—2019年期间各地区指标递增趋势差异，2018年和2019年的泰州在该正向化指标上明显领先于其他地区，同期泰州的城镇居民人均住房建筑面积分别达到54.7平方米和55.4平方米，明显高于其他地区；南京作为13个地区中城镇居民人均住房建筑面积最少的地区，2019年其人均值为40.3平方米，这个值与2019年全国城镇居民人均住房建筑面积39.8平方米基本上持平，同期江苏省镇居民人均住房建筑面积48.4平方米，远高于全国平均水平。因此，从环境资源节约和高效利用的角度，合理控制经济发达地区人们对过大居住住房面积的诉求是有必要的。与城镇居民人均住房建筑面积相对差异较小形成鲜明对比的是农村居民人均住房建筑面积差异比较显著。农村居民人均住房建筑面积正向化显示苏州和苏北5个地区之间没有显著差异。但是，这两个之间的实际差异体现在：前者是农村居民人均住房建筑面积超过适度值60平方米的正向化值，后者则是在人均住房建筑面积低于60平方米下的正向化值。如果将江苏省农村居民人居住房建筑与全国相比较的话，江苏在2011年该指标值（52.1平方米）就已经超过了全国2019年的人均水平（49.8平方米），并且江苏在2019年该指标已经达到59.9平方米。固然居住面积稳步提升、居住条件的好转有助于民生质量的提升，但是对住房面积、质量等指标过度追求，可能会导致一系列环境、资源、社会的外部性问题，这一点值得思考。

综上，相对于农村，城镇居民人均住房建筑面积的正向化指标值呈现出更为清晰的递增趋势，并且彼此之间差异相对较小；同时，苏南、苏中地区的农村居民人均住房建筑面积的正向化指标值总体上超过了苏北地区。这其中暗含着同一地区农村居民人均住房建筑面积正向化指标值要大于同一地区城镇居民人均住房建筑面积正向化指标值，也就是说地区从南（苏南）到北（苏北），城乡居民住房的二元结构差异逐步变小，这一点也符合城乡人均住房建筑面积实际大小的对比。

（二）交通通信

交通是保障民生的重要基础之一。地区交通一般涉及公路、铁路、水路和航空等，这些交通方式在保障民生上发挥着互补作用，也呈现出显著的替代作用，为此本书针对公路基础设施设计了公路客运效率、公路货运效率两个指标，对地区的交通在民生保障和提升方面进行衡量。其中，公路客运效率是指地区年度公路客运量与当年的公路里程比〔单位：万人/（公里·年）〕，公路货运效率是指地区当年货运量与当年的公里里程比〔万吨/（公里·年）〕。另外，互联网已经走进了人们日常生活的深处，为此本书设计了互联网普及率（即人均拥有互联网户数）指标衡量人们接受和利用互联网的程度，该指标是指地区当年互联网用户与当年年末常住人口比〔户/（人·年）〕。显然，上述三类指标都应呈现出正向属性。

图 2.3.19~图 2.3.21 给出了 2010—2019 年江苏 13 个地区公路客运效率、公路货运效率以及互联网普及率，纵轴分别表示上述各指标的含义，横轴表示地区。

图 2.3.19　公路客运效率

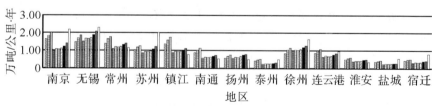

图 2.3.20　公路货运效率

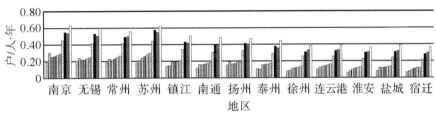

图 2.3.21　互联网普及率

　　时间维度上，公路客运效率在 2010—2012 年期间表现出递增的合意状态，2013—2019 年期间表现出递减的非合意状态，两个时期不同的公路客运效率对比，并不意味着江苏各地区客运量受到影响。恰恰相反，由于近年来江苏各地铁路、水路以及航空等各类交通基础设施建设和拓展，极大缓解了前期公路客运压力，同时，各地区公路里程数的增加也一定程度上稀释了公路客运效率的指标值。同期江苏 13 个地区公路货运效率呈现出的规律稍有不同，表现为 2010—2012 年期间呈现出递增的合意状态，经过 2013 年的陡然下行之后，2013—2019 年期间，13 个地区都呈现出主体上递增的合意状态，这一方面说明其他交通运输基础的加强一定程度上缓解了各地区公路的货运压力，但是两个阶段都呈现出持续的递增态势，这说明江苏各地货运对保持有对公路的刚性需求；同期公路货运效率的提升也在一定程度上弥补了公路客运效率的下降。与公路客运、货运效率不同，2010—2019 年期间，江苏 13 个地区在互联网普及方面表现较为显著的递增合意度，虽然在 2018 年部分苏南和苏中地区一度出现地区互联网合意度下行，但是 2019 年各地区都表现出共同的递增合意度。

　　空间维度上，交通通信的三项指标的地区间差异比较明显。①在公路客运效率上，2012 年，苏州公路客运效率一度达到 5.26 万人／（公里·年），不仅高过同期的苏南南京［3.85 万人／（公里·年）］和无锡［3.00 万人／（公里·年）］，而且也高过同期的苏中最高地区南通［1.19万人／（公里·年）］和苏北最高地区徐州［1.42 万人／（公里·年）］。同时，苏州在不同年份也显著高过其他地区。除苏州外，其他地区同年度的公路客运效率虽有差异，但是差异不甚明显。②在公路货运效率上，无锡是 13 个地区中公路货运效率尤为突出的，虽然在 2010—2012 年期间，南京、常州和镇江与其不相上下，但是 2013 年以来无锡的公路货运效率强势反弹，一度达到 2019 年的 2.29 万吨／（公里·年），这一效率值高过同期的南京［2.17万吨/（公里·年）］、苏州［2.02万吨/（公里·年）］和徐州［1.64万吨/（公里·年）］。综合各地区年度公路货运效率，按效率高低可以分位四类：较高公路货运效率的地区有南京、无锡、常州，中上程度的公路货运效率的地区有苏州、镇江、徐州，中下程度的公路货运效率的地区有南通、扬州、连云港，较低程度的公路货运效率的地区有泰州、淮安、盐城、宿迁。③在互联网普及率上，地区性特征比较显著，苏南的南京、无锡、苏州和常州彼此之间非常接近，比如2019年这四个地区的互联网普及率分别为0.63户/（人·年）、0.60户/（人·年）、0.56户/（人·年）、0.62户/（人·年）；苏南的镇江与苏中的南通、扬州和泰州在该指标上没有太大的差异，2019年这四个地区的指标值分别是0.50户/（人·年）、0.48户/（人·年）、0.47户/（人·年）、0.44户/（人·年）；苏北的徐州、连云港、淮安、盐城、宿迁则在同一个水平上，2019年这五个地区的指标值分别是0.38户/（人·年）、0.39户/（人·年）、0.36户/（人·年）、0.39户/（人·年）、0.36户/（人·年）。该指标整体呈现出从北到南的由低到高的变化趋势。

（三）养老保险

社会保障和就业支出是地区年度财政支出的一个重要构成部分，其支出规模反映了政府等部门对地方社保的重视程度，为了能体现地区之间的差异，本书采用人均社会保障和就业支出（社会保障和就业支出总额与当地年末常住总人口的比，单位：元/人）予以衡量。保费收入①包括财产险和人寿险，其中财产险涉及企业财产险、家庭财产险、机动车辆保险、运输及责任险等，人寿险涉及人身意外伤害险、健康险和寿险等。年度地区保费收入的相对高低反映了当地政府机构、企事业单位以及家庭对居民个体社会保障安全的关注程度，故本书采用人均保费收入（年度地区保费收入总量与当地同期年末常住人口比值，单位：元/人）对地区保险业在地区民生保障方面所发挥作用进行衡量。为了实现不同年份之间指标的可比性，以2005年为基期，构建居民消费价格平减指数处理获得。

图2.3.22和图2.3.23给出了2010—2019年江苏13个地区人均社会保障和就业支出、人均保费收入的分布态势。

---

① 数据来源：《中国保险统计年鉴》（2010—2020）。

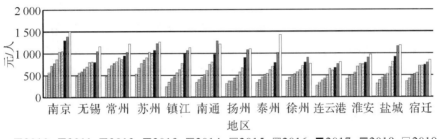

图 2.3.22 人均社会保障和就业财政支出

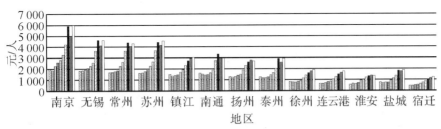

图 2.3.23 人均保费收入

时间维度上，2010—2019 年期间，除了少数地区个别年份，每个地区人均社会保障和就业财政支出都呈现出显著的递增趋势，处于合意状态。与人均社会保障和就业财政支出相比，人均保费收入合意状态稍有一些复杂，主要体现在 2017 年，由于人身保险市场的产品结构中普通寿险业务成为主要增长点，大幅度提升了该年度人均保费收入的增长，如果忽略这一因素，可以发现江苏每个地区的人均保费收入的递增趋势比人均社会保障和就业财政支出更强，合意度更明显。

空间维度上，从年度地区之间人均社会保障和就业财政支出的比较来看，苏南的南京、无锡、常州和苏州为同一阵营，2010 年起，该指标值都接近或超过 500 元/人。苏南的镇江和苏中 3 个地区、苏北 5 个地区在 2013 年前都维持在 500 元/人以下。近年来成长势头较好的有镇江、南通、扬州、泰州和盐城，这些地区在 2018 年和 2019 年指标值都超过了 1 000 元/人。尤其是泰州在 2019 年达到了 1 426 元/人，与同期的南京（1 503 元/人）已经非常接近。当然，苏北的徐州、连云港、淮安和宿迁在 2019 年的人均社会保障和就业财政支出分别是 764 元/人、799 元/人、971 元/人、

847元/人都没有超过千元，由此看来地方在社会保障和就业的财政扶持力度上差异还是明显存在的。比较2010—2019年度间的地区人均保费收入，可以将13个地区分为三类：南京、无锡、常州和苏州为第一类地区，这类地区年度之间的人均保费收入比较接近并且处于高位状态，在2013年都已接近甚至超过2 000元/人的水平（只有常州为1 859元/人），南京在2017—2019年都已接近5 000元/人，并逼近6 000元/人的水平；镇江、南通、扬州和泰州为第二类地区，这类地区自2016年来，人均保费收入超过2 000元/人，并有逼近3 000元/人的趋势；徐州、连云港、淮安、盐城和宿迁为第三类地区，这类地区的人均保费收入相对较低，维持在2 000元/人以下的水平，其中徐州、连云港和盐城增长势头较好，宿迁相对滞后，2019年其人均保费收入为1 224元/人。

综上，各地区社会保障和就业的财政扶持力度年度变化合意度分明，彼此之间有差距，但是并不明显。其中，南京的社会保障和就业的财政扶持力度优势明显，盐城和镇江有向二类地区看齐的趋势。人均保费收入合意态势分明，地区间人均保费收入属南京优势明显，镇江有向二类地区看齐的趋势。

五、社会治理的评价指标及统计特征

社会治理的实践属性突出，具体涉及基础社区治理、环境治理、公共安全治理、流动人口治理，等等（左晓斯，2016）。研究一般侧重于政府政绩、多元主体绩效评估，以探究社会治理的区域非均衡发展特征（李友根，2020）。鉴于本书研究主旨在于民生保障的社会治理，并且在民生水平和民生公平及民生保障的其他指标设计中一定程度上包含有人口、经济等指标，为此，参照北京师范大学中国民生发展报告课题组和唐任伍（2011），以及邹育根和马晓鹏（2009）等的做法，将本书的社会治理重点放在地区市政建设和环境卫生两个领域，采用城市人均拥有道路面积（平方米/人）、城市人均公园绿地面积（平方米/人）、城市建成区绿化覆盖率（％）三个指标对市政建设予以测评；采用城市污水处理率（％）、垃圾清运强度（千克/万元）两个个指标对城市环境卫生进行测评。其中，垃圾清运强度是用城区人均垃圾清运量除以城区人均可支配收入得到，该指标反映了地区城市单位可支配收入所形成（产生）的垃圾量，由此可见，该指标的逆向属性比较鲜明；其他四类指标的在保障民生质量上的作用都具有正向属性。

（一）市政建设

图2.3.24~图2.3.26给出了城市人均拥有道路面积、城市人均公园绿

地面积、城市建成区绿化覆盖率 2010—2019 年江苏 13 个地区三类指标所呈现出的特征。

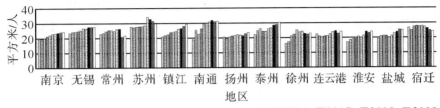

图 2.3.24 城市人均拥有道路面积

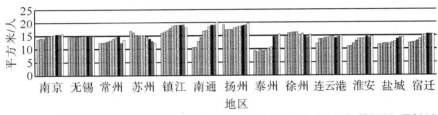

图 2.3.25 城市人均公园绿地面积

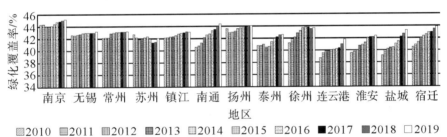

图 2.3.26 城市建成区绿化覆盖率

城市人均拥有道路面积。时间维度上，2010—2019 年期间，城市人均拥有道路面积的正向合意属性比较显著的有南京、无锡、镇江和淮安等地区，其他地区该指标呈现出不一致的合意性。近年来，尤其是 2016 年以来表现出连续非合意特性的有苏州和宿迁两个地区。如果说苏州是因为一直以来人口迁入导致苏州市区常住人口的相对增速快于道路面积的拓展的话（因为 2010 年以来苏州市区常住人口一直保持在户籍人口的 1.49~1.69 倍），那么宿迁市区则是因为道路面积的拓展远远滞后于当地人口的变迁

（因为 2010 年以来宿迁市区常住人口一直处于户籍人口的 0.90 至 0.91 倍左右）。综合看来，由于 13 个城市区中苏南和苏中表现出较为明显的人口流入，而苏北表现出较为明显的人口流出，因此，在道路面积硬件条件提升方面，苏南和苏中优势较为明显。空间维度上，2010—2019 年期间，苏州、南通、泰州和宿迁总体上在城市人均拥有道路面积方面优于其他地区。虽然近年来苏州的城市人均道路面积处于下行趋势，但是在总量方面还保持着相对优势，2016—2018 年苏州该指标值为 34.2 平方米/人、32.8 平方米/人和 31.5 平方米/人，一直高于其他地区。2019 年该指标的最高值出现在泰州（30.4 平方米/人）。该指标相对滞后的地区主要是苏北的徐州、连云港、淮安和盐城以及苏中的扬州。

城市人均公园绿地面积。时间维度上，2010—2019 年，苏南及苏北 10 个地区的城市人均公园绿地面积有达到峰值的趋势，其中以无锡更为典型。无锡的该指标值从 2010 年的 14.4 平方米/人缓慢地演变到 2019 年的 14.9 平方米/人，保持着较为平稳的合意度，类似的有苏北的连云港、淮安、盐城和宿迁。苏州则在 2010 年达到了城市人均公园绿地面积的天花板 16.9 平方米/人，随后呈现出逐年递减的非合意状态；类似的有苏北的徐州在 2016 年达到峰值 16.3 平方米/人，随后呈现出递减态势。苏中 3 个地区递增的合意度趋势比较明显，其中以南通最为显著，从 2010 年的 10.5 平方米/人增至 2019 年的 20.1 平方米/人。空间维度上，镇江、南通和扬州城市人均公园绿地面积处于相对优势，其他地区在该指标递增方面一定程度上呈现出趋缓、趋稳态势。

城市建成区绿化覆盖率。时间维度上，苏南地区，尤其是无锡、常州、苏州和镇江的城市建成区绿化覆盖率年度间的递增趋缓。其中，无锡的这种平稳态势较为突出，2010 年的城市建成区绿化覆盖率为 42.6%，到 2019 年这个只是增长了 0.7%；苏州呈现出一定程度的下行趋势，只有南京增长势头相对明显。除了扬州，苏中和苏北 7 个地区的城市建成区绿化覆盖率增长势头良好，保持着较好的合意状态。较为明显的南通地区从 2010 年的 40.6% 逐步递增至 2019 年的 44.4%，宿迁地区也由 2010 年的 40.9% 递增至 2019 年的 43.9%。空间维度上，南京是 13 个地区中 2010—2019 年期间保持着较高城市建成区绿化覆盖率的地区。但近年来，南通、扬州和徐州等地区有追赶和超越的趋势。

（二）环境卫生

指标数据获取。相对于城市污水处理率，地区城市垃圾清运强度需要计算获取。地区城市垃圾清运强度是指用地级市市区年度生活垃圾清运量与当年的常住人口的比值加以衡量的。因此,该指标值一方面受当地人口数量的影响,另一方面也会受地区居民消费水平的影响,一般情况下地区城市垃圾清运量都会伴随着这两个因素影响程度的提升而增加。在地区历年的统计指标中,2010 年市区常住人口没有确切的统计值,故以 2012 年和 2013 年各市区的年末常住人口和年末户籍人口的比值进行平滑得到2010 年每个市区的年末常住人口和年末户籍人口的比值,再用该值加权当年的户籍人口,得到同期的常住人口,进而获得 2010 年的地区城市垃圾清运强度。

图 2.3.27 和图 2.3.28 给出了 2010—2019 年江苏 13 个地区城市污水处理率、城市垃圾清运强度指标所呈现出的特征,其纵轴分别代表各指标的含义,横轴代表地区。相较于城市垃圾清运强度,城市污水处理率在时间维度上的合意度以及空间维度上的比较性都呈现出较强的规律性。

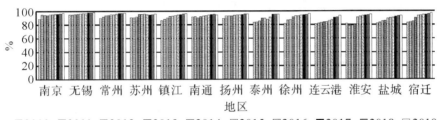

图 2.3.27 城市污水处理率

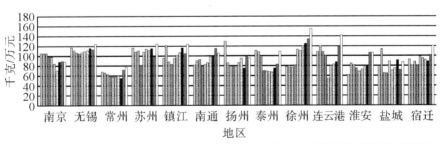

图 2.3.28 城市垃圾清运强度

城市污水处理率。时间维度上,2010—2019 年期间,苏南的 5 个地区及苏中的南通和扬州,其城市污水处理率的年度递增趋势相对和缓。苏中的泰州和苏北的 5 个地区,其城市污水处理率的年度递增趋势相对更为明显，这种合意度的变化规律导致了空间上地区之间城市污水处理率的差异逐渐变小而靠近最终目标，比如在 2019 年城市污水处理率最高的无锡（98.5%）与最低的连云港（93.5%）只是悬殊 5%。

城市垃圾清运强度。作为逆向属性较为鲜明的指标，时间维度上没有哪一个地区的城市垃圾清运强度呈现出较为稳定的递减的合意状态，相对来看，只有南京城市垃圾清运强度从 2010 年的 105.9 千克/万元演变到 2019 年 88.4 千克/万元，呈现出相对有效的合意度。其他地区要么呈"U"形先降后升（无锡、常州）、要么呈现频繁升降波动（苏州、镇江、南通、扬州、泰州、连云港、盐城和宿迁）、要么呈现较为明显非合意的递增状况（徐州），也就是说由居民可支配收入所引致的城市垃圾清运量违背民生质量的问题是普遍现象。由于不同的时间演进规律，空间上不同地区城市垃圾清运强度的差异也相当明显，在 13 个地区中，在同一时间点地区间的比较中，常州城市垃圾清运强度较小，从促进或保障民生质量角度看，常州是做得比较好的地区，其次则是盐城。

第四节　地区民生质量

以江苏 13 个地级市为研究对象，对 2010—2019 年间各地区民生质量进行衡量，采用主成分分析法对各地区民生质量所涉及的民生水平、民生公平和民生保障 3 个系统以及系统所呈现出的民生质量进行分析，揭示各地区民生质量演变趋势及子系统、基础指标的民生质量效应。

一、研究方法

地区民生水平、民生公平和民生保障以及民生质量指数的处理思路：

（1）原始数据处理。对逆向指标和适度指标分别进行正向化处理，并均值化。

（2）主成分权重确定。鉴于均值化方法处理各指标数据构成的协方差矩阵不仅消除了量纲的影响，而且还包含了原始数据各指标变异程度上差异及各指标相互影响程度差异等全部信息（马丹等，2013；叶建华等，2011；纪荣芳，2007）。为此，以协方差矩阵作为主成分输入，获得主成分。遵循（乘以平均特征值之前的）特征值大于 1 准则抽取主成分，将抽取的主成分对应系数除以其对应特征值算数平方根得到指标权重。

（3）三个领域民生质量指数计算。分别用基于民生水平、民生公平和民生保障的主成分系数获得的指标权重对各均值化基础指标进行加权，形成每个子系统的民生质量指数。

（4）民生质量指数计算。计算民生水平、民生公平和民生保障指数的权重，利用上面相同步骤获得民生质量指数。

二、分地区民生质量

分地区民生质量是以单一地区为研究对象，聚焦于 2010—2019 年该地区民生质量的演变趋势及作用于民生质量的主要因素（民生子系统、基础指标）。鉴于分地区民生质量分析范式是以单一地区为研究对象，在时间维度上揭示地区民生质量运行特征，所以在分析策略上：首先，从个体视角看，基于民生子系统、基础指标，先分析单一地区（比如南京）民生质量所呈现出的特征；其次，从总体视角看，比较江苏 13 个地区民生质量特征的共性；最后，在必要的条件下，针对特定地区民生质量所呈现的异质性特征进行单独阐明。

（一）地区民生子系统贡献度解析[①]

主成分分析中各指标变量的第一主成分一般是揭示系统变化的主要因素，因此，其对应的主成分权重，即第一主成分系数与其相应特征值算术根的商直接反映了该主成分的系统主要特征（任保平、魏婕、郭晗，2018）。为此，对民生水平、民生公平、民生保障在形成地区民生质量指数方面所发挥作用的第一主成分权重进行比较分析，结果见表 2.4.1。

表 2.4.1　2010—2019 年江苏各个地区民生质量子系统的第一主成分权重

指标	地区												
	南京	无锡	常州	苏州	镇江	南通	扬州	泰州	徐州	连云港	淮安	盐城	宿迁
民生水平	0.343	0.303	0.305	0.303	0.285	0.348	0.335	0.341	0.396	0.429	0.493	0.387	0.301
民生公平	0.148	0.077	0.119	0.069	0.047	0.139	0.095	0.117	0.146	0.171	0.246	0.144	0.088
民生保障	0.928	0.950	0.945	0.950	0.957	0.927	0.937	0.933	0.907	0.887	0.834	0.911	0.950

第一，以南京地区为例，其民生水平、民生公平和民生保障的第一主成分权重分别为 0.343、0.148 和 0.928。由于三个民生质量子系统的第一主成分权重都大于零，这意味着南京地区的民生水平、民生公平和民生保障因素在提升提取民生质量（指数）方面都总体上呈现出正向促进作用。

[①] 民生质量子系统是指民生系统下的民生水平、民生公平、民生保障等三个子系统。

另外，从三个民生子系统的第一出成分权重的大小来看，南京地区民生质量（指数）的提升关键取决于民生保障因素，其次是民生水平因素，再次是民生公平因素。

第二，对比江苏省13个地区民生水平、民生公平和民生保障的第一主成分权重，我们发现，其他12个地区都在民生质量的三个子系统上第一主成分权重都保持与南京地区相似特征：

其一，各子系统的第一主成分权重都是正数，这意味着它们对地区民生质量都呈现出正向驱动作用。

其二，民生保障第一主成分权重明显大于其他两个子系统的第一主成分权重，除连云港（0.887）和淮安（0.834）之外，其他地区民生保障的第一主成分权重都大于0.90，镇江更是达到0.957的高度，也就是说，民生保障子系统对各地区民生质量提升的效应较强，并且功能相近。

其三，地区间民生水平和民生公平在民生质量提升中的效应比较。为了验证各地民生水平、民生公平在民生质量提升中所发挥的作用，分别计算各地民生水平、民生公平第一主成分权重相对于当地民生保障第一主成分权重的相对数值，称之为地区民生水平与民生公平第一主成分的相对权重（见表2.4.2）。从民生水平在提升当地民生质量的功效来看，

表2.4.2　2010—2019年江苏各个地区民生水平与民生公平第一主成分的相对权重

指标	地区												
	南京	无锡	常州	苏州	镇江	南通	扬州	泰州	徐州	连云港	淮安	盐城	宿迁
民生水平	0.370	0.319	0.335	0.319	0.298	0.375	0.358	0.365	0.437	0.484	0.591	0.425	0.317
民生公平	0.159	0.081	0.131	0.073	0.049	0.150	0.101	0.125	0.161	0.193	0.295	0.158	0.093

徐州、连云港、淮安、盐城等地民生水平的民生质量提升功效是当地民生保障的民生质量提升功效的40%以上；其他地区民生水平的民生质量功效都在其民生保障的民生提升功效的30%～40%。从民生公平在提升当地民生质量的功效来看，无锡、苏州、镇江、宿迁等地的民生公平的民生质量提升功效在当地民生保障的民生质量提升功效的10%以下；民生公平的民生质量提升功效相对较好的南京、泰州、徐州、连云港、淮安、盐城等，其功效也只是维持在当地民生保障的民生质量提升功效的15%～20%，其中只有淮安的该项指标稍高一些，为29.5%。

（二）地区民生质量解析

表2.4.3给出了江苏13个地区从2010—2019年每个地区的民生质量

指数的演变进程。时间维度上，单一地区民生质量保持着不同的提升速度。

表 2.4.3　2010—2019 年江苏分地区民生质量指数

地区＼年份	南京	无锡	常州	苏州	镇江	南通	扬州	泰州	徐州	连云港	淮安	盐城	宿迁
2010	2.80	4.98	1.33	5.34	2.98	1.82	3.96	4.02	3.69	2.19	2.21	3.54	2.19
2011	3.22	5.23	1.16	5.43	3.15	2.05	4.41	4.32	3.90	2.74	2.63	4.09	2.78
2012	3.48	5.40	1.44	6.50	3.91	2.30	4.66	5.04	4.32	3.21	3.18	4.65	3.79
2013	5.16	7.39	4.21	8.31	6.72	4.76	6.09	6.82	5.78	4.59	4.18	5.89	5.11
2014	5.68	8.15	4.60	9.02	7.66	5.37	6.66	7.48	6.48	4.83	4.73	6.44	6.03
2015	6.42	9.05	5.32	9.90	8.57	6.05	7.62	8.15	7.05	5.76	5.08	7.30	7.08
2016	7.37	10.78	6.34	11.35	10.36	7.04	9.03	9.13	8.21	6.65	5.97	8.43	8.38
2017	8.59	12.07	7.06	12.62	12.13	8.00	10.30	10.24	9.02	7.51	6.66	9.48	9.54
2018	8.69	12.55	7.36	13.01	12.97	8.35	11.02	11.10	9.94	8.29	7.12	10.12	10.29
2019	9.90	13.68	7.92	13.91	14.36	8.98	11.90	12.02	10.65	8.85	7.83	10.77	11.93

第一，以南京地区为例，2010—2019 年期间，南京地区在 2010 年民生质量指数为 2.80，基于此，其后随着时间推移，该地区民生质量指数逐步提升到 2019 年的 9.90。纵观南京地区历年民生质量指数，可以发现，该地区民生质量是持续逐步向好的。从 2019 年南京地区民生质量指数是其 2010 年民生质量指数的 3.54 倍来说，该地区民生质量提升速度是比较快的。

第二，其他 12 个地区也都具有类似特征。对比各个地区 2010 年和 2019 年的民生质量指数，可以发现各个地区在民生质量指数提升速度上存在着差异：提升速度较为显著三个地区分别是常州、宿迁、南通，相对于 2010 年，2019 年时各自的民生质量指数分别提高了约 4.95 倍、4.45 倍和 3.93 倍。提升速度较为缓和的三个地区分别是徐州、无锡和苏州，相对于 2010 年，到 2019 年，各自民生质量指数分别提高了约 1.89 倍、1.75 倍和 1.60 倍。以上 6 个地区的民生质量指数及子系统质量指数如图 2.4.1 至图 2.4.6，从图的走势看，各地区民生质量指数与其各自的民生保障指数趋同度较高，同时，民生水平指数与民生公平指数区分度明显，这是民生质量三子系统第一主成分权重异质性直观体现。

第三，值得注意的是，民生水平、民生公平和民生保障的第一主成分权重保持大于 0 的特征，只是意味着三个民生子系统在提升民生质量上保持有正向效应。我们知道民生质量指数的形成不但受民生质量子系统第一主成分权重影响，还与民生质量子系统自身的运行状况（子系统指数）直接相关，当然还有可能受到不同层级指标第二主成分的影响。比较图2.4.1~图2.4.6，我们发现：民生水平指数明显高于民生公平指数，保证了前者与民生质量提升呈现正相关关系，正效应明显。后者在部分年份反向作用于民生质量（比如，常州在2010—2012年期间，其民生公平指数小于零；南通在2010—2019年期间，其民生公平指数一直小于零）。在演变趋势上，前者的递增趋势较为明显，而后者变动趋势较为平缓。这说明相对于民生水平，民生公平在推动民生质量提升上是值得关注的重要领域。

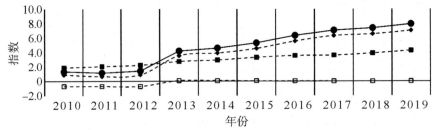

图 2.4.1　2010—2019 年常州地区民生质量及分层质量指数

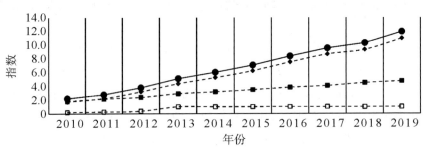

图 2.4.2　2010—2019 年宿迁地区民生质量及分层质量指数

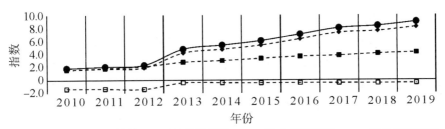

图 2.4.3　2010—2019 年南通地区民生质量及分层质量指数

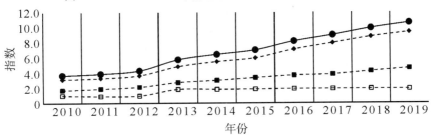

图 2.4.4　2010—2019 年徐州地区民生质量及分层质量指数

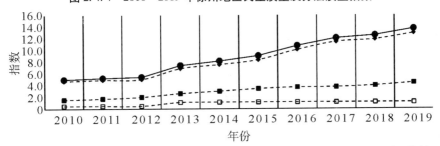

图 2.4.5　2010—2019 年无锡地区民生质量及分层质量指数

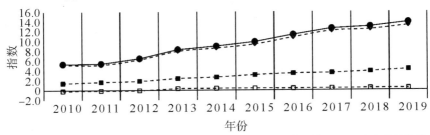

图 2.4.6　2010—2019 年苏州地区民生质量及分层质量指数

（三）地区民生质量的基础指标解析

表2.4.4给出了2010—2019年期间江苏各地区民生水平、民生公平、民生保障子系统各基础指标在民生质量提升中第一主成分权重分布状况。地区民生质量源于地区民生水平、民生公平和民生保障各子系统所有基础指标的共同效应，其效应强度遵循着民生保障、民生水平、民生公平由高到低的次序，下面通过考察三个子系统下基础指标的第一主成分权重，厘清其民生质量的效应。

1. 民生保障基础指标的民生质量提升效应解析

前面分析表明，民生保障的民生质量提升效应相对最强，那么，民生保障系统中哪些因素在民生质量提升中发挥着重要推动作用，哪些因素又阻碍着民生质量的提升。这2个问题，可以借助民生保障的基础指标第一主成分权重分布状况予以分析。

第一，对代表地区（南京）民生保障基础指标的民生质量提升功能进行解析。

以南京地区为例。民生保障涉及教育、就业、医疗、社会保障和社会治理等五个主要领域、共26个基础指标。从基础指标的第一主成分权重的分布状况看：民生保障的教育领域各项基础指标权重都大于零，意味着南京地区无论从教育供给还是需求层面来看，都发挥出了提升当地民生质量的功能；具有类似功能的还有医疗和社会治理领域，也就是说，南京地区的医疗条件、医疗的财政支持、市政设施、环境卫生等领域当前（2010—2019年期间）的运行都不同程度提升了当地民生质量。与此相对，医疗和社会保障领域基础指标呈现出较为复杂的特征，其中，隶属于社会保障领域的互联网普及率、人均社会保障和就业财政支出、人均保费收入，其权重分别为0.797、0.775、0.921，不仅是处于社会保障领域，还是处于民生保障面基础指标权重的前三位；同时，隶属于就业领域的地区年末人员从业率、农村平均每户就业面和隶属于社会保障领域的农村居民人均住房建筑面积、公路客运效率、公路货运效率，其权重分别为 -0.009、-0.132、-0.002、-1.713、-0.194。针对南京地区民生保障基础指标权重分布看，提升该地区民生质量可以从以下几个方面着手：

在教育领域，地方政府通过行政或市场手段，引导家庭消费的合理支出，调整城镇家庭文化、教育、娱乐的理念，适度优化家庭消费支出在文化、教育、娱乐上的分配比例，提高家庭娱乐消费支出，合理控制城镇居民家庭文教娱乐支出规模，实现家庭各项消费支出比例的协调。

表 2.4.4　2010—2019 年江苏分地区民生质量指标第一主成分权重

分类指标	分项指标	基础指标	代码	南京	无锡	常州	苏州	镇江	南通	扬州	泰州	徐州	连云港	淮安	盐城	宿迁
民生水平	分项收入	人均工资收入	L111	0.197	0.272	0.265	0.232	0.248	0.201	0.221	0.246	0.248	0.199	0.258	0.256	0.213
		人均经营净收入	L112	0.275	0.222	0.269	0.190	0.231	0.248	0.208	0.133	0.201	0.251	0.205	0.204	0.205
		人均财产净收入	L113	0.607	0.520	0.508	0.534	0.561	0.575	0.600	0.598	0.531	0.588	0.650	0.529	0.499
		人均转移净收入	L114	0.065	-0.065	0.148	-0.027	0.068	0.160	0.184	0.127	0.181	0.189	0.222	0.247	0.407
	综合收入	城乡居民可支配收入增长质量	L121	0.154	-0.001	0.020	-0.030	-0.109	0.024	-0.009	-0.062	-0.028	-0.033	0.018	-0.021	0.016
		年末城乡居民人均储蓄存款余额	L122	0.272	0.259	0.313	0.359	0.244	0.230	0.232	0.231	0.225	0.208	0.254	0.272	0.262
	分项支出	居民人均食品烟酒消费支出	L211	0.058	0.157	0.118	0.122	0.146	0.139	0.136	0.157	0.172	0.182	0.096	0.149	0.155
		居民人均衣着支出	L212	0.059	0.217	0.115	0.039	0.116	0.081	0.088	0.137	0.119	0.155	0.111	0.167	0.109
		居民人均居住消费支出	L213	0.505	0.435	0.514	0.515	0.428	0.454	0.468	0.437	0.430	0.401	0.389	0.399	0.374
		居民人均生活用品及服务消费支出	L214	0.114	0.200	0.180	0.169	0.197	0.181	0.177	0.156	0.267	0.193	0.188	0.166	0.245
		城乡居民人均交通通信消费支出	L215	0.210	0.280	0.188	0.217	0.301	0.277	0.282	0.293	0.286	0.204	0.165	0.275	0.173
		居民人均教育文化娱乐消费支出	L216	0.197	0.203	0.217	0.181	0.256	0.099	0.151	0.102	0.094	0.296	0.199	0.197	0.245
		居民人均医疗保健消费支出	L217	0.173	0.272	0.217	0.284	0.204	0.286	0.242	0.307	0.323	0.245	0.215	0.305	0.284
		居民人均其他用品和服务消费支出	L218	0.132	0.191	0.109	0.128	0.189	0.226	0.115	0.194	0.166	0.151	0.112	0.088	0.122
	综合支出	居民消费价格总指数	L221	-0.082	-0.065	-0.079	-0.069	-0.056	-0.069	-0.070	-0.061	-0.069	-0.068	-0.069	-0.070	-0.071
		城镇居民消费支出的可支配收入占比	L222	0.054	0.005	0.068	0.031	0.017	0.006	0.057	0.017	0.041	-0.007	0.125	0.103	0.052
		农村居民消费支出的纯收入占比	L223	0.017	-0.002	0.051	0.038	-0.012	0.019	-0.028	-0.011	-0.049	-0.027	0.021	-0.099	0.017

表2. 4（续）

分类指标		基础指标	代码	南京	无锡	常州	苏州	镇江	南通	扬州	泰州	徐州	连云港	淮安	盐城	宿迁
民生公平	城乡收入对比	城乡居民人均工资收入比	F111	0.173	-0.172	-0.003	0.004	0.208	0.147	0.032	0.087	0.170	0.077	0.027	0.105	0.095
		城乡居民人均经营净收入比	F112	-0.264	0.395	0.097	-0.078	-0.013	-0.409	-0.075	-0.130	0.149	0.142	-0.515	0.290	-0.294
		城乡居民人均财产净收入比	F113	-0.297	-0.080	-0.700	-0.179	-0.550	-0.348	-0.437	-0.326	-0.465	-0.632	-0.344	-0.104	-0.130
		城乡居民人均转移净收入比	F114	0.361	0.369	0.313	0.413	0.389	0.272	0.497	0.286	0.330	0.457	0.294	0.310	0.278
	城乡支出对比	城乡居民人均食品烟酒消费支出比	F221	0.139	0.130	0.116	-0.015	0.199	-0.033	0.221	0.239	0.234	0.094	0.140	0.397	0.048
		城乡居民人均衣着支出比	F222	0.029	0.214	0.155	0.187	0.284	0.132	0.286	0.218	0.229	0.140	0.216	0.515	0.374
		城乡居民人均居住支出比	F223	-0.663	-0.468	-0.485	-0.730	-0.384	-0.615	-0.452	-0.737	-0.362	-0.429	-0.470	0.049	-0.422
		城乡居民人均生活用品及服务消费支出比	F224	0.235	0.244	0.062	0.258	0.291	0.110	0.238	0.229	0.374	0.141	0.282	0.186	0.211
		城乡居民人均交通通信消费支出比	F225	0.237	0.136	0.059	0.101	0.119	0.265	0.314	0.230	0.262	0.272	0.238	0.482	0.515
		城乡居民人均教育文化娱乐消费支出比	F226	-0.074	-0.379	-0.192	-0.268	0.045	-0.161	0.075	-0.081	0.102	0.062	0.197	0.221	-0.024
		城乡居民人均医疗保健消费支出比	F227	0.244	0.183	0.128	0.161	0.147	-0.276	0.169	-0.149	0.228	0.080	0.246	0.128	-0.220
		城乡居民人均其他用品和服务消费支出比	F228	0.214	0.367	0.263	0.221	0.336	0.186	0.176	0.077	0.340	0.223	0.083	0.202	0.364

表2.4.4（续）

分类指标	基础指标	代码	南京	无锡	常州	苏州	镇江	南通	扬州	泰州	徐州	连云港	淮安	盐城	宿迁
教育供给	人均教育财政投资	G111	0.261	0.126	0.194	0.245	0.218	0.146	0.225	0.124	0.191	0.169	0.118	0.182	0.076
	人均公共图书馆藏书量	G112	0.156	0.836	0.714	1.208	0.866	0.526	0.823	0.689	0.377	0.307	0.532	0.741	1.163
教育需求	城镇居民家庭文教娱乐支出比重	G113	0.007	0.264	-0.014	0.194	0.034	0.441	0.269	0.421	0.161	-0.265	-0.011	0.011	-0.300
	农村居民家庭文教娱乐支出比重	G114	0.194	0.681	0.299	0.553	0.090	0.448	0.296	0.416	0.333	-0.151	-0.172	0.179	-0.019
	中小学在校学生占地区户籍人口比例	G115	0.112	0.132	0.134	0.606	0.041	-0.054	-0.189	-0.055	0.238	0.036	-0.018	0.079	0.058
就业潜力	地区年末人员从业率	G211	-0.009	-0.025	-0.071	0.111	0.028	-0.027	-0.111	-0.039	-0.073	-0.152	-0.113	0.108	-0.183
农村就业	农村从业人员比例	G212	0.104	0.151	0.063	0.144	0.018	0.070	0.013	-0.019	0.045	0.016	0.022	0.011	0.069
	农村平均每户就业面	G213	-0.132	-0.228	-0.103	-0.288	-0.157	-0.107	-0.160	-0.150	-0.105	-0.102	-0.045	-0.205	-0.258
城镇就业	城镇登记失业率	G214	0.031	0.170	0.176	0.112	0.204	0.073	0.032	0.084	0.164	0.117	0.109	0.040	-0.084
	城镇平均每户就业面	G215	0.358	0.445	0.401	0.594	0.488	0.303	0.334	0.374	0.316	0.324	0.229	0.287	0.460
医疗条件	卫生机构个数	G311	0.157	0.328	0.251	0.272	0.173	-0.018	-0.105	0.038	0.027	0.005	-0.001	0.077	-0.222
	平均每万人拥有执业医师	G312	0.503	0.699	0.512	0.717	0.512	0.335	0.407	0.392	0.629	0.500	0.401	0.485	0.868
	卫生机构床位数（万张）	G313	0.411	0.644	0.453	0.696	0.549	0.404	0.380	0.566	0.478	0.520	0.376	0.486	0.695
医疗财政	年度人均医疗卫生预算支出	G314	0.689	0.834	0.807	1.158	1.199	0.870	1.056	0.792	0.596	0.623	0.515	0.755	1.050
住房	城镇居民人均住房建筑面积	G411	0.280	0.718	0.583	0.546	0.822	0.455	0.543	0.994	0.621	0.465	0.431	0.373	0.367
	农村居民人均住房建筑面积	G412	-0.002	0.257	-0.466	0.142	0.513	0.196	0.452	0.114	0.354	0.362	0.300	0.360	0.379
交通电信	公路客运效率	G413	-1.713	-1.963	-1.517	-0.972	-2.309	-1.037	-1.035	-0.522	-0.675	-1.183	-0.464	-0.704	-0.844
	公路货运效率	G414	-0.194	0.309	-0.261	0.487	-0.926	-0.446	0.039	-0.129	0.350	-0.120	-0.153	0.048	0.350
	互联网普及率	G415	0.797	1.292	1.095	1.604	1.853	1.075	1.241	1.315	1.284	0.915	1.005	1.232	1.682
养老保险	人均社会保障和就业财政支出	G416	0.775	0.830	0.616	0.883	1.874	0.988	1.348	1.179	0.602	0.683	0.451	1.029	0.731
	人均医保费收入	G417	0.921	1.197	1.076	1.491	1.264	0.706	0.968	0.944	0.821	0.750	0.564	0.915	1.060
市政设施	城市人均拥有道路面积	G511	0.194	0.186	-0.025	0.224	0.448	0.316	0.139	0.220	0.182	0.092	0.191	0.204	-0.066
	城市人均公园绿地面积	G512	0.111	0.037	0.108	-0.333	0.224	0.494	0.092	0.559	-0.050	0.092	0.168	0.175	0.266
	城市建成区绿化覆盖率	G513	0.016	0.014	0.026	-0.022	0.036	0.070	0.024	0.046	0.042	0.036	0.044	0.072	0.070
环境卫生	城市污水处理率	G514	0.041	0.039	0.068	0.068	0.148	0.038	0.050	0.125	0.101	0.092	0.125	0.101	0.146
	垃圾清运量强度	G515	0.213	-0.075	-0.027	-0.082	-0.249	-0.194	0.012	0.081	-0.544	0.022	-0.195	-0.026	-0.223

注：表中加粗和倾斜字体分别表示民生水平、公平和保障三个领域各自的三个较大和三个较小的指标权重。

就业领域是南京地区提升民生应重点关注的领域，人员从业率及农村每户就业面是当前地方需要解决的重要问题。由于相对于城镇登记失业率正向影响民生的功能，可以推断人员从业率问题出在农村人员的就业率。因此，加快农村的城镇化进程，优化城镇的产业结构布局，创造更多的农村就业岗位，推动农村人员的有效就业是地方政府着力要解决的问题。同时，鉴于农村每户就业面所暴露出的农村人员就业承载力的不足，加强农村人员的就业能力也是相关部门要深入思考和要解决的问题。

在医疗领域，地区医疗的财政扶持、医疗的基础硬件（职业医师规模、卫生机构床位等）都实现了很好地提升地区民生质量的效果，其中卫生机构数在推动地方民生质量方面作用相对较低，卫生机构规模及结构优化还存在一定的上升空间。

在社会保障领域，农村住房及公路利用效率是当前政府应该深入思考的问题，从土地资源的稀缺性角度，在保证农村居民住足、住好的条件下，应适度控制农村人均住房用地面积过大的问题，将原来更多住房土地转型为农耕或绿化用地；在公路利用效率上，由于地区间、城市间等铁路基础设施不断完善，使得相对早期完备的公路基础设施在人流及货物流方面的功效受到影响，要实现公路在人员及货物流的效率，需要强化紧邻地区间的社会、经济、文化、技术等方面的全方位融合，创造公路需求，提高公路在人流、货物流方面的效率，将公路资源利用效率融入地方社会、经济、文化等发展的大战略中。当然，应该看到，伴随着经济条件的好转、社会、技术的进步，互联网、社会保障和就业方面的财政支持、保险等领域的业务很好地推动了南京地区的民生质量提高，将这些领域的策略推行方式应用于其他领域，以实现地区民生质量的提升是值得思考的问题。

在社会治理领域，城市人均拥有道路面积、城市人均公园绿地面积、城市建成区绿化覆盖率、城市污水处理率、垃圾清运量强度各自的第一主成分权重分别为 0.194、0.111、0.016、0.041、0.213，也就是说 2010—2019 年期间，南京地区的垃圾处理、城市人均拥有的道路面积、人均公园绿地面积等方面在提升地区民生质量上作用相对较强，而城市建成区绿化及城市污水处理在提升地区民生质量方面作用不是太大，因此，当前和今后一段时间，应合理控制城市建成区域面积，进而强化建成区域绿化以及强化污水治理以提升地区民生质量。

第二，对地区民生保障基础指标的民生质量提升功能的共性进行解析。

对比江苏 13 个地区民生保障基础指标在提升民生质量方面的作用，发现如下共性。

（1）在助推地方民生质量提升方面，与南京地区相似，其他 12 个地区社会保障领域的互联网普及、人均社会保障和就业的财政支出、人均保费收入都是助力地区民生质量提升的重要因素。无锡、常州、苏州、南通、泰州、徐州、连云港、淮安、盐城和宿迁互联网普及率在同类型社会保障基础指标变量中的主成分权重最大，分别是 1.292、1.095、1.604、1.075、1.315、1.284、0.915、1.005、1.232 和 1.682，也就是说江苏 13 个地区中有 10 个地的互联网普及很好地推动了地区民生质量的提升。其他 3 个地区——南京、镇江和扬州的互联网普及率在民生保障指标权重中也都处于民生保障面对民生推动作用第二的位置，其第一主成分权重分别为 0.797、1.853 和 1.241。这说明信息技术对提升各地民生质量具有不可替代的重要作用。值得注意的是，这三个社会保障领域的基础指标主成分权重总是处于民生保障所有指标权重的前三位。同时，与南京地区相似，医疗领域的保障因素（除卫生机构个数以外）在其他各地都呈现出较强的提升当地民生质量的功效。

（2）在抑制地区民生质量方面，与南京地区相似，交通领域的公路客运和货运效率、地区年末人员从业率、农村平均每户就业率等都呈现出明显的抑制地区民生质量效应。另外，社会治理领域的城市建成区绿化覆盖率及城市污水处理率在提升地区民生质量方面的作用力也都不太显著。以上分析说明，江苏 13 个地区虽然地理位置、经济社会发展水平存在着差异，但是，部分民生质量类指标在作用于民生质量提升上的方向及力度呈现出类似的特征。这说明江苏 13 个地区的运营存在着地方经济社会运行机理的共性，也意味着在提升地区民生质量方面在经济、社会、民生等领域所应采取的措施也存在着相互之间的可借鉴性。

第三，对地区民生保障基础指标的民生质量提升功能的个性进行解析。

与南京地区相比较，各地区民生保障基础指标的地区民生质量提升功效的个性特征。①环境卫生层面垃圾清运强度的地区民生质量提升功效。与南京地区不同，其他 12 个地区的垃圾清运强度都表现出抑制或作用正向效应较小的特征，其中，徐州和淮安在这方面表现得更为明显，其主成分权重分别为-0.544和-0.195。②教育供给层面人均图书馆藏书量的地区民生质量提升功效。与南京地区不同，其他12个地区的人均图书馆藏书量都表现出较强提升民生质量的功效，尤其是苏南的苏州、无锡、常州、镇江，苏中的南通、扬州，苏北的淮安、盐城和宿迁，其中宿迁该指标民生质量提升的功效只是稍低于互联网普及率的功效、远大于其他指标的功效。原因在于这些地区前期教育基础相对薄弱，近年来人均图书馆藏书量快速提升所致。以宿迁为例，历年来该指标的增速非常迅猛，并且每年都处于较快的增速之中，该地区的人均图书馆藏书量2012年相对于上年递增了37.6%，2019年相对于上年增长了47.4%。

各地区抑制民生质量提升的民生保障基础指标分布。①南京地区共有5个指标，分别是地区年末人员从业率（-0.009）、农村平均每户就业面（-0.132）、农村居民人均住房建筑面积（-0.002）、公路客运效率（-1.713）、公路货运效率（-0.194）。②无锡地区共有4个指标，分别是地区年末人员从业率（-0.025）、农村平均每户就业面（-0.228）、公路客运效率（-1.963）、垃圾清运量强度（-0.027）。③常州地区共有8个指标，分别是城镇居民家庭文教娱乐支出比重（-0.014）、地区年末人员从业率（-0.071）、农村平均每户就业面（-0.103）、农村居民人均住房建筑面积（-0.466）、公路客运效率（-1.517）、公路货运效率（-0.261）、城市人均拥有道路面积（-0.025）、垃圾清运量强度（-0.027）。④苏州地区有5个指标，分别是农村平均每户就业面（-0.288）、公路客运效率（-0.972）、城市人均公园绿地面积（-0.333）、城市建成区绿化覆盖率（-0.022）、垃圾清运量强度（-0.082）。⑤镇江地区有4个指标，分别是农村平均每户就业面（-0.157）、公路客运效率（-2.309）、公路货运效率（-0.926）、垃圾清运量强度（-0.249）。⑥南通地区共有7个指标，分别是中小学在校学生占地区户籍人口比例（-0.054）、地区年末人员从业率（-0.027）、农村平均每户就业面（-0.107）、卫生机构个数（-0.018）、公路客运效率（-1.037）、公路货运效率（-0.446）、垃圾清运量强度（-0.194）。⑦扬州地区共有5个指标，分别是中小学在校学生占地区户籍人口比例（-0.189）、地区年末人员从业率（-0.111）、农村平均每户就业面（-0.160）、卫生机构个数（-0.105）、公路客运效率（-1.035）。⑧泰州地区共有6个指标，分别是中小学在校学生占地区户籍人口比例（-0.055）、地区年末人员从业率（-0.039）、农村从业人员比例（-0.019）、农村平均每户就业面（-0.150）、公路客运效率（-0.522）、公路货运效率（-0.129）。⑨徐州地区共有5个指标，分别是地区年末人员从业率（-0.073）、农村平均每户就业面（-0.105）、公路客运效率（-0.675）、城市人均公园绿地面积（-0.050）、垃圾清运量强度（-0.544）。⑩连云港地区共有6个指标，分别是城镇居民家庭文教娱乐支出比重（-0.265）、农村居民家庭文教娱乐支出比重（-0.151）、地区年末人员从业率（-0.152）、农村平均每户就业面（-0.102）、公路客运效率（-1.183）、公路货运效率（-0.120）。⑪淮安地区共有9个指标，分别是城镇居民家庭文教娱乐支出比重（-0.011）、农村居民家庭文教娱乐支出比重（-0.172）、中小学在校学生占地区户籍人口比例（-0.018）、农村从业人员比例（-0.113）、农村平均每户就业面（-0.045）、卫生机构个数（-0.001）、公路客运效率（-0.464）、公路货运效率（-0.153）、垃圾清运量强度（-0.195）。⑫盐城地区共有3个指标，分别是农村平均每户就业面（-0.205）、公路客运效率（-0.704）、垃圾清运量强度（-0.026）。⑬宿迁地区共有9个指标，分别是城镇居民家庭文教娱乐支出比重（-0.300）、农村居民家庭文教娱乐支出比重（-0.019）、地区年末人员从业率（-0.183）、农村平均每户就业面（-0.258）、城镇登记失业率（-0.084）、卫生机构个数（-0.222）、公路客运效率（-0.844）、城市人均拥有道路面积（-0.066）、垃圾清运量强度（-0.223）。

可见，抑制民生质量提升的民生保障类基础指标分布的领域不完全相同，并且影响的强度也有差异（从权重系数上看）。当然，如果要实现有针对性的调整，需要参照每个地区各因素第一主成分权重的排序关注该类问题改善的进度及提供相应对策。以制约因素相对较少的盐城地区为例，其三类制约因素的主成分权重由小到大的排序为农村公路客运效率（-0.704）、平均每户就业面（-0.205）、垃圾清运量强度（-0.026）。根据这样排序，我们认为在2010—2019年期间，盐城地区公路客运效率改善不及每户就业面的改善，每户就业面的提升不及垃圾清运量强度的提高，而垃圾清运量强度的提高并没有发挥出提升当地民生质量的效能，这也就为地方政府在改善民生质量方面提供了决策的领域导向。

2. 民生水平基础指标的民生质量提升功能解析

民生水平对地区民生水平提升效能仅次于民生保障，那么该层各项基础指标如何作用于民生质量，按照以上单一地区特征、地区共性和差异性的分析思路予以解读。

第一，对代表地区（南京）民生水平指标的民生质量提升功能进行解析。

以南京地区为例，民生水平涉及城乡居民人均收入与支出两个领域，共 17 项基本统计指标。居民消费价格总指数在形成地区民生质量指数过程中的权重是-0.082，是唯一主成分权重为负数的基础指标；与之对应，人均财产净收入的主成分权重是 0.607，是形成地区民生质量指数过程的 17 个基础指标权重最大的。也就是说 2010—2019 年期间，南京地区民生质量的演进过程中，与人均财产性净收入相关的对策措施有效地推动了地区民生质量的提升，而与居民消费总价格指数相关的市场现象和行为一定程度上抑制了地区民生质量的提升。

（1）比较分项收入的四项基础指标第一主成分权重，我们可以发现人均转移净收入的权重 0.065 是最低的。这意味着与人均工资收入、人均经营净收入、人均财产净收入相比，人均转移净收入对当地民生质量提升作用有限，所以地方在使用这方面政策或策略时，需要注重对弱势群体采取相应的转移支出扶持手段，从提升民生质量角度发挥转移支付的功效。南京地区城乡居民其他三类人均收入的主成分权重由小到大的排序是人均工资收入（0.197）、人均经营净收入（0.275）、人均财产净收入（0.607），由此可见，2010—2019 年期间，在提升南京地区民生质量方面，人均工资收入的效能不及人均经营性净收入，人均经营性净收入不及人均财产净收入。由此我们可以推定，城乡居民的常态化稳定性收入（人均工资收入）作用于居民民生质量的强度相对稳定，而具有一定风险特征的人均经营净收入和人均财产净收入作用于民生质量的程度却相对较强。

（2）比较综合收入的两项基础指标，显然，年末城乡居民人均储蓄存款余额的权重（0.272）大于城乡居民可支配收入增长质量的权重（0.154）。从权重大小来看，这意味着地区城乡居民的存款额度直接作用于人们民生水平，这与中国人传统生活理念有关。

（3）比较分项支出八项基础指标的第一主成分权重，会发现居民人均居住消费支出的权重（0.505）远大于其他支出指标的权重，之所以如此，其根源在于进入 2013 年以来南京地区的居民人均居住消费支出一直处于不断增长的态势之中，尤其是 2013 年相较于上年增长了 2.62 倍。而作为居民基本日常消费支出的食品烟酒和衣着支出的主成分权重相对较低（分别是 0.058 和 0.059），除此之外的其他五类消费支出指标的主成分权重虽有差异，但彼此之间差距较小。南京地区城乡各项居民消费支出指标的权重分布，一方面揭示了各项指标在当地民生质量提升进程中的地位，另一方面则揭示了 2010—2019 年期间南京地区居民民生质量提升的诉求。

（4）比较综合支出三项基础指标的第一主成分权重，会发现居民消费价格总指数（第一主成分权重是−0.082）在地区民生质量方面呈现出负效应；城镇居民消费支出的可支配收入占比（主成分权重是 0.054）和农村居民消费支出的纯收入占比（0.017）两项指标对民生质量提升的效应较低，标志着这两类指标在民生质量中处于相对稳定并重要的地位。综合来看，南京地区的 17 项城乡居民人均收入和支出指标对应着 17 项具体或综合的活动。2010—2019 年期间形成当地民生质量的重要指标（或活动）包括人均财产净收入、居民人均居住消费支出、人均经营净收入和城乡居民人均交通通信消费支出。相对于这些具体领域的指标（或活动），城镇及农村居民消费支出的可支配收入（纯收入）占比的民生质量提升作用却较低，这一点正体现出城乡居民民生质量的关注点主要聚焦在细节而不是总体，当然这是建立在可支配收入或纯收入达到一定高度的基础上。

第二，对地区民生水平基础指标的民生质量提升功能的共性进行解析。

对比江苏各地区民生水平基础指标在提升民生质量方面的作用，其共性表现在：正向作用于地区民生质量提升的基础涉及收入领域的人均工资收入、人均经营净收入、人均财产净收入、年末城乡居民人均储蓄存款余额，支出领域下分项支出的全部八项指标和综合支出下的城镇居民消费支出的可支配收入占比，在这些指标中，正向效应前两位的指标分别是人均财产净收入、居民人均居住消费支出。逆向作用于（抑制）地区民生质量提升的基础指标是居民消费价格总指数。

第三，对地区民生水平基础指标的民生质量提升功能的个性进行解析。

与南京地区相比较，其他地区在民生水平提升地区民生质量方面表现出不同特征。

（1）与南京地区的城乡居民可支配收入增长质量较好满足地区民生质量提升的效应不同，其他 12 个地区总体上呈现出较为明显的抑制或微弱的促进效应，其中苏南的无锡、苏州、镇江，苏中的扬州、泰州和苏北的徐州、连云港、盐城等地区，城乡居民可支配收入增长质量在这些地区的第一主成分权重分别是 −0.001、−0.030、−0.109、−0.009、−0.062、−0.028、−0.033、−0.021，镇江地区该指标民生质量提升的抑制效应相对较强。也就是说加强这些地区居民可支配收入增长率与 GDP 增长率相对稳定有利于当地民生质量的提升。

（2）人均转移净收入对民生质量的提升效应呈现出地区差异，苏中和苏北地区的人均转移净收入对民生质量提升效应较为明显。其中较为典型的宿迁和淮安两地该指标的第一主成分权重分别是 0.407 和 0.222，在当地民生质量提升中都处于较为重要地位（与当地其他指标的第一主成分权重比较）。在苏南各地，该指标的民生质量作用效果并不相同，对于无锡、苏州来说，该指标展示出民生质量提升的抑制效应；对南京、常州和镇江来说，该指标展示出民生质量提升相对较弱的正向效应。

（3）各地抑制民生质量提升的因素呈现出不同特征，其中南京、常州、淮安和宿迁各有 1 个基础指标，苏州、镇江、南通、扬州、泰州、徐州、盐城各有 3 个基础指标，无锡、连云港各有 4 个基础指标，主要集中于居民消费价格总指数、城乡居民可支配收入增长质量和农村居民消费支出的纯收入占比。

综上，通过民生水平提升当地民生质量建立在当前民众在高生活水平基础上对以居住条件为基础的更高层次生活的追求，在收入来源领域，常规的工资收入、经营性收入在提升民生质量方面都逊色于财产性收入，这标志着江苏各地居民对虚拟收入来源的诉求正在影响着各地人们对收入结构的合理追求。另外，近年来，各地交通通信、医疗卫生等基础设施及服务水平的提升都有力推动了当地民生质量的提升。基于地区民生质量，应强化以上相关基础指标所涉及领域的政策导向。值得注意的是，保障城乡居民可支配收入增长质量、合理控制居民消费价格水平、推动农村居民消费的合理支出等是快速提升民生质量的迫切举措。另外，针对连云港地区城镇居民消费支出的优化、无锡和苏州地区人均转移收入的调整都是提升当地民生质量应当关注的问题。

3. 民生公平基础指标的民生质量提升功能解析

相对于民生保障、民生水平，民生公平在民生质量的影响强度和水平都相对较低。具体的民生公平中的收入公平和支出公平的基础指标，在当地民生质量方面所发挥的作用却呈现出较为复杂的特征。为了揭示不同地区之间不同收支对比的民生质量效应，本节依然遵循以上分析范式。

第一，对代表地区（南京）民生公平基础指标的民生质量提升功能进行解析。

（1）总体看来，在城乡收入对比与支出对比上，正向主成分权重分布区间是［0.029，0.361］，区间端点指标分别是城乡居民人均衣着支出比和城乡居民人均转移净收入比；负向主成分权重分布区间是［-0.663，-0.074］，区间端点指标分别是城乡居民人均居住消费支出比和城乡居民人均教育文化娱乐消费支出比。从基础指标权重分布来看，城乡人均转移收入比在地区民生质量上的正向效应程度，显然要低于城乡居民人均居住消费支出比在地区民生质量上的负向效应程度。在这种正负效应的比较中，我们会发现民生公平在民生质量方面作用的整体强度不够以及水平较低的原因，要实现民生公平在民生质量强度和水平的提升，不仅要进一步强化当前正向作用于民生质量的指标效应，更应该从对策和举措上逐步改善当前逆向作用于民生质量的指标效应。比如，降低城乡居民居住消费支出的差异是当前提升地区民生较为迫切的问题。

（2）在城乡收入对比上，城乡居民人均工资收入比（0.173）与城乡居民人均转移净收入比（0.361）正向作用于地区民生质量，城乡居民人均经营净收入比（-0.264）与城乡居民人均财产净收入比（-0.297）逆向作用于地区民生质量，仅从各基础指标第一主成分权重的分布上，我们可以看出城乡差异对民生质量影响的分量。

（3）在城乡支出对比上，从八项消费支出的城乡对比基础指标可以看出，城乡居民人均居住消费支出比（-0.663）和城乡居民人均教育文化娱乐消费支出比（-0.074）呈现出逆向民生质量效应；其余六项基础指标的正向民生质量效应中，城乡居民人均医疗保健消费支出比（0.244）、城乡居民人均交通通信消费支出比（0.237）、城乡居民人均生活用品及服务消费支出比（0.235）、城乡居民人均其他用品和服务消费支出比（0.214）、城乡居民人均食品烟酒消费支出比（0.139）、城乡居民人均衣着支出比（0.029）依次呈现出由高到低的主成分权重，虽然前四个基础指标权重非常接近，但大小悬殊，这一定程度上显示了各类指标所处领域对民生质量可能产生效应的强弱。相对于城乡人均衣着消费支出现状，南京地区人均医疗消费支出的相关表现在地区民生质量提升上发挥出较好的效应。

第二，对地区民生公平基础指标的民生质量提升功能的共性进行解析。

对比江苏13个地区民生公平基础指标在提升民生质量方面的作用，可发现以下共性。

（1）城乡居民人均转移净收入比、城乡居民人均衣着支出比、城乡居民人均生活用品及服务消费支出比、城乡居民人均交通通信消费支出比、城乡居民人均其他用品和服务消费支出比等涉及城乡收入与支出的四类基础指标总体上在地区民生质量提升方面都表现出正向效应，其中城乡居民人均转移净收入比的民生质量正向效应较强。

（2）城乡居民人均居住消费支出比、城乡居民人均财产净收入比、城乡居民人均经营净收入比、城乡居民人均教育文化娱乐消费支出比在地区民生质量形成上总体上呈现出负效应或较低层次的正效应，其中城乡居民人均居住消费支出比的民生质量负效应强度较强。

第三，对地区民生公平基础指标的民生质量提升功能的个性进行解析。

与南京地区相比较，其他地区在民生公平提升地区民生质量方面的特征。

（1）城乡收入对比方面，与南京地区基础指标权重分布（城乡居民人均工资收入与转移净收入比权重大于零；而城乡居民人均经营净收入与财产净收入比的权重小于零）相似地区分别是苏州、镇江、南通、扬州、泰州、淮安和宿迁；无锡与常州两个地区的都表现出城乡居民人均工资收入与财产净收入比权重小于零，而城乡居民人均经营净收入与转移净收入比的权重大于零；苏北的徐州、连云港和盐城都表现出城乡居民人均财产净收入比的权重小于零，其他三项指标都为正的特征。

（2）城乡支出对比方面，其差异主要体现在基础指标的地区民生质量负效应分布上，与南京地区较为一致的有无锡和常州地区，分别有两类指标权重值小于零；苏州、扬州和宿迁分别有三项基础指标权重小于零；南通则有四项基础指标权重小于零；盐城是唯一的城乡支出对比的所有基础指标权重都大于零的地区；除此而外的其他几个地区只有一项基础指标（城乡居民人均居住消费支出比）的权重小于零。

综上，民生公平是影响或滞后地方民生质量的重要层面，这也进一步验证了，即使在经济和社会综合水平较高的江苏，综合体现在城乡居民收支方面的"二元结构"问题依然是影响地方民生质量、迫切需要改善的领域。值得注意的是，民生水平子系统下的居民各项人均收入和消费支出总体上都表现出较为鲜明的民生质量提升效应，尤其在人均财产净收入、人均居住消费支出方面；但是与此相应的民生公平指标，其逆向作用于民生质量提升的特征却较为鲜明，其中尤以城乡人均财产净收入之比、城乡居民人均居住消费支出比这种逆向作用更为明显。所以，当前，对于江苏省的各个地区来讲，绝对或相对的城乡居民经营净收入、财产净收入和居住、教育文化娱乐支出等是各级政府机构迫切需要着手并给出切实可行改善对策的领域。

三、地区间民生质量

地区间民生质量研究旨在基于统一时点（年份）揭示地区间民生质量发展水平上的差异，进而揭示造成这种差异的主要原因。因此，地区间民生质量的研究对象是在固定时间点基础上，借助主成分分析方式，给出同一年份下每个地区的民生指数，严格地说，这种地区民生质量指数应该被称为地区相对民生质量指数。在此基础上，通过比较分析民生水平、民生公平和民生保障以及各子系统基础指标的第一主成分权重，揭示地区间民生质量指数存在差异的原因，并试图针对性地给出对策。在分析策略上：首先，遵循时间顺序，先分析 2010 年各地区民生质量所表现出的特征；其次，基于 2010 年江苏各地区民生质量方面所呈现的特征，并比较各地区在 2010—2019 年期间每年的民生指标呈现出的共性特征；最后，在必要条件下，分析特定年份各地区民生质量所呈现的异质性特征。

（一）地区间民生质量的子系统指标解析

表 2.4.5 给出了 2010—2019 年期间逐一年份江苏省 13 个地区相对民生质量指数形成过程中民生水平、民生公平、民生保障的第一主成分权重。

第一，以 2010 年为例，13 个地区在形成各自民生指数所呈现出的民生水平、民生公平和民生保障的第一主成分权重分别为 0.825、0.051、0.563。三个民生子系统的第一主成分权重都大于零，说明 2010 年各个地区民生水平、民生公平和民生保障等子系统的基础指标保持着相对较为稳定区域特征。值得注意的是，民生水平权重系数大于民生保障权重系数、民生保障权重系数明显大于民生公平权重系数，这意味着各地区民生指数水平源于三个民生子系统因素的强度存在着差异，也就是说 2010 年地区之间的相对民生质量指数更多地取决于民生水平面因素、次之是民生保障因素、再次是民生公平。

表 2.4.5　2010—2019 年江苏省 13 个地区民生质量子系统指标第一主成分权重

子系统因素	年份									
	2010	2011	2012	2013	2014	2015	2016	2017	2018	2019
民生水平	0.825	0.792	0.780	0.884	0.882	0.890	0.889	0.874	0.874	0.857
民生公平	0.051	0.046	0.038	-0.006	-0.007	-0.006	-0.006	-0.010	-0.008	-0.007
民生保障	0.563	0.609	0.625	0.467	0.470	0.456	0.458	0.486	0.486	0.516

第二，与 2010 年相比，在地区间民生质量指数的民生水平、民生公平和民生保障（合成）指标第一主成分权重的正负效应上，2011 年和 2012 年三项集成指标权重相似，2013 年及其后民生质量层和民生保障权重依然为正数，民生公平第一主成分权重小于零。也就是说，2013 年以来，民生公平子系统基础指标地区间的变化趋势已经逐渐背离了民生水平和民生保障演变态势，这样就造成了其民生质量提升的逆向效应。在三类指标大小分布上，与 2010 年类似，都呈现出一致的民生水平权重系数大于民生保障权重系数的情况。

综上，我们发现，地区间民生质量评估所呈现民生水平的作用机制，显然不同于单一地区民生质量指数形成机制中所呈现的民生保障因素占主导地位的特征，两个角度的地区民生质量研究范式所呈现出的同样因素在民生质量指数形成中所呈现出不同的效应，这一点并不矛盾：单一地区民生质量提升更多地体现在地区民生保障类基础指标合意度的快速提升，这种合意度的快速提升是在时间维度上相对于民生水平、民生公平合意度的提升；而地区间相对民生质量的形成，是地区间民生水平、民生公平和民生保障各类基础指标在各个地区间相对地位的反映，民生水平主成分权重之所以大于地区民生保障主成分权重，原因是地区间民生水平基础指标变动幅度大于民生保障基础指标变动幅度，或者说，相对于前者，后者地区间的差异性相对较小。这也意味着，在地区民生质量提升过程中形成了地区民生保障子系统的快速完善与地区间民生水平子系统良莠共存的局面。另外，不论是分地区民生质量评价还是地区间民生质量评价，民生质量公平层对地区民生质量贡献度都相对最弱，这说明地区间、城乡间的二元结构都是当前民生质量提升值得关注的重点领域。

（二）地区间民生质量

表 2.4.6 分年度给出了江苏省 13 个地区的相对民生质量指数及同期排名。

表 2.4.6 2010—2019 年江苏省 13 个地区民生质量指数

地区	2010 指数	2010 排名	2011 指数	2011 排名	2012 指数	2012 排名	2013 指数	2013 排名	2014 指数	2014 排名	2015 指数	2015 排名	2016 指数	2016 排名	2017 指数	2017 排名	2018 指数	2018 排名	2019 指数	2019 排名
南京	6.37	2	6.60	2	6.33	2	5.87	3	5.85	3	5.68	3	5.68	3	5.68	3	5.76	3	5.78	3
无锡	6.01	3	6.04	3	6.05	3	6.06	2	6.40	2	6.44	2	6.50	2	6.35	2	6.31	2	6.35	2
常州	5.27	4	5.23	4	5.04	4	4.77	4	4.78	4	4.74	4	4.79	4	4.63	4	4.66	4	4.54	5
苏州	6.41	1	6.70	1	6.88	1	6.42	1	6.66	1	6.79	1	6.81	1	6.76	1	6.94	1	7.11	1
镇江	4.02	5	4.22	5	4.30	5	4.30	5	4.39	5	4.32	5	4.39	5	4.50	5	4.66	5	4.61	4
南通	3.68	6	3.85	6	3.86	6	3.95	6	3.99	6	3.88	6	3.98	6	3.92	6	3.97	6	3.72	6
扬州	3.32	7	3.37	7	3.29	7	3.40	7	3.41	8	3.33	8	3.41	8	3.30	8	3.42	8	3.32	8
泰州	3.06	8	3.17	8	3.18	8	3.40	8	3.47	7	3.35	7	3.39	7	3.32	7	3.43	7	3.55	7
徐州	2.73	9	2.75	9	2.69	10	2.71	10	2.81	10	2.73	9	2.81	9	2.76	9	2.84	10	2.84	9
连云港	2.38	11	2.48	11	2.46	11	2.34	11	2.42	12	2.32	11	2.37	11	2.35	11	2.45	11	2.32	12
淮安	2.33	12	2.42	12	2.45	12	2.33	12	2.42	11	2.26	12	2.32	12	2.33	12	2.45	12	2.36	11
盐城	2.63	10	2.69	10	2.71	9	2.72	9	2.85	9	2.71	10	2.79	10	2.74	10	2.87	9	2.84	10
宿迁	1.73	13	1.76	13	1.80	13	1.68	13	1.77	13	1.67	13	1.75	13	1.73	13	1.86	13	1.85	13
极商	3.70	—	3.81	—	3.83	—	3.81	—	3.78	—	4.07	—	3.89	—	3.92	—	3.74	—	3.85	—

第一，看2010年江苏13个地区民生质量指数的基本特征。2010年江苏13个地区民生质量指数显示，民生指数最大的地区是苏州，指数为6.41；民生指数最小的地区是宿迁，指数为1.73。从地区民生指数分布的状况来看，苏南5个地区靠前，苏中3个地区居中，苏北5个地区靠后，也就是说，民生指数的区域特征十分显著。从民生指数的排名看，苏南5个地区由大到小的排名是苏州、南京、无锡、常州、镇江；苏中3个地区由大到小的排名是南通、扬州、泰州；苏北5个地区由大到小的排名是徐州、盐城、连云港、淮安、宿迁。从2010年13个地区民生指数形成的三个民生子系统质量指数看（见图2.4.7），各地区民生水平指数与民生质量指数分布所形成雷达图曲线在演变态势上具有非常高度的相似性，这也进一步印证了民生水平第一主成分权重显著大于民生公平和民生保障第一主成分权重的事实。从民生质量三个子系统指数的演变趋势看，相对于民生水平和民生保障指数，各个地区民生公平指数呈现出较为显著的稳定性，也就是说，各地区民众对本地民生公平感知的差异性不明显。如果说13个地区民生公平指数构成的图形近乎一个"同心圆"的话，那么13个地区民生保障指数和民生水平指数所构成的图形则是两个以宿迁为起点的两个"离心圆"。

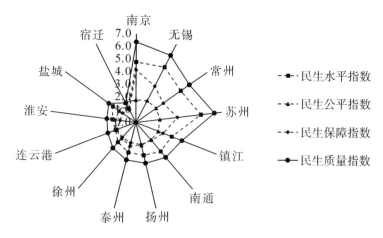

图 2.4.7　江苏地区民生分层指数与民生质量指数（雷达图：以 2010 年为例）

第二，看2010—2019年期间各地区民生质量所呈现的共同特性。比较2010—2019年期间各年度江苏省13个地区民生质量指数的排名可以发现：2011年和2015—2017年期间每年的地区民生质量指数的排名与2010年完全一致；2012—2013 年和 2018 年每年的地区民生质量排名完全一致，与 2010 年的排名差异仅在于徐州和盐城两个地方的民生指数位置前后发生了变化，也就是说，民生质量指数的相对变化仅仅发生在苏北的两个地区之间；相对于 2010 年，2014 年地区间民生质量指数排名差异还是出现在苏北地区徐州与盐城之间，以及连云港与淮安之间，2019 年地区间民生质量指数排名差异出现在了苏南地区的常州和镇江之间。不过，总体看来，江苏省 13 个地区各自的相对民生质量指数是比较稳定的。这说明江苏各地民生质量水平的提升维持着相对稳定的态势，没有哪个地区民生质量出现意外的下行或上涨。从各地区间民生质量指数的大小比较来看，地区间民生质量指数最大差距出现在 2015 年，这时苏州民生质量指数约是宿迁的 4.07 倍，最小的差距出现在 2010 年，这时苏州地区民生质量指数约是宿迁的 3.70 倍，这意味着，江苏各地之间民生质量指数始终处于动态变化之中，这种变化并没有明显缩小彼此之间民生质量水平间的差异。

（三）地区间民生质量的基础指标解析

应该明确的是，在评价地区之间民生质量方面，基础指标第一主成分权重系数的实际意义在于揭示该项指标变化与地区间潜在民生子系统演变的吻合度。权重系数大于零意味着该项指标变化顺应地区间民生子系统各项基础指标内在的变化趋势，此时，基础指标对民生子系统质量表现出的是正向增强效应；权重系数小于零意味着该项指标变化背离地区间民生子系统各项基础指标内在的变化趋势，此时，基础指标对民生系统质量表现出的是逆向抑制效应。当然，权重系数绝对值越大意味着该项基础指标顺应（或背离）地区间民生子系统内在变化趋势越强。由于民生水平、民生保障和民生公平在江苏省地区间民生质量形成中机制中呈现出由强到弱的效应次序，故遵照这个次序，仿照前面的分析范式，对这三子系统基础指标在地区间民生质量形成机制中所发挥的作用予以解析（见表 2.4.7）。

1. 民生水平基础指标的民生质量效应分析

第一，2010 年民生水平基础指标在地区间民生质量形成中的效应。从各基础指标第一主成分权重系数看：收入方面对地区民生质量指数发挥出正向效应的五项基础指标中人均财产净收入的权重最大（0.489），年末城乡居民人均储蓄存款余额、人均转移净收入、人均工资收入和人均经营净收入的权重分别是 0.317、0.268、0.325 和 0.020；呈现出逆向效应的只有城乡居民可支配收入增长质量（-0.014）。由此可见，地区间比较性民生质量指数形成过程中，基础指标所呈现出的作用方式及强度都不一致，其中人均财产净收入的作用最强，人均经营净收入的效应相对较弱。

在支出方面，对地区民生质量指数的形成，分项支出指标呈现出明显的正向效应，其中，城乡居民人均交通通信消费支出的效应最强（0.325），其次是居民人均教育文化娱乐消费支出的效应（0.263），效应最小的是居民人均居住消费支出（0.155）；综合支出基础指标总体上呈现的作用是负向的抑制作用或正向的低效应，其中，居民消费价格总指数、城镇居民消费支出的可支配收入占比、农村居民消费支出的纯收入占比的第一主成分权重分别为-0.003、0.013和-0.026。

综上，我们发现，在2010年，江苏13个地区的民生水平子系统中有三项基础指标（城乡居民可支配收入增长质量、居民消费价格总指数、农村居民消费支出的纯收入占比）地区间的变化背离了这个子系统潜在（内在）的变化趋势，从而对该子系统质量造成了逆向（负向）影响；其他各项基础指标的变化整体上都不同程度地符合地区间民生水平子系统的潜在变化趋势。

第二，2010—2019年期间民生水平基础指标在地区间民生质量形成中的共性效应。比较2010—2019年期间分年度民生水平基础指标的第一主成分权重可以发现：一个典型的特征就是，与2010年类似，城乡居民可支配收入增长质量、居民消费价格总指数、农村居民消费支出的纯收入占比整体上依然呈现出逆向作用于地区之间民生水平质量的三个基础指标，当然，2015年以后，城镇居民消费支出的可支配收入占比也演变为逆向指标，值得注意的是，这些指标的第一主成分权重系数的绝对值相对较小，其逆向作用强度应该都很弱。同时，人均财产净收入、人均工资收入、年末城乡居民人均储蓄存款余额、城乡居民人均交通通信消费支出、居民人均其他用品和服务消费支出等基础指标的第一主成分权重相对较大并且正向作用于民生水平质量；无论是从强化地区民生水平层面的质量方面来说、还是从逐步缩小地区间民生水平质量层面的差距来讲，这些基础指标都是值得关注的，在提升各个地区以上指标水平的同时，缩小这些指标地区间的差异是实现地区民生水平质量层面趋同的重要举措。基础指标总提上呈现的作用是负向的抑制作用或正向的低效应，其中，居民消费价格总指数、城镇居民消费支出的可支配收入占比、农村居民消费支出的纯收入占比的第一主成分权重分别为-0.003、0.013和-0.026。

表2.4.7 2010—2019年江苏各地区民生质量指标第一主成分权重

分类指标		基础指标	代码	2010	2011	2012	2013	2014	2015	2016	2017	2018	2019
民生水平	分项收入	人均工资收入	L111	0.268	0.282	0.278	0.310	0.311	0.298	0.301	0.303	0.301	0.306
		人均经营净收入	L112	0.020	0.026	0.028	0.035	0.043	0.045	0.046	0.043	0.040	0.052
		人均财产净收入	L113	0.489	0.494	0.501	0.448	0.449	0.431	0.432	0.435	0.441	0.437
		人均转移净收入	L114	0.317	0.286	0.290	0.166	0.156	0.142	0.139	0.139	0.135	0.129
	综合收入	城乡居民可支配收入增长质量	L121	-0.014	0.001	-0.039	-0.045	0.009	-0.058	0.003	-0.056	0.055	-0.020
		年末城乡居民人均储蓄存款余额	L122	0.325	0.313	0.303	0.307	0.278	0.387	0.377	0.367	0.372	0.359
	分项支出	居民人均食品烟酒消费支出	L211	0.217	0.221	0.226	0.211	0.215	0.208	0.211	0.211	0.211	0.218
		居民人均衣着支出	L212	0.205	0.208	0.210	0.243	0.246	0.229	0.229	0.222	0.219	0.219
		居民人均居住支出	L213	0.155	0.184	0.192	0.289	0.292	0.285	0.294	0.296	0.298	0.303
		居民人均生活用品及服务消费支出	L214	0.246	0.238	0.233	0.236	0.237	0.225	0.228	0.229	0.224	0.222
		城乡居民人均交通通信消费支出	L215	0.325	0.344	0.346	0.373	0.379	0.368	0.358	0.358	0.345	0.343
		居民人均教育文化娱乐消费支出	L216	0.263	0.240	0.238	0.197	0.209	0.209	0.223	0.232	0.242	0.262
		居民人均医疗保健消费支出	L217	0.261	0.242	0.218	0.217	0.226	0.218	0.224	0.232	0.222	0.224
		居民人均其他用品和服务消费支出	L218	0.257	0.279	0.286	0.331	0.334	0.308	0.309	0.302	0.308	0.306
	综合支出	居民消费价格总指数	L221	-0.003	-0.004	-0.004	-0.004	-0.003	-0.004	-0.005	-0.005	-0.006	-0.005
		城镇居民消费支出的可支配收入占比	L222	0.013	0.013	0.010	0.019	0.001	-0.001	-0.003	-0.003	-0.003	-0.002
		农村居民消费支出的纯收入占比	L223	-0.026	-0.027	-0.030	-0.037	0.003	0.004	0.001	-0.001	-0.004	-0.005

分类指标		基础指标	代码	2010	2011	2012	2013	2014	2015	2016	2017	2018	2019
民生公平	城乡收入对比	城乡居民人均工资收入比	F111	0.336	0.250	0.258	0.024	0.025	0.040	0.047	0.055	0.067	0.075
		城乡居民人均经营净收入比	F112	0.393	0.135	0.223	0.719	0.715	0.658	0.679	0.657	0.665	0.658
		城乡居民人均财产净收入比	F113	0.071	0.129	0.082	0.376	0.384	0.435	0.400	0.379	0.419	0.438
		城乡居民人均转移净收入比	F114	0.346	0.320	0.267	0.032	0.036	0.010	0.005	0.008	0.008	0.006
	城乡支出对比	城乡居民人均食品烟酒消费支出比	F221	0.184	0.221	0.260	0.168	0.188	0.205	0.170	0.201	0.187	0.206
		城乡居民人均衣着支出比	F222	0.208	0.181	0.150	0.334	0.335	0.337	0.324	0.327	0.256	0.241
		城乡居民人均居住消费支出比	F223	0.246	-0.029	-0.043	0.392	0.369	0.382	0.407	0.428	0.460	0.466
		城乡居民人均生活用品及服务消费支出比	F224	0.279	0.378	0.323	-0.037	-0.005	-0.007	0.012	0.010	-0.015	0.024
		城乡居民人均交通通信消费支出比	F225	0.310	0.236	0.352	0.056	0.029	0.036	0.019	-0.010	0.014	0.013
		城乡居民人均教育文化娱乐消费支出比	F226	0.232	0.319	0.218	0.152	0.158	0.191	0.166	0.184	0.162	0.154
		城乡居民人均医疗保健消费支出比	F227	0.359	0.513	0.597	0.136	0.168	0.189	0.216	0.235	0.174	0.141
		城乡居民人均其他用品和服务消费支出比	F228	0.337	0.392	0.287	0.030	0.030	0.035	0.041	0.045	0.095	0.082

表2.4.7（续）

分类指标	基础指标	代码	2010	2011	2012	2013	2014	2015	2016	2017	2018	2019
教育供给	人均教育财政投资	G111	0.108	0.077	0.068	0.062	0.054	0.068	0.115	0.136	0.158	0.161
	人均公共图书馆藏书量	G112	0.517	0.494	0.485	0.445	0.464	0.483	0.474	0.450	0.421	0.357
教育需求	城镇居民家庭文教娱乐支出比重	G113	-0.062	-0.006	-0.006	0.080	0.084	0.062	0.053	0.023	0.005	-0.027
	农村居民家庭文教娱乐支出比重	G114	-0.051	-0.009	0.005	0.078	0.072	0.064	0.085	0.072	0.058	0.035
	中小学在校学生占地区户籍人口比例	G115	-0.034	-0.011	0.004	0.030	0.065	0.076	0.085	0.086	0.092	0.092
就业潜力	地区年末人员从业率	G211	-0.026	-0.040	0.007	0.012	0.012	0.012	0.012	0.013	0.015	0.018
农村就业	农村从业人员比例	G212	0.339	0.350	0.362	0.395	0.391	0.394	0.407	0.389	0.390	0.361
	农村平均每户就业面	G213	0.002	0.019	0.010	0.026	0.041	0.032	0.040	0.019	-0.008	-0.017
城镇就业	城镇登记失业率	G214	-0.017	0.004	0.004	-0.006	-0.006	0.007	0.013	0.004	0.003	-0.019
	城镇平均每户就业面	G215	0.011	-0.011	-0.025	0.017	0.035	0.017	-0.001	0.007	0.006	-0.001
医疗条件	卫生机构个数	G311	-0.184	-0.191	-0.168	-0.172	-0.172	-0.162	-0.159	-0.143	-0.117	-0.073
	平均每万人拥有执业医师	G312	0.113	0.100	0.071	0.074	0.069	0.056	0.054	0.067	0.076	0.074
	卫生机构床位数（万张）	G313	0.080	0.072	0.051	0.051	0.048	0.049	0.045	0.043	0.041	0.045
医疗财政	年度人均医疗卫生预算支出	G314	0.141	0.075	0.051	0.035	0.024	0.014	0.014	0.019	0.026	0.064
住房	城镇居民人均住房建筑面积	G411	-0.019	-0.027	-0.028	0.013	-0.040	-0.038	-0.052	-0.041	-0.056	-0.070
	农村居民人均住房建筑面积	G412	0.162	0.161	0.140	0.097	0.059	0.064	0.063	0.045	0.040	0.010
交通电信	公路客运效率	G413	0.469	0.500	0.530	0.514	0.522	0.525	0.493	0.564	0.620	0.633
	公路货运效率	G414	0.319	0.310	0.306	0.297	0.294	0.293	0.319	0.289	0.303	0.406
	互联网普及率	G415	0.265	0.311	0.242	0.255	0.251	0.254	0.210	0.194	0.168	0.136
养老保险	人均社会保障和就业财政支出	G416	0.125	0.128	0.166	0.179	0.163	0.143	0.113	0.103	0.086	0.075
	人均保费收入	G417	0.282	0.276	0.319	0.353	0.331	0.319	0.366	0.358	0.303	0.301
市政设施	城市人均拥有道路面积	G511	0.027	0.020	0.016	0.029	0.031	0.033	0.061	0.050	0.043	0.022
	城市人均公园绿地面积	G512	0.060	0.055	0.037	0.035	0.026	0.018	0.008	-0.015	-0.032	-0.048
环境卫生	城市建成区绿化覆盖率	G513	0.025	0.020	0.015	0.014	0.012	0.011	0.008	0.002	0.000	0.000
	城市污水处理率	G514	0.028	0.035	0.033	0.032	0.020	0.018	0.015	0.009	0.007	0.006*
	垃圾清运量强度	G515	-0.071	-0.032	-0.064	-0.043	-0.079	-0.060	-0.027	-0.046	0.003	-0.002

注：表中加粗和倾斜字体分别表示民生水平、公平和保障三个领域各自的三个较大和三个较小的指标权重。

第三，2010—2019年期间民生水平基础指标在地区间民生质量形成中的异质性效应。年度之间部分民生水平基础指标在民生质量形成和提升过程所发挥的作用也呈现出一定时间维度方面的差异性。在促进民生质量提升方面，人均财产净收入的效应一直保持着领先地位，效应紧随其后的第二位基础指标：2010—2014年期间是城乡居民人均交通通信消费支出，2015—2019年期间是年末城乡居民人均储蓄存款余额；在抑制民生质量提升方面，城乡居民可支配收入增长质量、城镇居民消费支出的可支配收入占比、农村居民消费支出的纯收入占比等指标在不同时期表现出微弱正向推动和反向抑制效应的转换。这说明在地区民生质量形成与提升的过程中，同一基础指标一直处于动态的变化状态。

2. 民生保障基础指标的民生质量效应分析

第一，2010年民生保障基础指标在地区间民生质量形成中的效应。从各项基础指标的第一主成分权重来看：教育领域的人均公共图书馆藏书量（权重0.517）相对最高，其中教育需求方面的分项基础指标都小于零，这意味着，2010年江苏省13个地区在教育需求方面滞后了地区间民生质量的提升。就业领域的农村从业人员比例（权重0.339）是提升地区间民生质量水平的重要影响指标，其他4项指标在本年度的地区间民生质量提升上的效应相对较小或起到抑制作用（城镇登记失业率、地区年末人员从业率）。医疗领域的年度人均医疗卫生预算支出（权重0.141）的民生质量提升效应相对较高，卫生机构个数（权重-0.184）对地区间民生质量提升呈现的抑制效应。社会保障领域除了城镇居民人均住房建筑面积（权重-0.019）会抑制地区间民生质量提升以外，其他基础指标在提升地区间民生质量上的作用相对比较明显，其中效应较大的是公路客运效率（权重0.469）。这标志着民生保障质量水平较高地区的公路客运效率显著高于民生保障质量水平较低的地区。社会治理领域除了垃圾清运量强度（权重-0.071）逆向作用于地区间民生质量以外，其他基础指标都表现出正向效应特征，但是强度都比较低，其中最高的是城市人均公园绿地面积，其第一主成分权重只有0.060。

第二，2010—2019年期间民生保障基础指标在地区间民生质量形成中的共性效应。纵观2010—2019年期间江苏省13个地区间民生质量指数形成过程中各类基础指标的第一主成分权重可以发现：2010年第一主成分权重小于零的基础指标，在接下来的年份中，其第一主成分权重要么维持着小于零的态势，要么转为正值以后，其绝对值相对较小，这标志着这些基础指标作用于地区间民生保障层面质量的强度相对较小。值得注意的是"卫生机构个数"，这一指标的含义是地区人均机构个数，在每个年份该指标的权重系数都小于零，这意味着民生保障质量水平高、低地区之间存在着卫生机构倒挂的情况（也就是说，民生保障相对好的地区人均卫生机构数相对较少，而民生保障相对低的地区人均卫生机构数相对较高），并且这种情况一直没有被改变；由于其绝对值也相对较大，该项指标的民生保障影响效应值得关注。当然，2010—2019 年期间，人均公共图书馆藏书量、公路客运效率、农村从业人员比例、公路货运效率、人均保费收入等基础指标一直维持着第一主成分权重正向并且较大的状态，这意味着无论是提升地区民生保障质量，还是缩小地区间民生保障质量的差距，这些基础指标都是重点关注的领域。

第三，2010—2019 年期间民生保障基础指标在地区间民生质量形成中的异质性效应。了解评价地区间民生质量形成的基础指标时间维度上演变的共性，有利于强化正向共性基础指标在提升地区间民生质量正向化效应，也有利于调整负向共性基础指标在提升地区间民生质量反向化效应。当然，基础指标在民生质量形成或提高过程中，其动态性效应就成为探索这些指标时间维度上异质性的主要工作。值得注意的是，教育需求的部分基础指标在 2010 年和 2011 年呈现出的是对民生质量提升显著抑制效应（三个基础指标城镇居民家庭文教娱乐支出比重、农村居民家庭文教娱乐支出比重、中小学在校学生占地区户籍人口比例的第一主成分都小于零），而 2012 年以后，这三个指标在民生质量上的作用都以正向作用为主，这说明，2010 年和 2011 年教育需求在民生质量形成或提升上所呈现出的短板效应，在 2012 年以后得到了改善。当然，这种基础指标在不同年份对地区间民生质量改善的贡献呈现出的动态化还体现在农村平均每户就业面、城镇登记失业率、城镇平均每户就业面、卫生机构个数、城市人均公园绿地面积等指标上。

3. 民生公平基础指标的民生质量效应分析

第一，2010 年民生公平基础指标在地区间民生质量形成中的效应。从 2010 年民生公平各项基础指标的第一主成分权重的分布来看：城乡收入对比领域中各基础指标在的民生质量效应由强到弱的排序是城乡居民人均经营净收入比（0.393）、城乡人均转移净收入比（0.346）、城乡居民人均工资收入比（0.336）、城乡居民人均财产净收入比（0.071）。城乡支出对比领域的 8 项基础性指标在地区间民生质量上效应较强的是城乡居民人均医疗保健消费支出比（0.359）、城乡居民人均其他用品和服务消费支出比（0.337）。并且各项基础指标在 2010 年的地区民生质量改善方面都呈现出正向效应。

第二，2010—2019 年期间民生公平基础指标在地区间民生质量形成中的共性与异质性效应。与 2010 年相比，城乡居民人均居住消费支出比、城乡居民人均生活用品及服务消费支出比、城乡居民人均交通通信消费支出比、城乡人均工资收入之比、城乡人均转移净收入之比、城乡居民人均其他用品和服务消费支出比等指标第一主成分权重在 2011 年后呈现出转向负值、绝对值明显变大和变小的特征。其中城乡居民人均居住消费支出比在 2013 年以后，绝对值显著变大，也就是说该指标加剧了地区间民生质量水平差距的拉大；其他指标在 2013 年以后，其绝对值在变小，意味着这两个指标在民生质量提升上的作用趋于稳定。值得注意的是，城乡人均经营净收入之比、城乡人均财产净收入之比、城乡居民人均衣着支出比、城乡居民人均居住消费支出比等基础指标的第一主成分权重（尤其是 2013 年以后）始终处于高位，这意味着这些指标对民生公平质量的作用相对较强。这也是地区间民生公平质量拉大和缩小差距的主要因素。

综上，我们把时间维度上民生子系统中在各地区民生质量提升上发挥主导作用（第一主成分权重系数居于前五至六位的）的基础指标、空间维度上民生子系统中在影响地区间民生质量的重要指标加以比对，共同拥有的基础指标称为共有因素，否则称为错位因素，结果如表 2.4.8 所示。显然，地区在推动民生质量提升的过程中发挥主导作用基础指标多数是与影响地区间民生质量评价的基础指标是重合的，同时，值得注意的是，依然存在影响地区间民生质量评价的重要基础指标并没有在实现民生质量提升上发挥出主导作用，与此对应，在地区民生质量提升方面发挥着主导作用的部分基础指标却没有成为影响地区间民生质量评价的重要指标，正是这种错位要素的存在使得两种方式下的地区民生质量研究结论出现了差异，因此，我们认为，正是由于错位因素的存在，地区在推动本地民生质量提升的过程中不能很好地克服地区间民生质量差距鸿沟。

表 2.4.8　民生子系统错位因素

子系统		推动地区民生质量提升的基础指标	弥补地区间民生质量差距鸿沟的基础指标
民生水平	共同因素	人均财产净收入 城乡居民人均交通通信消费支出 年末城乡居民人均储蓄存款余额	
	错位因素	居民人均居住消费支出 居民人均医疗保健消费支出	人均工资收入 居民人均其他用品和服务消费支出
民生公平	共同因素	城乡居民人均生活用品及服务消费支出比 城乡居民人均衣着支出比 城乡居民人均居住消费支出比 城乡人均财产净收入之比	
	错位因素	城乡人均转移净收入之比 城乡居民人均交通通信消费支出比	城乡人均经营净收入之比
民生保障	共同因素	人均保费收入 人均公共图书馆藏书量 公路客运效率	
	错位因素	互联网普及率 人均社会保障和就业财政支出 年度人均医疗卫生预算支出 平均每万人拥有执业医师 卫生机构床位数 城镇平均每户就业面 城镇居民人均住房建筑面积 农村居民人均住房建筑面积	农村从业人员比例 公路货运效率 公路客运效率

第五节　本章小结

　　基于民生质量改善基础、动力、成效的时间维度、空间维度的可比较性，本书从城乡居民收支两个维度设计了民生水平评价指标体系，从城乡居民的相对收支角度设计了民生公平评价指标体系，从教育、就业、医疗、社会保障、社会治理五个维度设计了江苏省地区民生保障的评价指标体系，最终形成了包括 58 项基础指标的民生质量评价指标体系。在此基础上，本书从时空两个维度对基础指标的特征进行了逐一分析。基于协方差阵对民生质量三子系统指标体系进行分析，形成了分地区民生质量指数和地区间民生质量指数，发现：①相对于 2010 年，江苏各地区的民生质量都呈现出逐年显著改善的趋势，改善强度较大的地区包括常州、宿迁、南通、镇江、连云港等地。地区和地区之间的相对民生质量水平保持着较为稳定的态势，呈现出鲜明的地域性差异，苏南地区的民生质量水平高于苏中地区、苏中地区的民生质量水平高过苏北地区。②单一地区在其民生质量改善上，民生保障面因素是其主要的抓手，民生公平因素的民生质量提升效应相对较弱，甚至制约着地方民生质量的提升；地区间民生质量改善重点在于民生水平因素，民生公平的民生质量效应较弱。在追求本地民生质量改善进程中，能够削弱地区间民生质量差距的基础指标（要素）没有得到相应的重视。

第三章 地区经济质量评价指标体系

经济质量是经济系统运行协调性的外在表现，产业结构转型升级是地区经济质量提升方式转变的根本体现、开放创新是地区经济质量提升的动力来源、市场体制是保证地区经济质量提升高效资源配置的保证、乡村振兴是地区经济质量不断提升的关键环节、区域协调是地区经济质量提升的必要条件。在构建地区经济质量评价指标体系基础上，本章对2010—2019年江苏省13个地区产业结构、开放创新、市场体制、乡村振兴、区域协调5个子系统的基础指标特征进行考察，并借助主成分分析法对地区经济质量及地区间经济质量进行比较性分析，在时间维度和空间维度上探究子系统、基础指标的经济质量效应。

第一节 产业结构

一、统计指标体系

产业结构转型升级是推动我国经济高质量发展的关键环节，党的十七大提出促进经济增长依赖于产业结构的优化升级，党的十八大进一步强调通过"改善需求结构、优化产业结构、促进区域协调发展、推进城镇化"等措施来推进经济结构的战略性调整；伴随着我国经济整体质量水平的提高，党的十九大明确地强调在"中高端消费、创新引领、绿色低碳、共享经济、现代供应链、人力资本服务"等领域培育新增长点、形成新动能，深化供给侧结构性改革。党的二十大明确指出，建设现代化产业体系，巩固优势产业领先地位，推动战略性新兴产业融合集群发展，打造具有国际竞争力的数字产业集群。可见，转型、效率是当前我国产业结构优化升级的主题。在地区产业结构转型方面，工业依然是我国地区社会经济发展的重要基础，为此，基于设定高质量发展的衡量指标，既要符合当前的发展阶段，还要注意不同指标之间不能相互替代的要求（郎丽华、周明生，2018）。本书分别从产业运行效率、产业结构转型两个角度，兼顾第一、三产业，设计了地区产业结构的评价指标体系（见表3.1.1）。在揭示地区产业结构整体运行效率方面，参照了（任保平、魏语谦，2016）的做法，采用第一、二、三产业比较劳动生产率对其进行衡量。

表 3.1.1 产业结构评价指标体系

分类指标	基础指标	代码	单位	属性	计算方法
产业效率	第一产业比较劳动生产率	I11	—	正向	第一（二、三）产业产值比重/第一（二、三）产业就业比重
	第二产业比较劳动生产率	I12	—	正向	
	第三产业比较劳动生产率	I13	—	正向	
	技术选择系数	I14	—	适度	地级市资本密集度与全省资本密集度的比
结构转型	工业化进程	I21	—	正向	非第一产业从业人员数/总从业人员数
	体制转换进程	I22	%	正向	私营企业就业人员/就业人员
	工业废水排放强度①	I23	吨/万元	逆向	工业废水排放量/GDP
	工业二氧化硫排放强度	I24	吨/亿元	逆向	工业二氧化硫排放量/GDP
	工业烟尘排放强度	I25	吨/亿元	逆向	工业烟尘排放量/GDP

二、指标变量统计特征

（一）产业效率

1. 产业比较劳动生产率

指标含义：产业比较劳动生产率是产业发展潜力的一种衡量指标，一般采用该产业年度产出率与该产业劳动投入率的比值加以衡量（任保平、魏语谦，2016）。比如，第一产业比较劳动生产率就是第一产业产值在三次产业总产值中比重与第一产业就业人员在三次产业总就业人员中比重的比，类似有第二、三产业比较劳动生产率。从第一、二、三产业比较劳动生产率的计算方式，我们可以发现该指标的真正含义是基于三次产业总的产出效率来揭示具体产业的产出效率，也就是某产业人均产出值相对于经

---

① 数据来源：国泰安数据库（区域经济—工业—分城市工业）。

济系统人均产出值的比重。显然，该指标值越大，则意味着该产业的产出效率越高，因此这类指标的正向属性非常明显。

指标统计特征：图 3.1.1~图 3.1.3 分别给出了江苏省 13 个地区 2010—2019 年期间第一、二、三产业的比较劳动生产率。比较来看，第一产业比较劳动生产率整体上都小于 1，这意味着第一产业的劳动生产率不及经济系统的劳动生产率；第二、三产业的劳动生产率都大于 1，这意味着这两个产业的劳动生产效率高于经济系统的劳动生产率。地区之间进行比较可以发现，苏北 5 个地区的第一、二产业比较劳动生产率普遍较高，而其第三产业比较劳动生产率则相对较低，第一产业比较劳动生产率最高值出现在 2010 年的宿迁（0.609），此时苏南地区该指标最大值出现在常州（0.376）。第二产业比较劳动生产率最大值出现在 2012 年的徐州（1.672），此时，苏南地区该指标的最大值是南京的 1.316。各地的第三产业比较劳动生产率差异较小，其中，苏州、无锡、常州、南通、徐州和宿迁 4 个地区的指标值相对较大。

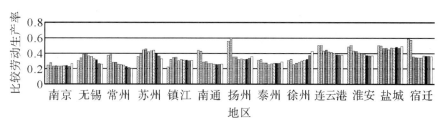

图 3.1.1　江苏省 13 个地区 2010—2019 年第一产业比较劳动生产率

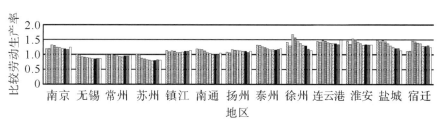

图 3.1.2　江苏省 13 个地区 2010—2019 年第二产业比较劳动生产率

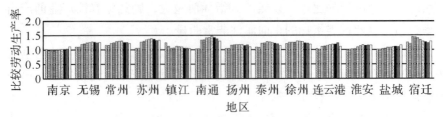

图 3.1.3 江苏省 13 个地区 2010—2019 年第三产业比较劳动生产率

另外,从各地区三次产业比较劳动生产率比较看,苏南地区同年度的一、二、三产业的比较劳动生产率差距比较明显,而苏中和苏北地区同年度的一、二、三产业的比较劳动生产率差距比较小,由此,我们可以看出,苏南、苏中和苏北地区在产业结构上呈现出第三产业和第二产业的发展优势不同,这也正是地区经济发展中产业结构布局所呈现出的特征。另外,针对同一个地区,时间维度上,可以发现,第一、二产业的比较劳动生产率有下行的趋势,第三产业比较劳动生产率有上行趋势。其中,徐州地区的第一产业比较劳动生产率和苏中地区的第三产业比较劳动生产率却呈现出与总体趋势不太一致的特征。

2. 技术选择系数

指标含义:林毅夫(2002)认为要素禀赋结构决定了一个经济的产业和技术结构,并构建了技术选择系数,验证了发展中国家产业发展上应遵循要素禀赋的比较优势原则。所谓地区技术选择系数就是地区 i 的资本密集度与全省资本密集度比:$TCI_{it} = \dfrac{K_{it}/L_{it}}{K_t/L_t}$,$i = 1,\cdots,13$,其中。$i$ 代表江苏省 13 个行政地区,K 代表固定资本投资总额、L 代表同期劳动力的投入量(黄茂兴,李军军,2009)。固定资产投资总额是以货币衡量的建造和购置固定资产活动的总工作量,相关的投资资料给出了 2010—2017 年 13 个地区的固定资产投资总额[①],鉴于 2018 年起,常州、南通、徐州、淮安、盐城等地区不再公布投资总量指标,为此,对这些地区 2018 年和 2019 年对应的数据借助 2018 年以后的数据,并根据《江苏省统计年鉴》(2019—2021)的"按登记注册类型分固定资产投资比上年增长情况(%)"提供的增长率计算得到。

---

① 数据来源:国泰安数据库(宏观经济—区域经济—固定资产投资—分城市固定资产投资与消费)。

指标统计特征：从技术选择系数的含义看，技术选择系数揭示的是相对于全省，地区相对资本密集度的程度，如该指标值大于 1，则意味着相对于劳动力，资本在地区经济质量提升过程中更多地被加以利用（或者说，资本资源相对雄厚）；如该指标值小于 1，则意味着相对于资本，劳动力在地区经济质量提升过程中更多地被加以利用（劳动力资源相对雄厚）。2010—2019 年期间，苏南 5 个地区（南京、无锡、常州、苏州、镇江）经济运行中的资本密集度水平总体上在江苏省总体水平之上（见图 3.1.4）。其中，常州的资本密集度特征最为显著；值得注意的是，苏州自从 2015 年以来，其资本密集度相对于省级资本密集度逐步下行，这说明该地区的人力资本在推动地区经济发展方面作用在不断增强。随着时间推移，相对于省级指标，苏中 3 个地区（南通、扬州、泰州）的资本密集度呈现出显明的上升趋势。其中，自 2012 年以来，扬州的资本密集度不仅强于全省平均水平，而且也强于省内的其他地区。苏北 5 个地区（徐州、连云港、淮安、盐城、宿迁）资本密集度总体上低于省级同期水平，从其变化趋势来看，各地区都有试图提升资本在地方经济发展中作用的意图。其中，宿迁和连云港 2 个地区的资本在地方经济发展中作用远低于省总体水平。

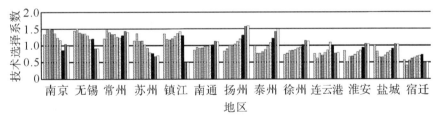

图 3.1.4　江苏省 13 个地区 2010—2019 年技术选择系数

综合以上分析，从苏中和苏北地区技术选择系数逐渐上升的趋势中，我们可以得出这些地方的企事业单位或政府部门日益重视资本在地方经济发展中的作用。从苏南的南京、无锡、常州和镇江相对比较平稳的地区技术选择系数来看，资本是推动地方经济发展的重要资源。从苏州 2015 年以来地区技术选择系数小于 1 并且呈现出逐渐下降趋势，我们可以发现，人力资本在地方经济发展中的作用，在一定阶段必须加以重视。综上，地区技术选择系数适度性指标特征比较明显，并且它是相对于省级资本密度的指标，故将其适度指标值界定为 1。

（二）结构转型

1. 工业化进程

指标含义：工业化进程伴随着国民收入和就业人口所占比例的逐步提升（Kuznets，1973），推动着地方经济的发展，反映了地方产业结构转型的内在规律。人均 GDP、产业产值比、制造业增加值占比、城市化率、产业就业比等指标常常被作为衡量一个国家或地区的工业化程度的指标（陈佳贵等，2006），从产业发展的角度看，前四类指标侧重于产出（效果）的视角，第五个指标（产业就业比）侧重于产业发展的投入视角，更有利于揭示地方产业结构转型，本书借鉴黄群慧（2013）做法（第一产业就业人员占比）的互补性方式，采用"非第一产业从业人员数/总从业人员数"表示产业就业比，以此对工业化进程进行衡量。

指标统计特征：产业就业比是第二产业与第三产业就业人员占经济系统全体就业人员的比重，不仅反映了地区的工业化进程，也反映了随着工业化阶段的升级，服务业不断壮大的态势。比较 13 个地区的产业就业比（见图 3.1.5），2010—2019 年期间，各地区的产业就业比相对比较稳定，其中，波动幅度最小的是苏州，标准差为 0.52；波动幅度最大的是宿迁，标准差为 4.87。这种地区产业就业比的时间跨度上所呈现出特征，说明地区产业人员结构的刚性比较突出。当然，从区域分布状态看，苏南 5 个地区的产业结构稳定性最强，苏中次之，苏北 5 个地区的产业结构依然在不断的优化摸索过程中，宿迁、徐州、盐城产业结构变迁幅度较为明显。从三大区域产业就业比的均值来看，苏南地区接近或超过 90%，苏中地区超过 80%，而苏北地区的最大值为 72.52%。由此可以看出，三大区域产业结构差异是显著的，这也正符合了产业就业比越大的地区，其工业化进程越高、产业结构转型越有潜力的这样一个事实（黄群慧，2013）。因此，产业就业比在衡量地区经济发展质量方面是一个正向指标。

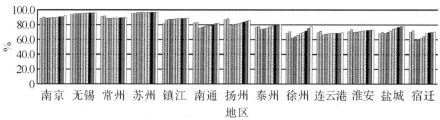

图 3.1.5　江苏省 13 个地区 2010—2019 年工业化进程（产业就业比）

2. 体制转换进程

指标含义：如果说工业化进程是对产业在其经济活动过程中形成的技术经济联系的衡量的话，那么体制转化进程则是对产业在经济活动过程中形成的运行机制体系关联的衡量，这种关联主要体现在产业经营和运行方式的变化，因此，本书采用"地区私营企业就业人员÷就业人员×100"的计算结果来加以衡量。

指标统计特征：图 3.1.6 给出了 13 个地区 2010—2019 年体制转换过程指标变量的地区与时间维度变化情况。在地区体制转化进程方面，苏南地区高过苏中地区、苏中地区高过苏北地区的三大区域特征鲜明。这一点也体现在三大区域中该指标 2010—2019 年期间的地区最大均值的差异上，其中，无锡 57.10%、南通 46.24%、盐城 32.81%。值得注意的是苏南的 5个地区中，2014 年前南京地区的体制转化进程始终处于最低位，不仅如此，还低于苏中的南通地区。2015 年，南京地区的体制转化进程 57.90%，首次超过常州地区的 56.95%，此后，南京地区的体制转化进程始终处于高位。另外，连云港始终是江苏各地体制转换进程最缓慢的地区，该指标的最大取值是 2019 年的 22.07%，也就是说该地区私营企业就业人员始终处于低位。为了进一步理解地区间的这种差异，下面对各地区体制转化进程的演变趋势予以解读，体制转化进程指标值的递增趋势说明各地在推动地区经济质量提升的过程中都在探求体制机制的变革，如果利用指标的标准差对变革幅度进行衡量，那么南京、无锡、常州、苏州、镇江在该指标上的标准差 21.83、10.43、9.06、10.06、5.45，与徐州、连云港、淮安、盐城、宿迁在该指标上的标准差 4.40、3.61、4.72、2.34、6.42 形成了鲜明对比。这正暴露出了体制转化进程变革的地区差异，同时也意味着，在地区产业结构升级方面，劳动者的传统就业观阻碍了地区产业结构优化升级。

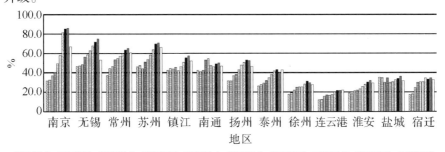

图 3.1.6　江苏省 13 个地区 2010—2019 年体制转换进程

3. 产业结构转型效应

指标含义：产业在其经济活动过程中形成的技术经济联系及体制运行的结果是衡量并制约产业转型升级的重要因素，在这些因素中，一些具有外部性的因素值得关注，比如，工业废水排放强度、工业二氧化硫排放强度、工业烟尘排放强度等。这三类指标由地区工业废水排放量、工业二氧化硫排放量、工业烟尘排放量与当年地区工业生产总值（2005年为基期）的比值形成，单位分别是吨/万元、吨/亿元、吨/亿元。其中，三类污染性指标数据来源于国泰安数据库，同时，鉴于2019年淮安与盐城两个地区该三类统计数据的缺失，此处借助2014—2018年五年的数据采用GM（1，1）模型平滑得到。

指标统计特征：江苏省13个地区工业废水排放强度、工业二氧化硫排放强度和工业烟尘排放强度的统计值变化趋势如图3.1.7至~3.1.9。从三类工业废弃物排放强度看，各个地区在工业废水与二氧化硫排放强度上都呈现出显著的逐年下降趋势。在工业废水排放强度方面，无锡工业废水排放强度从2010年的12.36吨/万元下降到2015年的5.12吨/万元，为同期排放强度较低的地区；徐州工业废水排放强度从2016年的4.03吨/万元下降到2019年的1.29吨/万元，为同期排放强度较低的地区；盐城工业废水排放强度从2011年的20.76吨/万元下降到2015年的9.92吨/万元，为同期排放强度较高的地区；宿迁工业废水排放强度从2016年的8.06吨/万元下降到2019年的8.05吨/万元，为同期排放强度较高的地区。总体看来除徐州以外，苏北其他4个地区的工业废水排放强度与其他地区相比较高。在工业二氧化硫排放强度方面，常州工业二氧化硫排放强度从2010年的34.85吨/亿元下降到2015年的14.98吨/亿元，是同期排放强度较低的地区；2016—2019年期间，南京、镇江和南通在工业二氧化硫排放强度方面下降效果非常明显，2019年南通的工业二氧化硫排放强度降到1.80吨/亿元；较高的工业二氧化硫排放强度主要出现在苏北的徐州、连云港、淮安、宿迁等地。与工业废水、工业二氧化硫的排放情况不同，工业烟尘排放强度呈现出2014年前后陡增、然后逐年下降趋势。地区间比较来看，工业烟尘排放强度较高的地区依然分布在苏北，连云港和宿迁是排放强度较高的两个地区，2012年宿迁的工业烟尘排放强度一度达到91.47吨/亿元，同期排放强度最低的苏州只有9.67吨/亿元。总体来看，在新发展理念践行逐步深入的背景下，各地区工业发展的绿色发展水平逐步提升。因此，这三类描述产业结构绿色转型的指标应该满足望小特性，也就是说指标值越小，说明经济发展的绿色化水平越高、经济质量水平也越高。

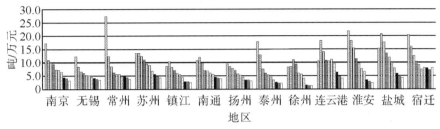

图 3.1.7　江苏省 13 个地区 2010—2019 年工业废水排放强度

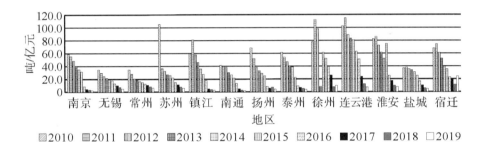

图 3.1.8　江苏省 13 个地区 2010—2019 年工业二氧化硫排放强度

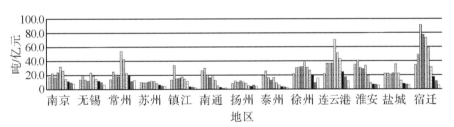

图 3.1.9　江苏省 13 个地区 2010—2019 年工业烟尘排放强度

第二节　开放创新

一、统计指标体系

开放是国家繁荣发展的"必由之路"、创新是引领发展的"第一动力"（顾海良，2017），全面提高开放型经济水平、推动形成全面开放的新格局，这是党的十八大和党的十九大为我国开放战略所制定的基调。党的十七大倡导加大对自主创新投入、支持基础、前沿和社会公益性技术研究、注重创新人才培育等方式，来建设创新型国家。在党的十八大实施创新驱动发展战略的基础上，党的十九大明确强调要强化基础研究、加强国家创新体系建设、并深化科技体制改革来加快建设创新型国家，创新是地方经济发展、社会进步的动力来源。党的二十大更加鲜明地提出，创新是第一动力，要深入实施创新驱动发展战略、人才强国战略。在对地区开放创新质量水平的评价上，对其所赖以运行共同的经济效益基础进行了设定，借助指标变量资本生产率、劳动生产率加以衡量（任保平、魏语谦，2016）。开放的功能在于拓展国际与国内双市场、合理利用国际与国内资源，提升地区产品、服务市场影响力，满足人们对美好生活的向往，推动地区经济社会发展。在地区开放质量水平的评价上，考虑到地区在对外开放上的外贸、外资、接待海外旅游者规模等领域具体表现，本书分别从地区自身时间维度上的环比指标变量及当年对外依存度两个方面设计了评价指标。其中，进出口总额环比、实际利用外资环比动态揭示了地区开放的进程，而外贸和外资的对外依存度则反映了地区对外的开放程度[1]。在地区创新质量水平的评价上，注意到加强专利等知识产权的保护有助于地区的经济实力增强并方便于揭示地区间经济水平的区别（Chu and Peng，2011）。从创新人才团队、基础投入、创新成效三个视角设计了 4 个评价指标[2]。以上指标变量的含义及计算见表 3.2.1。

---

[1]　数据来源：地方统计年鉴《对外贸易》。
[2]　数据来源：地方统计年鉴《科技、教育、文化、卫生和体育事业》。

表 3.2.1　开放创新评价指标体系

分类指标	基础指标	代码	单位	属性	计算方法
经济基础	资本生产率	O11	—	正向	GDP/资本存量
	劳动生产率	O12	万元/人	正向	GDP/从业人数
开放水平	对外旅游业的经济贡献率	O21	‰	正向	年鉴数据
	外贸依存度	O22	%	正向	出口总额/GDP
	外资利用率	O23	%	正向	实际外商直接投资/固定资产投资
创新水平	地区中学生师比	O31	—	适度	年鉴数据
	人均科技投入	O32	元/万人	正向	科技财政支出/常住人口
	地方科技研发投入程度	O33	%	正向	科技财政支出/一般财政预算支出 * 100
	每万人专利授权数	O34	件/万人	正向	年鉴数据

二、指标变量统计特征

(一) 经济基础

指标含义：资本生产率和劳动生产率是指年度单位资本存量、从业人员的地区生产总值获取量，分别表示为地区生产总值比资本存量、地区生产总值比从业人员数。获取这两个指标的统计数据，关键在于获取地区年度的资本存量。在确定基年（2005 年）地区资本存量 K 上借助张军等（2004）和 Young（2003）的做法，用地区 2006 年的资本形成总额除以折旧率与 2006—2010 年固定资本形成平均增长率的和来估算各地区 2005 年的资本存量。固定资本折旧率采用（单豪杰，2008）提供的数据 10.96%。在此基础上运用永续盘存法按不变价格计算各地区的资本存量 $[\,K_{it} = K_{it-1}(1 - \delta_{it}) + I_{it}\,]$。在价格指数的选择上，为了达到比较准确地反映地方固定资产投资客观情况，分别考察了 13 个地区的统计数据，鉴于不同地区没有明确地给出固定资产投资指数类的统计指标和数据（虽然部分地区给出了诸如工业生产者购进价格指数、工业品价格指数等，地区间的统计口径并不统一），为此，故采用江苏省固定资产价格指数对各地区的固定资产进行平减（2005 年为基期）。另外，在对地区生产总值进行可比价处理

（2005 年为基期）基础上，计算得出地区的资本生产率和地区的劳动生产率（见图 3.2.1 和图 3.2.2）。

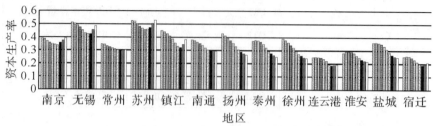

图 3.2.1　江苏省 13 个地区 2010—2019 年资本生产率

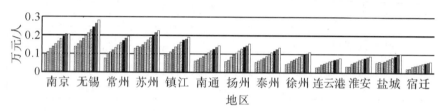

图 3.2.2　江苏省 13 个地区 2010—2019 年劳动生产率

指标统计特征：在规模报酬不变的条件下，C-D 生产函数可以表述为式（3-1）：

$$Y = AK^{\alpha}L^{1-\alpha} \tag{3-1}$$

其中 Y 表示产出、A 表示经济系统产出的技术效应、K 表示经济系统的资本投入、L 表示经济系统的劳动力投入、α 为经济系统资本产出弹性系数、$1 - \alpha$ 为经济系统的劳动力产出弹性系数。对式（3-1）做简单对数处理可得式（3-2）：

$$\log A = \alpha\log\left(\frac{Y}{K}\right) + (1 - \alpha)\log\left(\frac{Y}{L}\right) \tag{3-2}$$

可见，在经济系统中资本和劳动力的产出弹性系数一定的情况下，系统的技术水平与资本生产率、劳动生产率是正相关的关系，从这一点来看，这两个指标（资本生产率、劳动生产率）的增大有利于经济质量水平的提高。

比较江苏省地区的资本和劳动生产率，我们可以发现，在时间维度上，资本生产率呈现出下行的趋势，其中以苏北五个地区这种特征较为明显，苏南和苏中地区下行趋势与波动趋势相伴，这说明近年来不同地区在固定资本投资方面表现出较为强劲势头。这种势头某种程度上抑制了资本在地区经济质量提升方面的功效，而劳动生产率的上升势头明显。值得注意的是，地区之间这种劳动生产率的差异相当显著，同年度之间，苏南地区劳动生产率明显高于苏中和苏北地区，其中差距较大的两个地区是无锡和宿迁，无锡劳动生产率从 2010 年的 13.85 万元/人逐步上升到 2019 年的 28.18 万元/人，同期宿迁劳动生产率从 2010 年的 2.19 万元/人上升到 2019 年的 6.07 万元/人，2012 年无锡的劳动生产率是宿迁的 6.55 倍，两地劳动生产率的最大差别。虽然这种地区间劳动生产率差异呈现逐年有下行趋势，但直到 2019 年，这两个地区劳动生产率依然维持在 4.64 倍的鸿沟。综合看来，为了提升经济质量，地区在强化资本高效利用的同时，还要注重克服地区间人力资源差异，提高人力资源素质是苏中地区，尤其是苏北地区当下值得关注的问题。

（二）开放水平

1. 对外旅游业的经济贡献率

指标含义：地区旅游资源开放程度建立在地区的经济发展水平之上，也是地区社会文化发展水平的重要标志。为了揭示旅游产业对地区经济质量提升的贡献，在指标的选择上分别考察地区旅游外汇收入、地区接待海外旅游者规模等指标，这类指标受地区先天旅游资源禀赋的影响显著，往往是资源禀赋强的地区，其海外旅游者规模较大、旅游外汇收入也较高；显然这种单一指标只能揭示地区对外旅游业的发展态势，不利于揭示旅游业发展对地区经济质量的影响。为此，本书设计了旅游业的经济贡献率这个复合指标（即当年旅游外汇收入在地区生产总值中的占比，单位是‰），将地方旅游业与地区经济规模联系起来。在统计指标数据的计算上，用当年的汇率对旅游外汇收入进行转换，然后计算出"旅游外汇收入÷地区生产总值×1000"的结果。

指标统计特征：对外旅游业的经济贡献率一方面揭示了旅游业在地区经济发展中的影响力，一般地，这个指标值越大意味着该地区旅游产业在地区整个经济系统中占据的地位越重；另一方面，对外旅游业的经济贡献率反映的是地区旅游产业对外的影响，也就是说一定程度上反映了汇集了地区社会、文化、经济于一身的旅游产业国际影响力、地区对外的开放水平。综合以上两个方面，本书认为该指标的正向性质比较明显。比较地区间对外旅游业的经济贡献率（见图3.2.3），可以发现，江苏13个地区对外旅游业贡献率在2013年前后统计指标数据出现了分层，2013年前该指标处于高位状态，2013年及此后，该指标开始呈现出逐年递增的规律性趋势，这种现象应该是2013年前后两个时期统计口径不一致所造成的。即使如此，我们也能够发现，旅游产业对地方经济的贡献和地区旅游系列资源禀赋对外吸引力方面，苏州地区表现出较为稳定且水平较高，从2010年的9.17‰逐步演变2013年的6.46‰再到2019年的9.01‰，出现了由降到升过程，但是幅度相对较小。相对于苏南地区，苏中的泰州和苏北的五个地区在对外旅游业的经济贡献率相对有限，尤其是2013年以来，该指标值都在1‰以下，这种态势应该来源于非旅游产业（工业、服务业等）的挤占效应。

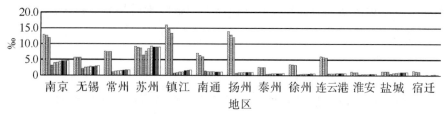

图3.2.3　江苏省13个地区2010—2019年对外旅游业的经济贡献率

2. 外贸依存度与外资利用率

指标含义：外贸依存度通常采用地区当年进出口总额与地区生产总值的比值表示，显然，这种指标设计方式不便于揭示外贸对地方经济发展的贡献程度。我们知道，地区经济发展的外向型程度与一个地区的出口额直接相关，为此，本书采用地区年度出口总额占当年地区的生产总值的比来衡量地区年度的外贸依存度。外资利用率指地区当年的实际外商直接投资额占地区固定资产投资的比例。这两个指标从地区生产、生活（消费）视角揭示了地区的对外开放水平。在指标变量值获取方面，统计资料对于地区的进出口总额和地区的实际外商直接投资指标统计上，采用美元为单位，为了实现地区生产总值与这两类指标统计单位的一致性，对当年美元与人民币汇率中间价进行均值处理计算获得，汇率数据来源于国家外汇管理局网站①。

---

① 国家外汇管理局：http：//www．safe．gov．cn/safe/2020/1218/17833．html．

指标统计特征：外贸依存度既反映了地区对外贸易对地方经济的影响，也反映了地方经济社会对外的开放水平及相对稳定性程度。比较地区在单一时间维度上的外贸依存度（见图2.3.4），我们发现，2010—2019年期间，对于单一地区而言，其外贸依存度主体上呈现出下行的趋势，苏南和苏中地区的这种指标变化特征尤为明显。当然，这并不排除部分地区外贸依存度上升的现实，在江苏各地经济处于快速的转型氛围之下，徐州、盐城等地区自我经济实力在逐渐增强。另外，地区间比较来看，外贸依存度的差异是相当明显的，外贸导向型的苏州，2010年和2011年其外贸依存度一度超过100%，分别达到112.31%和100.79%。为了进一步揭示各地区外贸依存度的现状，我们计算了2010—2019年期间江苏的南京（24.06%）①、无锡（34.00%）、常州（27.65%）、苏州（83.32%）、镇江（13.83%）、南通（23.84%）、扬州（13.46%）、泰州（13.82%）、徐州（7.41%）、连云港（12.33%）、淮安（7.23%）、盐城（7.17%）、宿迁（7.26%）等地区外贸依存度的均值，由此可见江苏各地区外贸依存度的区域差异性。不仅如此，苏南地区的无锡、常州、苏州等地的外贸依存度变异系数（0.17左右）也明低于苏中和苏北地区变异系数（0.21）。综合来看，苏南地区的苏州、常州、无锡等地区的对外贸易在地区经济发展中处于较为稳定的地位。苏北地区的连云港、徐州、宿迁、淮安和盐城，其对外贸易在地区经济发展中稳定的重要性地位并没有形成。所以，虽然目前大部分地区在外贸依存度上呈现出下行的趋势，但是出口作为拉动地方经济发展的重要环节，对地区经济质量改善方面的推动和促进作用不容忽视，从地区经济对外依存的角度看，本书认为地区外贸依存度的正向性比较明显。由此看来，各地外贸依存度的非合意性变化态势一定会倒逼各地在构建地区现代经济体系上着力外向型经济发力。

---

① 南京（24.06%）：括号内的数据是南京地区2010—2019年期间外贸依存度的均值，其他类似。

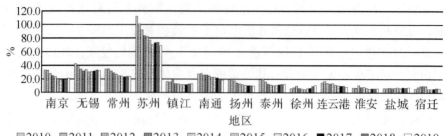

%

120.0
100.0
80.0
60.0
40.0
20.0
0

南京 无锡 常州 苏州 镇江 南通 扬州 泰州 徐州 连云港 淮安 盐城 宿迁
地区

▨2010 ▤2011 ▥2012 ▨2013 ▤2014 ▥2015 ▤2016 ■2017 ■2018 □2019

图 3.2.4　江苏省 13 个地区 2010—2019 年外贸依存度

从单一地区外资利用率的变化情况看（见图 3.2.5），2010—2019 年期间，江苏省 13 个地区呈现出明显波动的趋势，以南京为例，从 2010 年的 5.48% 经由 2014 年的 3.77% 过渡到 2019 年的 5.57%，总体上呈现出先降后生的"U"形趋势，其他地区也都以这种趋势为主，不过淮安逐年下行趋势比较鲜明，宿迁的波动趋势比较鲜明，由此可以看出，各个地区在外资利用上具有较强的不确定性。另外，在地区之间，在当年固定资产投资中，苏南、苏中、苏北的区域差异比较鲜明，2015 年以来，地区固定资产投资的外资利用率相对比较稳定，苏南较高水平的外资利用率与苏北较低水平的外资利用率形成鲜明对比。如果说外资利用率取决于地区对产品、服务、技术等市场消纳力的话，那么外资利用率越高说明该地区对外开放的实力和力度越强。

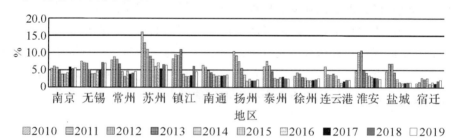

%

20.0
15.0
10.0
5.0
0

南京 无锡 常州 苏州 镇江 南通 扬州 泰州 徐州 连云港 淮安 盐城 宿迁
地区

▨2010 ▤2011 ▥2012 ▨2013 ▤2014 ▥2015 ▤2016 ■2017 ■2018 □2019

图 3.2.5　江苏省 13 个地区 2010—2019 年外资利用率

（三）创新水平

指标含义：在对地区创新水平的评价方面，围绕地区经济质量提升的主旨，从创新人力资本基础、创新的实力保障、地区对创新重视程度及创新成果等方面设计了包括中学生师比、人均科技投入、地方科技研发投入程度以及每万人专利授权数等指标。我们知道，社会、经济发展的后备力量来源于学校，中学作为衔接基础教育的小学、服务社会能力培育的大学关键环节，其运行质量直接影响社会当下和未来发展的创新潜力，为此，故选择中学"生师比"对创新人力资本基础加以衡量。财政科技研发投入是挖掘地区创新潜力、推动地区创新实力不断提升的重要保证，这一点体现在当地人均科技研发投入的规模，另外也体现在年度地区逐项一般财政预算支出中所占有的比例，一般地，这两项指标取值越大，说明地区对创新重视力度和程度越高，为此选择了"人均科技投入（2005年为基期的地区一般财政科技研发投入/地区年度年末常住人口）""地方科技研发投入程度（地区一般财政科技研发投入/地区年度年末常住人口）"。创新人力资源基础及创新资本投入的目的是实现地区能够获得或享受由创新带来的成果或红利，当然，创新成果可以体现在地区高新基础产业的发展、企业创新创业产品或工艺流程的改善，更为直接的是创新创业等科技活动成果，鉴于地区在当前创新领域统计数据的不完善，所以重点考察地区国内专利授权量，用地区每万人的专利授权数对地区创新成就加以衡量。

指标统计特征：

（1）地区中学生师比。国家在中学生师比上制定了明确的上限城市高中、初中分别为12.5∶1和13.5∶1（魏宏聚、田宝宏，2008）；当然，地区的生师比越低，说明该地区拥有的教育资源越多（程晋宽，2009；薛二勇，2010），如果按照这一观点中学生师比应被视为逆向指标，也就是说，越低的地区中学生师比，意味着地区在培育创新接班人方面投入教育的人力和智力资源越多。2010—2019年期间（中学生师比均值），13个地区中，年度生师均值比较低的前三个地区是泰州（9.69）、南京（10.18）和镇江（10.27）；年度生师比较高的后三个地区是宿迁（14.46）、常州（12.12）连云港（12.05）。总体看来，江苏三大区域生师比差异不大，从年度均值看，苏中低于苏南、苏南低于苏北，因此，但从生师比角度看，江苏省苏中地区的中学生教育资源相对优越。在时间维度上，2010—2015年期间，江苏省13个地区都表现出一致递减特征，2016—2019年期间，递增的特征相对比较明显，虽然从理论上说，生师比越低意味着师资越雄厚，但是从维持地区经济系统的合理推进上讲，这种提法值得商榷。根据江苏各地区中学生师比的变化趋势，本书认为生师比应该是一个适度指标，过高或过低都会影响地区科教水平，为此，结合13个地区2010—2019年期间中学生师比的变化趋势及稳定性程度（见表3.2.2），选择变异系数较小的 2019 年前五个地区南京、无锡、常州、苏州和盐城的中学生师比均值（11.3∶1）作为该指标的适度值对各地区中学生师比进行正向化处理。

表 3.2.2　地区中学生师比统计特征

	南京	无锡	常州	苏州	镇江	南通	扬州	泰州	徐州	连云港	淮安	盐城	宿迁
均值	10.18	10.96	12.12	10.89	10.27	10.51	11.36	9.69	11.71	12.05	11.93	10.65	14.46
标准差	0.43	0.26	0.62	0.54	0.84	1.08	0.81	0.91	1.17	1.10	1.00	0.57	1.51
变异系数	0.042	0.023	0.051	0.049	0.082	0.103	0.072	0.094	0.099	0.092	0.084	0.053	0.104

（2）人均科技投入。人均科技投入以绝对量视角反映了地区对社会经济质量提升方面创新的重视程度，该指标的设计规避了地区由于资源禀赋、社会及经济基础所导致在科技研发投入总量比较上的失真。从单一地区角度看（见图 3.2.6），2010—2019 年期间，人居科技投入总体上的提升趋势相当明显，在可比价上保持持续增长的地区主要有苏州、南京和无锡，其他地区在不同年份都呈现出或多或少的上下波动趋势。2010—2019年期间人均科技投入均值比较看，地区差异相当明显。其中，苏南地区，以苏州人均科技研发投入规模为最大（977 元/人），次之是南京（632 元/人）、无锡（622 元/人）、镇江（394 元/人）和常州（394 元/人）；苏中地区，南通科技研发投入规模最大（316 元/人），次之是扬州（239 元/人）和泰州（231 元/人）；苏北地区，整体上科技研发投入规模偏低，只有盐城相对高一些（307 元/人）。对比同期江苏各地科技投入，我们发现：2010—2019 年期间，同期差距最小的发生在 2014 年，科技研发投入最高地区苏州是科技研发投入最少地区宿迁的 4.80 倍；同期差距最大的发生在 2019 年，科技研发投入最高地区苏州是科技研发投入最少地区淮安的11.32 倍。如此大的地区间科技研发投入差距是值得较少地区深入思考的问题。不论是以科技研发投入推动地方社会经济发展质量提升，还是社会经济水平提升倒逼科技研发投入规模的扩大，科技研发投入规模都呈现出与社会经济发展水平提升的正向推动或促进作用。

（3）科学技术财政投入比重。科学技术财政投入比重反映了在合理规划地区社会、经济全方位协同发展中对科技创新投入力度，经济系统的运行阶段及其内在的运行机制直接影响甚至决定了地区一般财政年度支出中科技支出的比重，在资源瓶颈约束逐渐显现并加大、人口红利渐趋消失的情况下，创新成了地区经济质量提升的重要手段，因此，推动创新走向深入的地区科研研发投入程度越强，标志着该地区经济质量提升潜力越大。从单一地区来看，2010—2019年期间，科学技术财政投入比重呈现出明显的上升趋势，不过这种趋势自2015年以来逐步放缓（见图3.2.7），也就是说，地区财政支出中的科技创新支出比重渐趋刚性。从地区之间的比较可以发现，差距是比较明显的，2015—2019年期间，苏南的苏州最强（均值为6.27%），苏中的南通最强（均值为3.31%），苏北的盐城最强（均值为3.39%）。

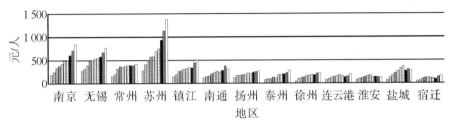

图3.2.6　江苏省13个地区2010—2019年人均科技投入（2005年为基期）

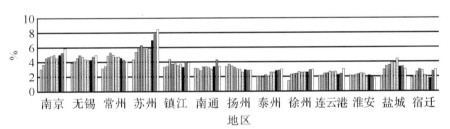

图3.2.7　江苏省13个地区2010—2019年科学技术财政投入比重

（4）每万人专利授权数。每万人专利授权数规避了地区常住人口规模因素对地区科技创新产出的绝对影响，分地区来看，2010—2019年期间，总体上呈现出递增趋势（见图3.2.8），这意味着科技创新在地区经济质量提升中的作用逐步在加强，值得注意的是，13个地区中只有南京每年都维持着增长的态势，其他地区或多或少都有上下波动态势。地区间每万人专利授权数年度之间均值比较来看，2015年以来，苏南的苏州最多（均值为61件/万人）、苏中的扬州最多（均值为37件/万人）、苏北的淮安最多（均值为16.9件/万人）；另外，历年来江苏各地同期年度最多和最少每万人专利授权数的对比关系呈现下行趋势，这意味着地区间的创新成效差距存在缩小特征，虽然如此，2010年最高的苏州地区每万人专利授权数

（44.0件/万人）是同期最低的宿迁地区每万人专利授权数（1.1件/万人）的40.87倍，2016年两地每万人专利授权数依然是最高和最低的两个地区，此时，前者（50.3件/万人）是后者（10.1件/万人）的5.00倍，这也是2010—2019年期间江苏各地年度每万人专利授权最小差距。显然，这种反映地区创新成效的关键基础指标间差距将会影响到地区经济质量提升。

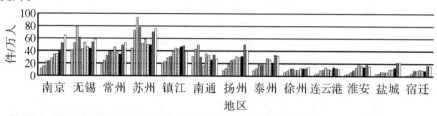

图3.2.8　江苏省13个地区2010—2019年每万人专利授权数

第三节　市场体制

一、统计指标体系

发挥市场机制的资源配置决定性作用，是维持地区经济质量不断提升、经济高效运行的保证。党的十七大以来，分别在健全现代市场体系、深化经济体制改革、加快完善社会主义市场经济体制等方面逐步深入地部署战略举措。党的十九大强调着力于混合所有制、投融资体制、现代财政制度、预算制度、税收金融体制、货币政策、金融监管体系等方面，来完善我国市场经济，提高经济质量发展水平。党的二十大指出要构建高水平社会主义市场经济体制，始终坚持社会主义市场经济改革方向，充分发挥市场在资源配置中的决定性作用，更好发挥政府作用。因此，在对地区经济质量的市场体制的研究中，本书从产出波动、价格波动、就业市场结构、工业市场结构、财政市场效应5个方面设计与地区经济质量提升密切相关的市场体制评价指标体系。其中，产出波动反映了地区经济产出的平稳性同时也反映了地区市场需求的潜力，采用经济波动率来衡量。价格波动涉及到生产和消费两个领域市场的供求关系，采用商品零售价格指数

（2005 年＝100）和消费者物价指数加以衡量。就业市场结构反映劳动力市场的健康状态，劳动力市场化程度来衡量。工业市场结构揭示了地区工业经济产出的主体类型。一般情况下，私有或外资成分较强的地区意味着该地区的市场体制较为健康，故本书设计了国有工业控制力和外商企业影响力两个指标予以衡量。财政市场效应反映了政府对地区市场体制健康运行扶持的力度，设计了财政支出的杠杆效应、财政预算收支平衡度、金融服务社会力度 3 个指标加以衡量。基础指标含义或计算方法见表 3.3.1。

表 3.3.1　市场体制评价指标体系

分类指标	基础指标	代码	单位	属性	计算方法
产出波动	经济波动率	M11	—	适度	当期经济增长率/前一期经济增长率
价格波动	消费者物价指数	M21	—	逆向	各地区统计年鉴（居民消费价格指数：2005 年＝100）
	商品零售价格指数	M22	—	逆向	各地区统计年鉴（2009 年＝100）
就业市场结构	城镇登记失业率	M31	—	逆向	各地区统计年鉴
	劳动力市场化	M32	—	正向	私营企业从业人员数/地区从业人员数
工业市场结构	国有工业控制力	M41	—	逆向	规模以上国有企业控股产值/规模以上工业企业总产值
	外商企业影响力	M42	—	正向	外商港澳台工业企业产值/规模以上工业企业总产值
财政市场效应	财政支出的杠杆效应	M51	—	正向	地方生产总值/财政支出
	财政预算收支平衡度	M52	—	正向	一般公共预算收入/地方财政一般预算支出
	金融服务社会力度	M53	—	正向	年末金融机构贷款余额/地区生产总值

二、指标变量统计特征

（一）产出波动

指标含义：地区经济及服务性产出是市场供给的主要源头，产出规模及增速变化率直接影响市场供求平衡，故设计了经济波动率对地区产出波动情况予以衡量。在指标衡量上借助（任保平等，2015）的做法，用"当期经济增长率"除以"前一期经济增长率"来计算。显然，经济波动率反映了地区经济增长的稳定性，结合江苏各地区当前经济的良好运行态势，课题认为，地区经济增速越稳定意味着该地区经济运行实力越稳定，也就是说地区经济稳定的标志在于前后期经济增速应该没有过大的差异，前后两期的经济增速比值越接近于1，说明地区经济发展水平越平稳，经济质量水平应该越高，为此，课题将经济波动视为适度指标，设定适度值为1。

指标统计特征：分地区看，以南京地区为例，2010—2019年期间，每年的经济波动率都在1上下波动的特征很明显，其最大值和最小值分别出现在2010年和2016年的值分别为1.13和0.86，这说明南京地区的经济发展在2010—2019年期间相对稳定。同理可以发现，江苏其他地区的经济波动率都呈现出与南京类似的特征（见图3.3.1）。地区间经济波动率变异系数反映，镇江、徐州和连云港三个地区的经济波动幅度较为明显，其变异系数分别为0.37、0.23和0.19，其他地区经济波动率的变异系数均不大于0.10，这一点体现在三个地区分别于2018年出现了比较低经济波动率的值0.43、0.55和0.64，于2019年出现了较高经济波动率的值1.87、1.43和1.28，前后两年较大的经济产出波动显示了这三个地区经济系统运行的相对不稳定。

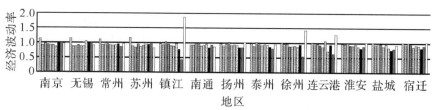

图3.3.1　江苏省13个地区2010—2019年经济波动率

（二）价格波动

从买方和卖方两个角度选择与市场直接相关的价格波动衡量指标。消费者物价指数是从买方角度来反映社会购买消费品和服务项目的价格动态，商品零售价格指数是从卖方的角度反映一个国家或地区零售商业网点出售商品的价格变动状况。以2005年为参考基期，南京地区的居民消费价格指数从2010年1.17上升到2019年的1.50，2010—2019年期间，南京地区居民消费价格指数年均增速是2.83%。对其他地区进行类似考察，发现各地区的居民消费价格指数都呈现出较为稳定递增趋势，南京是居民消费价格增速最快的地区，淮安的居民消费价格增速最慢，年均增速为

2.38%。也就是说在居民消费价格指数变化的幅度上，地区之间差异较小。鉴于商品零售价格指数的可获得性，故以2009年作为基期，考察13个地区商品零售价格指数。以南京地区为例，该指数从2010年的1.04递增到2019年的1.22，年均增速为1.82%。同期，增速最大的是泰州地区，该地区的商品零售价格指数从2010年的1.05递增到2019年的1.38，年均递增3.03%。增速没超过2%的有南京（1.82%）、无锡（1.82%）、宿迁（1.81%），增速在1.9%~2%的有常州（1.96%）、苏州（1.91%）、镇江（1.93%）、扬州（1.90%）、连云港（1.99%），年均增速超过2%有南通（2.21%）、泰州（3.03%）、徐州（2.10%）、淮安（2.02%）、盐城（2.23%）。

综上，从江苏省13个地区的居民消费价格指数和商品零售价格指数看，前者年度之间的递增态势较强，但是地区间差异较小；后者年度之间递增态势相对较弱，但是地区之间差异相对较大。这说明，江苏各地居民消费需求市场相对比较稳定；供给方面由于产品或服务供给的类型、规模、市场的区域等原因容易造成供给价格波动的区域差异。

（三）就业市场结构

指标含义：就业市场结构是指地区就业人员构成中从事私营企业业务人员的相对份额，发挥市场资源配置的决定性作用，其中一个重要表现就在于劳动力在不同所有制企业单位中的对比情况，为此，将一个地区私营企业从业人员数与当地从业人员数的对比情况称为地区劳动力市场化。显然，当一个地区劳动力市场化程度越高，就意味着当地私营企业被重视、被鼓励的程度就越高，也说明当地的经济结构市场化进程越快，为此，课题将地区劳动力市场化视为正向指标。

指标统计特征：从时间维度、单一地区视角来看，以南京地区为例，2010年该地区的就业市场化为31.6%，随后该指标逐年递增，到2018年一度达到85.8%，2019年有所回落，将至66.8%，总体看来，南京地区的就业市场化程度逐年递增趋势非常明显；同理，其他12个地区的就业市场化也大都呈现逐年递增的大趋势（见图3.3.2）。从空间维度、多地区比较来看，苏南的南京、无锡、常州和苏州历年就业市场化程度相互之间差距不大，比较接近。而苏南的镇江与苏中的南通、扬州，这三个地区的就业市场化程度比较接近；泰州的就业市场化程度在同年度与上述三个地区稍有逊色。比如，泰州在2010年比扬州就业市场化就差了5.3%，之后二者之间的差距有逐年扩大的趋势，到了 2018 年，二者差距达到最大的 12.3%，即使到了 2019 年扬州比泰州的就业市场化程度还高出 3.57%。苏北地区的劳动力市场化程度相对较低，其中连云港劳动力市场化程度最低，2010 年该地区的劳动力市场化仅为 12.2%，2018 年达到最高，也只有 21.7%。结合地区的经济社会发展水平，劳动力市场化程度的正向化特征就更为明显。

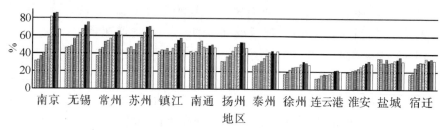

图 3.3.2 江苏省 13 个地区 2010—2019 年劳动力市场化

（四）工业市场结构

指标含义：按企业登记注册类型，企业可以分为内资企业、港澳台商投资企业和外商投资企业，其中内资企业包括国有企业、集体企业、股份合作企业、联营企业、有限责任公司、股份有限公司、私营企业、其他企业等。为了揭示江苏各地区工业企业的市场化构成，从国有工业企业的控制力和外商企业的影响力两个方面对不同地区的工业企业的属性构成进行衡量。用规模以上国有控股工业企业的年度总产值与当年地区规模以上工业企业总产值的占比对地区国有工业控制力进行衡量，一般地，工业市场化程度越高，往往伴随着国有控股企业控制力的适度放松，从地区经济质量提升的市场关键作用的发挥角度看，国有工业控制力呈现出逆向指标的属性；用规模以上外商港澳台工业企业产值占当年地区规模以上工业企业总产值的比重对外商企业影响力进行衡量，在地区经济发展过程中，地区外资吸引力的大小直接反映出地区经济运行的质量，其正向属性也相对明显。另外，对于国有工业控制力和外商企业影响力两个指标的计算：在"按企业登记注册类型分组"下获取外商投资企业、港澳台商投资企业工业总产值；从"在总计中：国有控股企业"中获取国有控股企业的工业总产值。鉴于指标数据地区间统计上的差异及可获取性，在遵循上述标准的条件下，弹性地获取部分地区的相关数据，比如，对于扬州 2018 年和

2019 年的数据、南京、南通、淮安等地区 2017—2019 年的数据，采用工业行业资产总计加以替代；泰州 2018 年的数据采用 2017 年与 2019 年两年的均值予以取代。

指标统计特征：

（1）国有工业控制力。从时间维度、单一地区视角来看，以南京地区为例，国有工业控制力从 2010 年的 35.5% 一路下降到 2014 年的 33.2%，此后，经过先升后降，到 2019 年南京国有工业控制力达到 43.8%。无锡国有工业控制力呈现递增趋势、常州国有工业控制力呈现递减趋势、其他地区在时间维度上大多呈现出先降后升的趋势（见图 3.3.3）。从空间维度、地区间比较来看，地区国有工业控制力较强的地区有南京、扬州和徐州等，并且这些地区的国有工业控制力波动性较强，比如徐州地区的国有企业控制力从 2010 年的 21.9% 一路下降到 2016 年的 6.7%，而后猛增至 2017 年的 34.0%，直到 2019 年的 38.9%。和徐州有着相似变化态势的还有苏中和苏北的其他地区，不同的只是变化幅度稍小一些。而苏南的无锡、常州、苏州以及苏北的盐城、宿迁等地的国有工业控制力相对较弱。以苏州地区为例，2010 年该地区的国有工业控制力为 2.9%，到 2019 年该指标演变为 3.1%，也就是说该地区的国有工业控制力相对比较稳定。和苏州具有类似国有工业控制力的还有无锡、常州、镇江、泰州等。从维持地区经济可持续高质量发展的视角，强化地区国有工业控制力的相对稳定是当下部分地区要深入探索的问题。

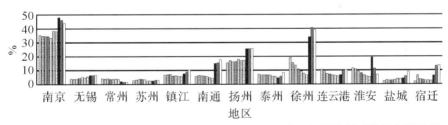

图 3.3.3　江苏省 13 个地区 2010—2019 年国有工业控制力

（2）外商企业影响力。从时间维度、单一地区视角来看，以南京地区为例，2010 年南京外商企业影响力是 37.9%，经过较为稳定的提升，到 2015 年递增到 42.1%，随后下行，直到 2019 年，这个指标值降为 29.5%（见图 3.3.4）。与南京地区不同，苏南其他 4 个地区和苏中 3 个地区整体呈现出的是下行趋势。从指标变化的合意性视角看，苏南和苏中这些地区的外商企业影响力处于非合意变化状态，原因在于不同经济成分的相互竞争带来了它们在整个经济系统中的相对地位的变化，这种变化体现在它们之间的互补性。对比苏南、苏中不同地区国有工业控制力与外商企业控制力，我们会发现这一点。苏北5个地区的外商企业影响力表现出不一致的演变趋势，其中徐州、连云港表现出近似"U"形的趋势，淮安、盐城和宿迁表现出近似倒"U"形的变化趋势。从空间维度、地区间比较来看，在外商企业影响力的强度上，2010—2019年期间，苏州的外商企业影响力最强，10年间的年度均值达到64.1%，其次是南京，均值为37.6%，接下来是无锡（36.4%）、镇江（33.3%）、南通（33.0%）等。外商企业影响力最弱的宿迁，10年间的均值为10.3%。虽然，各地在外商企业影响力上都呈现出一定的波动性，但是从各个地区2010—2019年期间该指标的波动状况看，13个地区中只有宿迁、徐州、淮安和泰州的变异系数超过0.15，这意味着这些地区外商企业影响力及在当地的经济结构中的地位稳定性不够。其他地区外商企业影响力的变异系数都在0.15以下，这说明这些地区的外商企业影响力及在当地的经济结构中的地位相对比较稳定。

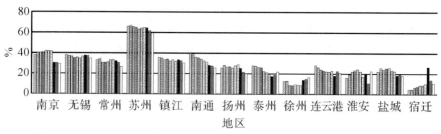

图 3.3.4　江苏省 13 个地区 2010—2019 年外资企业影响力

（五）财政市场效应

指标含义：为了揭示地区财政、金融在当地市场体制形成和建设中所发挥的作用，也是为了检验市场对当地经济发展、质量提升中的作用，构建了包含有关键财政金融关键工具变量的经济运行质量衡量指标：财政支出的杠杆效应、财政预算收支平衡度、金融服务社会力度。其中，财政支出的杠杆效应是指地区一般公共预算支出的当地国内生产总值的产出效应，采用"地区生产总值（亿元）当年价"除以"一般公共预算支出（亿元）"的方式予以衡量；显然，单位公共预算支出的生产总值产出越高，说明公共预算效应就越强，对地区经济质量改善作用越大，所以该指标是正向指标。财政预算收支平衡度是地区同年度一般公共预算收入与支出的对比情况，采用"地区一般公共预算收入"除以"地区财政一般预算支出"的方式予以衡量；地方公共预算收支平衡是一个理想的标准，所以，严格意义上，财政预算收支平衡度应是适度指标，适度值为1，但是在地区的财政预算收支平衡度没有达到1并向1接近的条件下，该指标的正向性是很明显的，鉴于江苏省13个地区2010—2019年期间的指标值都小于1，课题将这个指标视为正向指标，也就是说，指标值越靠近1，说明当地的财政越稳定。金融服务社会力度是指地区年末金融机构贷款余额与当地生产总值的对比情况，采用"地区年末金融机构贷款余额"除以"地区生产总值"予以衡量，显然，金融服务社会力度越大说明单位地区生产总值所支撑的贷款余额越大，社会消费水平就越高，这对于推动地区经济发展、经济质量提升都会产生显著的推动作用，因此，金融服务社会力度是正向属性指标。

指标统计特征：

（1）财政支出的杠杆效应。从时间维度、单一地区视角来看，以南京地区为例，财政支出的杠杆效应从2010年9.46逐步演变到2019年的8.46，总体呈现下行趋势。和南京相仿，2010—2019年期间的地区财政支出的杠杆效应呈现下行态势的还有无锡、苏州和镇江（图3.3.5）。当然，其他地区的财政支出杠杆效应增长趋势相对较明显，以常州为例，2010年该地区的财政支出杠杆效应为10.82，在震荡波动中，到2019年高指标值达到11.31。总体看来，在时间趋势上，苏南其他4个地区的财政支出杠杆效应下行（常州除外），其和苏中、苏北各地的财政支出杠杆效应的上行形成对照。之所以出现这种状况，是因为各地财政预算支出推动了地方生产总值增长。财政支出的产业领域、结构布局（是侧重于消费，还是侧重于生产；是侧重于地方产业结构调整创新投入，还是侧重于传统产业的产出）都会导致地方当年地方生产总值的增速。当然，从空间维度、地区间比较来看，在财政支出杠杆效应的强度上，2010—2019年期间，对应时间点比较，苏南和苏中地区的财政支出杠杆效应明显高于苏北地区，2010—2013年期间，13个地区中财政支出杠杆效应最强的集中在镇江和无锡两地，2014—2019年期间，财政支出杠杆效应最强向集中在常州。由此可见，苏北地区，尤其是连云港、淮安、盐城和宿迁，在推动财政支出对地区生产总值产出能力的提升上，依然还有很大上升空间。

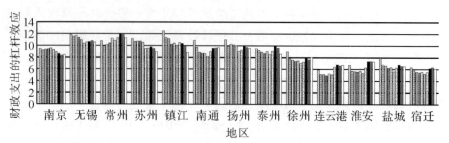

图 3.3.5　江苏省 13 个地区 2010—2019 年财政支出的杠杆效应

（2）财政预算收支平衡度。从时间维度、单一地区视角来看，以南京地区为例，财政预算收支平衡度从 2010 年的 0.85，经过 2011 年的 0.79 逐步演变到 2019 年的 0.70，也就是说，南京地区的财政预算收支平衡度呈现出下行趋势。这种下行趋势也体现在南京以外的其他地区（见图3.3.6），不同的是，从各地 2010—2019 年期间财政预算收支平衡度的变异系数来看（南京、无锡、常州、苏州、镇江、南通、扬州、泰州、徐州、连云港、淮安、盐城、宿迁的变异系数分别为 0.06、0.06、0.06、0.03、0.08、0.16、0.18、0.11、0.11、0.15、0.19、0.18、0.15），苏南地区财政预算收支平衡度下行趋势比较平缓，而苏中地区和苏北地区财政预算收支平衡度下行较明显。另外，从空间维度、地区间比较来看，在财政预算收支平衡度上，2010—2019 年期间，水平较高并且比较稳定的是无锡和苏州两地，和其他地区相比，这两个地区的财政预算收支平衡度都高过其他地区。当然，财政预算收支平衡度较小的依然是苏北 5 个地区，尤以宿迁最低。我们知道，地区财政收支平衡反映了地方财政政策的稳定性和有效性。相对于苏南地区，相对较低的苏中和苏北财政预算收支平衡度及较快速下行的趋势说明，江苏这些地区对地方经济社会发展追求渴望更为迫切。

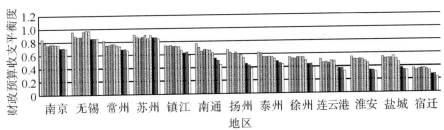

图 3.3.6　江苏省 13 个地区 2010—2019 年财政预算平衡度

（3）金融服务社会力度。从时间维度、单一地区视角来看，以南京地区为例，南京地区的金融服务社会力度从 2010 年的 2.02 逐步演变到 2019 年的 2.39，虽然在 2011—2012 年有所回落，但总体上升趋势比较明显。与南京地区相比，无锡与常州两地除外，其他地区也都呈现出地区金融服务社会力度的也都呈现出较为明显的逐年递增趋势（见图 3.3.7），这说明这些地区的金融机构贷款余额相对于当地的地方生产总值呈现较快的增长态势。无锡、常州两地的金融服务社会力度相对比较平稳，也就是说，这两个地区的年末金融机构贷款余额相对于地区生产总值维持在一个比较稳定的区间。从空间维度、地区间比较来看，在金融服务社会力度上，2010—2019 年期间，南京和苏州两地的金融服务社会力度显然高过其他地区，同期该指标的较小值分布在徐州、淮安、盐城和宿迁等地。

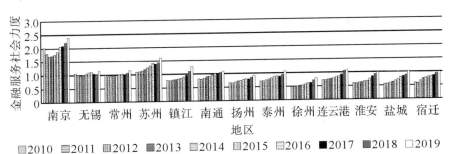

图 3.3.7　江苏省 13 个地区 2010—2019 年金融服务社会力度

第四节　乡村振兴

一、统计指标体系

工业发展引领和带动了地区经济发展，城乡一体化、乡村振兴是体现地区经济发展质量的根本环节。为此，党的十七大提出以工促农、以城带乡长效机制、健全农村市场和农业服务体系、加大支农惠农政策力度等方式来推进社会主义新农村建设。党的十八大强调应从促进城乡统筹、加大强农惠农富农力度、构建新型农业经营体系、改革征地制度等方面来推动城乡发展一体化。党的十九大强调要通过巩固和完善农村基本经营制度、完善农业支持保护制度、加强农村治理、培养服务"三农"人才队伍措施，来落实乡村振兴战略。党的二十大提出要坚持农业农村优先发展，坚持城乡融合发展，畅通城乡要素流通。从验证江苏各地区乡村振兴成效的角度，借助邹露、李平星、毛锦凰（2021）和张挺等（2018）的做法，从农村产业兴旺、生态宜居、乡风文明、治理有效和生活富裕等方面构建评价指标体系（见表3.4.1）。

表 3.4.1　乡村振兴评价指标体系

分类指标	基础指标	代码	单位	属性	计算方法
产业兴旺	农业劳动生产率	R11	万元/人	正向	农林牧渔业总产值（2005年价）/农林牧渔业从业人员
	农业电力强度	R12	千瓦时/元	逆向	农村用电量/农林牧渔业总产值
	农业机械动力功率	R13	千瓦/万元	正向	农业机械总动力/农林牧渔业总产值
生态宜居	林业发展潜力	R21	%	正向	林业总产值/农林牧渔业总产值×100
	化肥施用强度	R22	千克/公顷	逆向	农用化肥施用量/农作物总播种面积
乡风文明	人均公共图书馆藏书量	R31	册/人	正向	公共图书馆藏书量/年末常住人口
	小学生生师比	R32	—	适度	江苏统计年鉴、各地区统计年鉴

表3.4.1(续)

分类指标	基础指标	代码	单位	属性	计算方法
治理有效	农业财政资本密集度	R41	—	正向	农林水事务财政支出（2005年价）/农林牧渔业从业人员
	城乡社区事务财政资本密集度	R42	—	正向	城乡社区事务财政支出（2005年价）/农林牧渔业从业人员
	城乡居民收入比	R43	—	适度	城镇居民可支配收入/农村居民纯收入
生活富裕	农村居民人均纯收入	R51	元/人	正向	江苏统计年鉴、各地区统计年鉴
	农村常住人口人均生活消费支出	R52	元/人	正向	江苏统计年鉴、各地区统计年鉴
	农村居民恩格尔系数	R53	—	逆向	江苏统计年鉴、各地区统计年鉴

二、指标变量统计特征

(一) 产业兴旺

指标含义：地区农林牧渔业因为区域的资源及其经济、社会、技术等综合实力的差异而有所不同，现代农业产业体系的构成基础在于地区农业、林业、牧业、渔业、农林牧渔服务业的构成，为此，从农林牧渔业的劳动产出效率、农村的电力能源使用效率以及农业机械化程度等方面设计了相应的指标农业劳动生产率、农业电力强度、农业机械动力功率。其中，农业劳动力生产率采用地区当年的农林牧渔业总产值（2005年价）与同年当地农林牧渔业从业人员数的比值来衡量；农业电力强度采用地区当年的农村用电量与农林牧渔业总产值的比值来衡量；农业机械动力功率采用地区当年的农业机械总动力与同年当地的农林牧渔业总产值的比值来衡量。为了实现价值型指标年度之间的可比性，以2005年为基期，采用各个地区的国内生产总值平减指数对地区的农林牧渔业总产值进行了等价折算。显然，三类指标的属性是明确的，第一个是正向指标，后两个为逆向指标。

指标统计特征：

（1）农业劳动力生产率。从时间维度、单一地区视角来看，以南京地区为例，南京地区的农业劳动力生产率从2010年的7.20万元/人逐步递增到 2018 年的 17.02 万元/人、2019 年又回落到 16.21 万元/人；与南京地区相似的是，其他地区的农业劳动力生产率总体上都呈现出明显的递增趋势（图 3.4.1）。从空间维度、地区间比较来看，2010—2019 年期间，苏南地区的劳动力生产率明显高过苏中，苏中地区的劳动力生产率高过苏北地区，苏南地区尤以苏州、南京和无锡等地的劳动力生产率维持较高的状态，苏北地区的淮安和宿迁的劳动力生产率较低，尤其 2015 年，苏州地区的劳动力生产率达到宿迁的 4.57 倍。由此可见，江苏分地区农业发展劳动力产出效率的地区差异很大，提高相对滞后地区的劳动力生产率，提升地区的经济运行质量存在着很大空间。

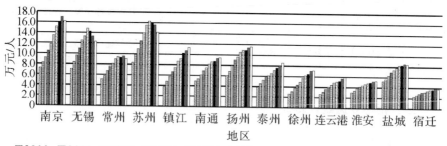

图 3.4.1　江苏省 13 个地区 2010—2019 年农业劳动力生产率

（2）农业电力强度。从时间维度、单一地区视角来看，以南京地区为例，南京地区的农业电力强度从 2010 年的 0.13 千瓦时/元逐步演变到 2019 年的 0.09 千瓦时/元，逐年下降趋势比较明显，也就是说，南京地区农业电力利用效率表现出了逐年提升的特征。与南京地区的农业电力强度相似特征的还有苏南的镇江、苏中的南通、扬州和泰州以及苏北的徐州、连云港、淮安和盐城，也就是说，这些地区的农业用电效率满足了合意性（见图 3.4.2）。而苏南的无锡、常州和苏州的农业电力强度却呈现出了"U"形的变化态势，以无锡为例，当地的农业电力强度从 2010 年的 2.16 千瓦时/元经过 2015 年的谷底 1.56 千瓦时/元，又增加到 2019 年的 2.28 千瓦时/元。从空间维度、地区间比较来看，2010—2019 年期间，相同年份，无锡、苏州、常州等地的农业电力强度明显高过其他地区，同期，淮安、徐州和连云港等地区的农业电力强度普遍较低，2010—2019 年期间同年度较高地区的农业电力强度一直是较低地区农业电力强度的 44~57 倍，地区之间农业电力强度为什么会有如此大的差距？下文从农业机械动力功率的地区差异寻找初步原因。

（3）农业机械动力功率。从时间维度、单一地区视角来看，以南京地区为例，南京地区农业机械动力功率的布局从 2010 年的 0.95 千瓦/万元，逐步下行到 2018 年的 0.63 千瓦/万元（2019 年又提升到 0.67 千瓦/万元），除苏北地区的淮安、盐城和宿迁以外，其他地区在农业机械动力功率上都与南京地区表现出比较明显的下行趋势（图 3.4.3）。从空间维度、地区间比较来看，与各地区的农业电力强度特征不同，2010—2019 年期间，苏北地区的农业机械动力明显比较高，其中宿迁、连云港和淮安尤为明显。以宿迁为例，2010 年其农业机械动力功率从 2010 年的 2.45 千瓦/万元小幅度演变到 2019 年的 2.04 千瓦/万元，同期的无锡和苏州两地的农业机械动力功率较低，分别从 2010 年的 0.71 千瓦/万元、0.72 千瓦时/万元分别下降到 2019 年的 0.51 千瓦/万元、0.50 千瓦/万元。结合 2010—2019 年期间江苏 13 个地区的农业电力强度和农业机械动力功率的比较，我们认为，地方农业发展的动力源于电力、农业机械动力等领域，这两方面的动力互补推动着当地农业的发展，同时也影响着当地农业的产业结构。

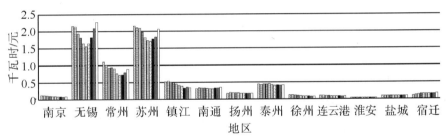

图 3.4.2　江苏省 13 个地区 2010—2019 年农业电力强度

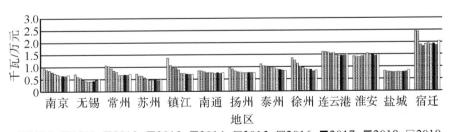

图 3.4.3　江苏省 13 个地区 2010—2019 年农业机械动力功率

（二）生态宜居

指标含义：林业的发展不仅推动了地区经济总量的提升，客观上也推动了地区环境的生态化、绿色化，在碳达峰、碳中和的"双碳"目标导向下，林业作为地区碳汇的重要手段，在当前及未来都是需要不断大力发展的重点行业，为此，课题将林业发展潜力（林业总产值/农林牧渔业总产值×100）作为衡量地区生态宜居的重要指标，从推动地区"双碳"目标践行的角度看，林业发展潜力越强意味着当地"双碳"目前践行得越顺利，生态环境绿色化程度就会越高、宜居程度也就越高，这说明地区经济发展的负外部性越小、经济发展质量越高；显然，林业发展潜力是正向指标。营造生态宜居的环境不仅仅依赖于生态环境硬性条件的打造，还在于对地区社会经济发展的过程性环境负外部性因素的控制，为此，农用化肥施用作为考察对象，设定化肥施用强度（农用化肥施用量/农作物总播种面积，单位：千克/公顷）作为对地区在影响环境质量领域的评价指标；显然，从推动环境生态化的改进进程来看，化肥施用强度是逆向指标。

指标统计特征：

（1）林业发展潜力。从时间维度、单一地区视角来看，以南京地区为例，2010—2013年期间，南京地区林业发展潜力普遍低于1.5%，2014年达到5.16%，此后显示出逐年增长的态势（见图3.4.4），2018年达到5.95%，2019年稍有回落、至4.27%，总体上看，上升势头较为明显，也就是说，林业发展潜力的合意性较为明显。除泰州、连云港和宿迁等地区林业发展潜力下降趋势相对明显以外，其他地区的林业发展潜力有升有降，阶段合意性不太显著。从空间维度、地区间比较来看，2010—2019年期间，江苏省13个地区的林业发展潜力水平层次性非常明显；南京、无锡、苏州、镇江四个地区的林业发展潜力在4%以上，处于2%到4%之间的地区主要有扬州、连云港、淮安、盐城和宿迁；2%以下的地区主要有常州、南通、泰州和徐州。

（2）化肥施用强度。从时间维度、单一地区视角来看，以南京地区为例，化肥施用强度从2010年的268.8千克/公顷逐步降低到2015年的235.0千克/公顷，再逐步提高至2017年的262.3千克/公顷，最终下降到2019年的226.2千克/公顷，总体来看，呈现出的下行趋势，合意性较强。在地区化肥施用强度上，苏南的其他4个地区呈现出"U"形态势，这种先抑后扬的化肥施用强度是值得深入思考的问题，而苏中和苏北地区下行趋势较为鲜明（见图 3.4.5）。从空间维度、地区间比较来看，2010—2019年期间，苏北的徐州、连云港、淮安、宿迁等地地区化肥施用强度都在400 千克/公顷以上，无锡、苏州、扬州、盐城总体上的地区化肥施用强度都在 300~400 千克/公顷；南京、常州、镇江、南通和泰州主要年份的地区化肥施用强度在 200~300 千克/公顷。由此可见，提升江苏各地区的环境生态水平，不仅参照的切入点很明确，而且生态水平的提升空间也很大。

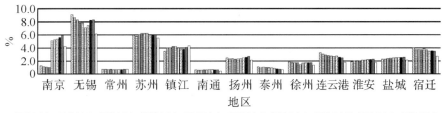

图 3.4.4　江苏省 13 个地区 2010—2019 年林业发展潜力

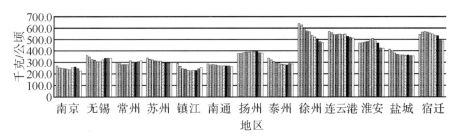

图 3.4.5　江苏省 13 个地区 2010—2019 年化肥施用强度

（三）乡风文明

指标含义：乡风文明是乡村振兴的灵魂、乡村振兴程度的标志。乡风文明是农村居民追求高质量经济生活过程中所表现出的在社会公德、精神涵养方面的提升，体现在相关乡风文明基础设施的建设及乡风文明后备力量的集聚上，为此，用"人均公共图书馆藏书量（公共图书馆藏书量/年末常住人口（册/人））"和"小学生生师比"两个指标分别予以衡量。

指标统计特征：

（1）人均公共图书馆藏书量。人均公共图书馆藏书量作为地区乡风文明质量的衡量指标，其值越大意味着地区在乡风文明建设上的投入力度越强，对于推动地区经济质量的提升作用更大，本书以该指标为正向指标。从单一地区的常住人口人均公共图书馆藏书量来看，南京呈现 2010—2013年和 2014—2019 年两个时间段的递增，其他地区在 2010—2019 年期间都呈现出明显的递增趋势；其中，10 年间，苏州和南京是人均公共图书馆藏书较多的地区，分别是 1.58 册/人和 1.32 册/人；藏书最少的是宿迁地区，人均公共图书馆藏书量仅为 0.26 册/人。

（2）小学生生师比。《中央编办 教育部 财政部关于制定中小学教职工编制标准意见的通知》（国办发〔2001〕74 号）对城市、县镇和农村的小学生师比（19.0：1、21.0：1 和 23.0：1）的上限做出了明确规定。从2010—2019 年江苏 13 个地区的小学生生师比来看（见图 3.4.6），生师比最小值出现在 2010 年的盐城，其值为 14.1：1，最高值出现在 2016 年的徐州，其值为 21.2：1；13 个地区的整体均值开始于 2010 年的 16.1：1，结束于 2019 年的 17.0：1，其间经历了由增转降的过程，在 2015 年达到峰值 17.6：1。这样看来，江苏省在小学教育方面的师资配置方面整体质量水平较高，小学生生师比没有超过国家规定的生师比上限。从单一地区生师比的变化趋势来看，可以把江苏 13 个地区分为两类。其一，是倒"U"形变化趋势，比如，南京、常州、苏州、徐州、连云港、淮安、盐城等地区。其二，是"U"形变化趋势，比如，镇江、扬州和泰州等。另外，宿迁的小学生生师比呈现出年度上升趋势、无锡的小学生生师比变化波动频繁、扬州的小学生生师比有下行趋势。当然，从生师比的变异系数来看（见表 3.4.2），南通和苏南的常州、无锡、镇江、南京等地的小学教育生师结构比较合理。另外，理论上讲，一个地区的生师比越低说明这个地区的师资力量相对比较雄厚，教学条件较为优越，但是维持适度的生师比又是教师资源得以有效利用的保证，有鉴于此，考虑到地区小学生生师比的演变及稳定性，故将上述五个地区 2019 年的生师比均值 16.61：1 作为适度值对地区的生师比值进行正向化处理。

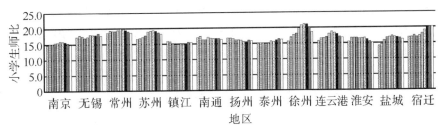

图 3.4.6　江苏省 13 个地区 2010—2019 年小学生师比

表 3.4.2　2010—2019 年江苏省 13 个地区小学生生师比统计指标

统计值	南京	无锡	常州	苏州	镇江	南通	扬州	泰州	徐州	连云港	淮安	盐城	宿迁
均值	15.35	17.69	19.26	18.19	15.24	16.72	16.17	15.56	19.00	17.28	16.20	16.20	18.25
标准差	0.42	0.42	0.44	1.02	0.38	0.36	0.44	0.57	1.88	0.92	0.61	1.04	1.41
变异系数	0.027	0.024	0.023	0.056	0.025	0.021	0.027	0.037	0.099	0.053	0.038	0.064	0.077

（四）治理有效

指标含义：农业机械现代化程度、农村基础设施的改善等是乡村振兴的一二三产业融合发展重要体现。本书认为，相对于城镇发展，有效的乡村振兴治理更多应体现在地方政策措施对乡村振兴的支持力度及城乡对比关系指标的变化，为此，从地方财政对农业发展、城乡社区扶持的力度及城乡居民收入对比关系予以衡量，指标包括：农业财政资本密集度、城乡社区事务财政资本密集度、城乡居民收入比。用"农林水事务财政支出（2005 年价）/农林牧渔业从业人员"对农业财政资本密集度加以衡量；用"城乡社区事务财政支出（2005 年价）/农林牧渔业从业人员"对城乡社区事务财政资本密集度加以衡量；用"城镇居民可支配收入/农村居民纯收入"对城乡居民收入比加以衡量。

指标统计特征：当前，江苏整体经济发展水平相对较高，但是，城乡之间的差距依然存在，从农村发展需要得到财政大力支持的角度看，农业财政资本密集度、城乡社区事务财政资本密集度越高意味着地区对农业的重视程度越高，也意味着乡村振兴的治理也会越有效。因此，这两项指标的正向属性显然。当然，我们知道，乡村振兴主要体现在城乡差异的缩小，以至于消失，反应在"城乡居民收入比"上，就是该指标取值趋于 1，所以，本书将该指标视为适度指标。

（1）农业财政资本密集度。在时间维度上，江苏省各地区的农业财政资本密集度都呈现出较为明显的递增趋势（见图3.4.7），也就是说，指标的合意度比较显著。在空间（截面）维度上，2010—2019年期间，每年13个地区之间农业财政资本密集度中，苏南地区的苏州、南京和无锡的较强。比较2010—2019年期间每年地区间该指标值的大小分布，苏州的农业财政资本密集度为最高，而同期每年的最低指标值分别分布于苏北5个地区。地区差异最为显著地出现在2017年，苏州地区农业财政资本密集度（3.65）是连云港农业财政资本密集度（0.41）的8.95倍。由此，我们认为，一个地区经济发展水平不仅仅体现在对第二、三产业的重视程度，实现地区间三次产业的协调发展是保证地区整体经济质量水平的重要基础。

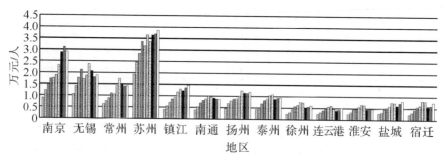

图3.4.7　江苏省13个地区2010—2019年农业财政资本密集度

（2）城乡社区事务财政资本密集度。在时间维度上，与农业财政资本密集度呈现的特征相似，单一地区随着时间推移递增趋势较为明显（见图3.4.8），指标的合意度比较显著。在空间（截面）维度上，相较于农业财政资本密集度，每个年度之间江苏省地区间的城乡社区事务财政资本密集度差异更为显著，2010—2016年期间，苏州地区同年度的城乡社区事务财政资本密集度都高于其他；2017—2019年无锡则是该指标的最大值地区；在2010—2019年期间，宿迁是该指标值最小的地区，2010年苏州地区城乡社区事务财政资本密集度（5.07）是宿迁地区社区事务财政资本密集度（0.10）的49.99倍，为最大差距。

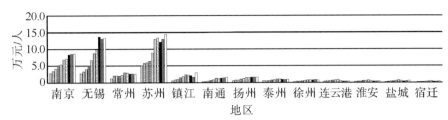

图3.4.8 江苏省13个地区2010—2019年城乡社区事务财政资本密集度

（3）城乡居民收入比。时间维度上，各地区的城乡居民收入比呈现出明显的下行趋势（见图3.4.9），这意味着江苏各地城乡收入差距在不断缩小，向适度值1趋近特点非常鲜明，尤其是苏中地区和苏北地区，该指标的合意性特征显著。空间（截面）维度上，2010—2019年期间，同年度地区间城乡居民收入比差异显著，最大值主要分布在宿迁，最小值分布在无锡地区，值得注意的是，无锡和苏州两个地区，分别在2016年和2017年以来，该指标值开始小于1，也就是说，城镇居民人均收入出现了小于农村居民人均收入现象，同期的连云港、淮安和宿迁等地区，城乡居民收入比依然维持在2倍左右的水平。由此，我们认为，地区间城乡差异依然是江苏经济质量提升值得注意的重要环节。

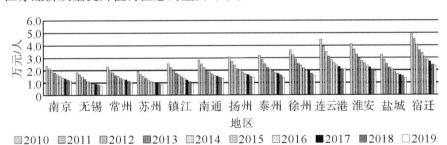

图3.4.9 江苏省13个地区2010—2019年城乡居民收入比

（五）生活富裕

指标含义：考虑到农村居民生活富裕的绝对及相对衡量指标，从居民收入状况、消费水平及消费结构属性等方面设计了包括农村居民人均纯收入、农村常住人口人均生活消费支出、农村居民恩格尔系数三个指标，这三个指标来源于2011—2020年的江苏统计年鉴和地区统计年鉴；其中，前两个指标以2005年为基期，采用地区生产总值平价方式进行了平减。

指标属性及统计特征：

农村居民生活富裕程度越高，农村居民人均纯收入、农村常住人口人均生活消费支出就越高，而农村居民恩格尔系数则越小，因此，三个指标的属性一目了然。

（1）农村居民人均纯收入。时间维度上，各个地区可比价农村居民人均收入递增趋势非常显著，也就是说，该指标的合意性程度很高，其中，递增幅度相对较大（合意度较强）的镇江、无锡、苏州等地，相对于2010年，2019年的农村居民人均纯收入分别增长了1.61、1.41和1.35倍；递增幅度相对较小的南通、南京和宿迁等地，相对于2010年，2019年的农村居民人均纯收入也分别增长了1.06、1.06和1.09倍（见图3.4.10）。空间维度上，农村居民人均纯收入的地区差异特征比较鲜明，苏南地区普遍高于苏中、苏中地区普遍高于苏北地区。2010—2019年期间，虽然各个地区的农村居民人均收入都表现出较为稳定的地区趋势，但是这并没有显著地改变同年度地区间农村居民人均纯收入对比的变化，无锡的农村居民人均纯收入一直维持着最高位，而宿迁的农村居民人均纯收入一直处于最低位，2010年前者是后者的2.68倍，2019年前者是后者的3.09倍。值得注意的是，进入2016年以来，苏北盐城农村居民人均纯收入逐步赶超苏中的中游地区扬州。因此，我们认为，江苏的乡村振兴存在着典型的区域性障碍，但是这种障碍会伴随着地区的乡村振兴战略和举措的有效执行而逐步得以克服。

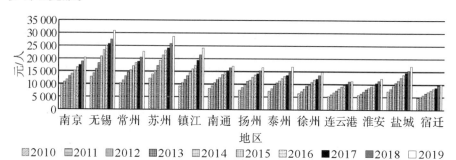

图3.4.10　江苏省13个地区2010—2019年农村居民人均纯收入

（2）农村常住人口人均生活消费支出（见图3.4.11）

在时间维度上和空间维度上都表现出了与农村居民人均纯收入类似的特征，故不做分析。

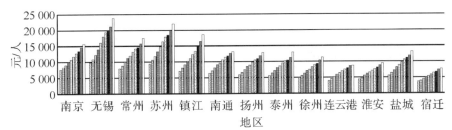

图 3.4.11　江苏省 13 个地区 2010—2019 年农村常住人口人均生活消费支出

（3）农村居民恩格尔系数。时间维度上，2010—2019 年，各地区农村居民恩格尔系数下行趋势比较明显，也就是说，该指标变化的合意度比较明显（见图 3.4.12）。相对于 2013 年，2014 年的恩格尔系数出现明显的陡降，这应当与年度统计指标的统计口径发生调整有关。如果单单观察 2014—2019 年各地区农村居民恩格尔系数，相对于 2014 年，其中 2019 年下行幅度超过 2% 的地区是宿迁、无锡、扬州、盐城、常州和镇江，分别下降了 3.64%、2.80%、2.40%、2.23%、2.19% 和 2.00%，由此可以看出，江苏各个地区农村居民生活富裕程度的提升带来了较为明显的居民生活质量的提高以及农村居民合意度的提升。空间维度上，应该看到，地区间农村居民恩格尔系数差异是比较明显的，苏南地区以苏州农村居民恩格尔系数较低，苏中地区以南通农村居民恩格尔系数较低，苏北地区以盐城农村居民恩格尔系数较低；2014—2019 年期间，苏州农村居民恩格尔系数持续维持在最低位，而宿迁持续维持在最高位，这意味着地区之间农村居民消费支出结构的相对稳定，这也正反映了地区间农村居民生活质量的相对悬殊。

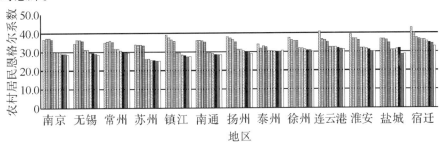

图 3.4.12　江苏省 13 个地区 2010—2019 年农村居民恩格尔系数

第五节 区域协调

一、统计指标体系

区域协调发展是地区经济发展质量的重要环节。在地区经济协调发展上，本书有针对性地设计了资源协调、区位协调、城乡协调三方面的指标。江苏经济发展的区域特征比较明显，由北到南的地区经济基础和实力逐步增强，为此，本书借助区域发展差异系数、人口流动率对江苏区位协调进行衡量。虽然江苏是经济大省，城镇化进程在提速，但是城乡二元结构依然比较明显，为此，参照史丹、李鹏（2019），任保平、魏语谦（2016）和刘瑞、郭涛（2020）等的做法，采用地区城镇化率、二元对比系数、二元反差系数等变量对地区的城乡协调进行评价。资源禀赋向来是影响甚至决定地区经济发展质量的重要因素，地区间资源要素利用状况的对比是其经济运行质量的客观反映，为此，遵循传统的经济学生产要素理论设计了包括资本、人力和能源三要素评价指标变量，即地区人均社会投资、人口密度、人均用电量。在相关指标设计及变量的选择上，侧重于地区经济质量视角，避免将民生质量指标纳入经济质量评价指标体系中，克服了当前多数研究在衡量协调性上对经济质量和民生质量不加区分做法的不足。区域协调评价指标体系见表 3.5.1。

表 3.5.1 区域协调评价指标体系

分类指标	基础指标	代码	单位	属性	计算方法
资源协调	电力强度	H11	千瓦时/万元	逆向	全年用电量/地区生产总值
	资本密集度	H12	万元/人	正向	资本存量/从业人员
	人口密度	H13	人/平方公里	正向	常住人口/行政面积
区位协调	区域发展差异系数	H21	—	正向	地级市人均 GDP/省人均 GDP
	人口流动率	H22	—	正向	年末常住人口/年末户籍人口

表3.5.1(续)

分类指标	基础指标	代码	单位	属性	计算方法
城乡协调	城镇化率	H31	%	正向	地区统计年鉴
	二元对比系数	H32	—	正向	第一产业比较劳动生产率/第二三产业比较劳动生产率
	二元反差系数	H33	—	逆向	第二三产业产值比重-第二三产业劳动力比重

二、指标统计特征

(一) 资源协调

指标含义：地区资源协调是从能源资源、人力资源和资本资源三个维度设计，鉴于江苏各地区对能源资源统计口径的不一致，故采用各地区都使用的（统计指标）全年用电量来替代地区年度能源消费总量，计算其与同年当地地方生产总值（2005 年为基期）的比，形成当地的电力强度（单位：千瓦时/万元）。当然，我们知道地区年度能源消费总量既包含有居民消费的电力消耗量，也包含有地区生产而产生的电力消耗量，由此而形成的电力强度反映了生活与生产两个层面综合能源效率。一般来说，伴随着居民生活水平提高，能源（电力）消费量也会升高，由此会造成地区年度消费性电力增加，从而导致电力强度的提升，但是，从长远看，节能降耗是当期和今后相当长时期内提高能源消费效率的重要举措，为此，电力强度为逆向指标。资本和劳动力是地方经济发展投入的两个重要因素，两个要素的对比关系从一定程度上揭示了资本相对于劳动力在地区经济发展中的重要性，也是揭示地区经济发展的资本密集性特征或劳动密集性特征，为此，参照（黄茂兴、李军军，2009）的做法，构建地区的资本密集度指标。所谓地区资本密集度是指单位劳动力主导资本量〔即资本存量/从业人员（万元/人），2005 年为基期〕，按照这种定义，资本密集度越高说明单位劳动力利用资本的实力越强，同时也意味着，地区在经济发展上，资本的作用越大。所以，资本密集度与地区经济质量提升是一种促进关系。地区经济社会发展取决于人力资源库，为了对各地区经济社会发展的可持续性加以衡量，采用人口密度（常住人口/行政面积，单位：人/平方公里）对地区的后备社会力量加以衡量。

指标统计特征：

（1）电力强度。2010—2019 年期间，同年地区间比较见图 3.5.1：苏州、常州两地的电力强度始终处于同期高位，2015 年，苏州地区的电力强度一度达到 937.4 千瓦时/万元。除了上述两个地区外，无锡、镇江、泰州、徐州、淮安等地每年的电力强度都在 600 千瓦时/万元的高位。与之形成对比的是南京、南通、扬州、盐城等地，其的电力强度相对较低，大部分时间都在 600 千瓦时/万元以下。各地电力强度变化的合意性比较如下：苏南和苏中各地的电力强度在一定程度上都呈现出合意下行态势。苏州作为典型地区，2015 年度其电力强度达到峰值，此后一直处于下行的状态，到 2019 年指标值达到 837.2 千瓦时/万元。苏北各地的电力强度都一定程度上呈现出非合意的递增状态，其中尤为典型的是连云港和宿迁两地。连云港自 2013 年期始终处于递增状态，到 2019 年地区的电力强度达到 846.6 千瓦时/万元，已经成为同期第三高地区。宿迁电力强度自 2010 年起始终处于非合意的递增状态，直到 2018 年地区的电力强度达到 917.3 千瓦时/万元，2019 年稍有回落，电力强度也有 885.8 千瓦时/万元，这种非合意的递增趋势使得宿迁在 2017—2019 年连续三年的电力强度领跑江苏各地。地区间电力强度差异性的变化意味着地区生产、生活领域能源动力结构的变化，这种变化是否有助于地区经济质量提升值得深入探究。

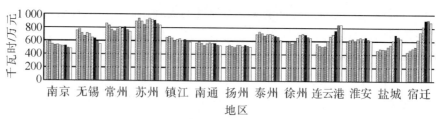

图 3.5.1　江苏省 13 个地区 2010—2019 年电力消费强度

（2）资本密集度。图 3.5.2 给出了江苏 13 个地区 2010—2019 年资本密集度，从各地区同年度该指标的分布态势看，其区域特征非常鲜明，苏南五个地区的资本密集度一直处于优势地位，其中常州尤为突出。同期，苏北的淮安、盐城、宿迁等地的资本密集度相对较低。地区间资本密集度高低差距在 2.0~3.4 倍。各地区资本密集度在演变态势上都一直呈现出合意的递增趋势。以上事实说明相对于劳动力，资本在各地经济质量提升中的作用一直处于加强的状态。

（3）人口密度。表3.5.2给出了江苏各地区2010—2019年人口密度的相关统计指标，从均值来看，各地区该期间人口密度的区域特征非常鲜明，苏南始终是密集度较高的地区，苏北则相反，苏南居中，其中苏南的无锡是人口密度最高地区（人口密度为1404.7人/平方公里），而苏北盐城则是人口密度最小地区（人口密度为426.4人/平方公里）。虽然标准差区别度较高，但从变异系数看，各地区人口密度波动是非常微弱的，这说明江苏各地的人口密度相对比较稳定。不过地区间较大的人口密度差异也显示出地区人口流动的趋向，这从一定程度上也反映了地区经济质量或潜在的经济质量水平。

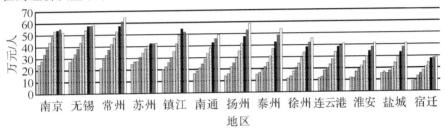

图3.5.2　江苏省13个地区2010—2019年资本密集度

表3.5.2　江苏省13个地区2010—2019年人口密度统计特征

指标 \ 地区	南京	无锡	常州	苏州	镇江	南通	扬州	泰州	徐州	连云港	淮安	盐城	宿迁
均值	1251.4	1404.7	1072.7	1237.9	824.2	802.1	674.1	801.0	753.1	586.1	483.6	426.4	567.6
标准差	22.48	14.21	9.52	6.83	7.77	115.30	16.91	1.58	10.20	6.35	6.31	1.08	9.12
变异系数	0.018	0.010	0.009	0.006	0.009	0.144	0.025	0.002	0.014	0.011	0.013	0.003	0.016

（二）区域协调

指标含义：地区间人民收入水平间的差异是揭示区域发展间差异的基础型指标选项，同年度地区人均生产总值与省人均生产总值的比值揭示了同一时期居民收入偏离总体平均水平的状况。同一地区的不同时间的人均生产总值与省人均生产总值比值的时间序列数据揭示了一个地区在不同时间点上与省人均生产总值之间的对比状况。总之，在不同地区之间，一个地区的指标越大说明该地区居民收入水平越高，意味着该地区的经济总体水平质量较高。该指标的正向性特征比较鲜明。另外，地方经济发展条件、发展水平直接影响到当地人们的生活水平，会直接影响到地区人们的流入或流出，为此，用地区的"年末常住人口/年末户籍人口"表示地区的人口流动率。该指标越大说明其对应地区的经济质量水平越高。

指标统计特征：

（1）区域发展差异系数。图3.5.3给出了江苏13个地区2010—2019年区域发展差异系数，2010—2019年期间，该指标的区域特征鲜明，苏南五个地区区域发展差异系数都显著高于1，苏中的南通和扬州分别在2017年后和2015年后该指标值出现大于1的情况，也就是说，在相关的年份人均生产总值高过全省人均水平，其中无锡和苏州在2010年的区域发展差异系数处于最高位，分别是1.733和1.750；同期的连云港、淮安和宿迁的区域发展差异系数始终处于后三位。各地区的区域发展差异系数的演变趋势各有特征，其中，南京、南通、扬州、泰州、连云港、淮安、盐城、宿迁等地的区域发展差异系数合意的递增态势相对明确；无锡、苏州、镇江等地区域发展差异系数呈现出非合意的下行趋势相对明显；常州和徐州区域发展差异系数分别呈现出先抑后扬和先抑后扬的变化态势。各地区区域发展差异系数的不同演变趋势正推动着地区间人均生产总值渐趋缩小，这意味着经济相对滞后地区经济系统的不断优化。

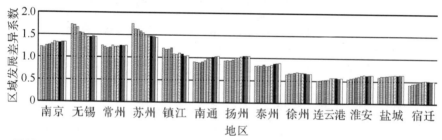

图3.5.3　江苏省13个地区2010—2019年区域发展差异系数

（2）人口流动率。图3.5.4给出了江苏13个地区2010—2019年人口流动率，苏南五个地区人口流动率都大于1，其中尤以苏州地区人口流动率更为显著；苏中和苏北地区人口流动率都小于1，并且苏北地区人口流动率相对更小。这样，苏中和苏北地区的人口流出以及苏南的人口流入现象形成鲜明对比。值得注意的是，除镇江以外，苏南其他四个地区以及苏北五个地区的人口流动率都呈现出较为稳定的非合意下行态势，镇江和苏中三个地区的人口流动率呈现出相对缓慢的合意上行态势。其原因值得深入探究，这可能是地区资源瓶颈约束、技术创新淘汰、老龄化等问题导致了苏南和苏北等地区人口流出，而苏中地区人口流动率上行应该源于地区产业发展、经济水平的提升带来劳动力人口的回流。

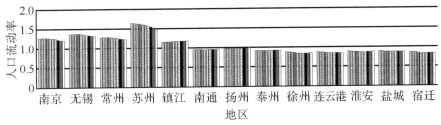

图 3.5.4　江苏省 13 个地区 2010—2019 年人口流动率

（三）城乡协调

指标含义：城镇化率、二元对比系数、二元反差系数共同构成了城乡协调的评价体系。城镇化率是反映地区城镇化进程的重要指标，是地区的城镇人口占当地总人口的比率（%）。二元对比系数反映的是农业与非农业劳动生产率的对比关系（史丹、李鹏，2019；任保平、魏语谦，2016；任保平、韩璐、崔浩萌，2015），鉴于数据的可获得性，本书采用第一产业比较劳动生产率与第二、三产业比较劳动生产率的比值来对该指标加以衡量，从地区之间的比较来看，该指标越大说明该地区农业整体的生产效率较高，其对当地经济质量提升具有积极意义。二元反差系数反映的是地区非农业产值比重与劳动力比重对比关系，常常采用二者之差的绝对值加以表示（史丹、李鹏，2019；任保平、魏语谦，2016；任保平、韩璐、崔浩萌，2015）。与二元对比系数处理方式一致，鉴于数据的可获得性，将第二、三产业视为非农产业，形成课题所研究的地区二元反差系数，具体计算方式是"第二、三产业产值比重"减"第二、三产业劳动力比重"。与二元对比系数相反，一般地，二元反差系数越大，意味着第一产业与第二、三产业的差距越大，经济二元性越明显。因此，该指标具有逆向属性。指标统计特征：

（1）城镇化率。图 3.5.5 给出了江苏 13 个地区 2010—2019 年城镇化率，显然，苏南地区，尤其是南京地区的城镇化率明显高于苏中和苏北地区，当然，苏北和苏中地区的城镇化率差距不大。另外，各地城镇化率都呈现出明显一致的递增趋势。这也正反映了江苏各地经济质量提升的一个环节的高效性。

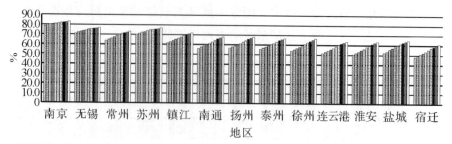

图 3.5.5　江苏省 13 个地区 2010—2019 年城镇化率

（2）二元对比系数。图 3.5.6 给出了江苏 13 个地区 2010—2019 年二元对比系数。2010—2019 年期间，无锡、苏州、连云港、淮安和盐城等地的二元对比系数在大多数年份普遍高于其他地区，意味着这些地区相对于二、三产业，农业整体运行效率较高。但是从各地二元对比系数变化的合意性来看，南京、扬州、泰州、徐州、盐城、宿迁等地时间维度上呈现出一定程度的递增态势，其他地区某种程度上都呈现出下行态势，这意味着在地区经济质量提升的过程中，地区对当地基础产业（农业）重视程度和方式存在着差异。

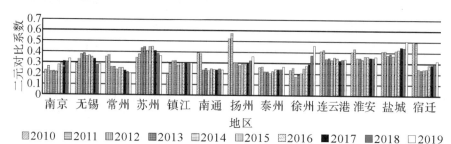

图 3.5.6　江苏省 13 个地区 2010—2019 年二元对比系数

（3）二元反差系数。图 3.5.7 给出了江苏 13 个地区 2010—2019 年二元反差系数。很显然，2010—2019 年期间，苏北和苏中地区的二元反差系数明显高于苏南地区，其中 2012 年前和 2013 年后两个时期，徐州和宿迁两地的二元反差系数总体上处于高位；与之形成鲜明对比的是，无锡和苏州地区这两个地区的二元反差系数非常小；前者苏北和苏南等地区在第一产业与二、三产业发展之间的差距。值得注意的是，南京、镇江及苏中和苏北地区二元反差系数随着时间推移都不同程度地表现出下行的合意状态，这意味着这些地区的经济质量提升过程中伴随着第一产业与二、三产业间差距缩小；无锡、常州和苏州三个地区的二元反差系数在时间维度上的上行非合意与下行合意变化共存，这意味着这些地区的第一产业发展已经处于较高的质量水平。

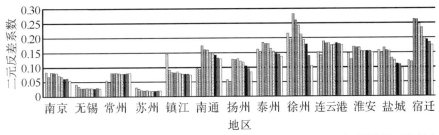

图 3.5.7　江苏省 13 个地区 2010—2019 年二元反差系数

第六节　地区经济质量

以江苏 13 个地级市为研究对象，对 2010—2019 年间分地区和地区间经济质量进行分析，探究影响甚至决定地区民生质量的重要因素。本书在研究方法上依然采用主成分分析法，基于第一主成分权重的分布状态，考察产业结构、开放创新、市场体制、乡村振兴、区域协调等子系统以及基础指标的地区及地区间经济质量提升效应。

一、分地区经济质量

分地区经济质量是以单一地区为研究对象，聚焦于 2010—2019 年该地区经济质量的演变趋势及经济系统因素所发挥的作用。鉴于分地区经济质量分析范式是以单一地区为研究对象，在时间维度上揭示该地区经济质量各类评价指标所呈现出的特征，所以在分析策略上：首先，从个体视角，先分析代表地区（比如南京）经济子系统、基础指标的经济质量效应；其次，从总体视角，对比江苏 13 个地区经济子系统、基础指标的经济质量效应的异同；最后，在必要的条件下，针对特定地区经济质量所呈现的异质性特征再进行单独阐明。

（一）地区经济质量的子系统效应

地区经济质量水平是产业结构、开放创新、市场体制、乡村振兴、区域协调各个子系统运行效果与其第一主成分权重的集成（陶长琪等，2007），表现为地区经济质量指数。子系统内诸多基础指标运行的综合效果与其第一主成分权重的集成，表现为子系统指数。子系统第一主成分子权重大于零意味着该子系统在地区经济系统中呈现出的是正反馈机制（郑玉雯、薛伟贤，2019），本书称这类子系统为经济质量的推进子系统，其在经济质量提升中所发挥的作用称之为经济系统的推进效应。反之，子系统第一主成分子权重小于零意味着该子系统在地区经济系统中呈现出的是负反馈机制，在客观经济系统中这种负反馈机制的作用在于对先前子系统超前或滞后运行的调整，本书称这类子系统为经济质量的调整子系统，其在经济质量提升中所发挥的作用称之为经济系统的调整效应。值得注意的是，由于子系统指数和地区经济质量指数的集成性，因此，推进子系统和调整子系统在地区经济质量提升上，理论上都会产生抑制和提升的功效。表 3.6.1 给出了 2010—2019 年期间江苏省 13 个地区经济质量子系统因素的第一主成分权重，由此可以看出，各地区子系统在经济质量上的推进及调整功能并不完全一致。

表 3.6.1 江苏省 13 个地区经济质量子系统指标第一主成分系数

地区\指标	南京	无锡	常州	苏州	镇江	南通	扬州	泰州	徐州	连云港	淮安	盐城	宿迁
产业结构	0.769	0.714	0.341	0.731	0.729	0.833	0.488	0.773	0.560	0.710	0.874	0.729	0.578
开放创新	0.370	-0.256	0.743	0.393	-0.523	-0.393	-0.765	-0.465	0.643	0.617	0.378	0.462	0.563
市场体制	-0.233	-0.242	0.281	0.173	-0.139	-0.167	-0.145	-0.152	-0.148	-0.150	-0.021	-0.276	-0.287
乡村振兴	0.442	0.567	0.406	0.513	0.395	0.317	0.331	0.316	0.384	0.170	0.175	0.323	0.443
区域协调	0.149	0.211	0.297	0.134	0.140	0.156	0.214	0.251	0.322	0.252	0.249	0.274	0.265

注：表中各个地区的经济质量子系统指标第一主成分权重对每个地区的 2010—2019 年期间经济质量衡量指标体系的主成分分析，因此，本地区各子系统指标主成分权重的比较才具有实际意义。表中黑体数据是一个地区 5 个子系统经济质量指标第一主成分权重中较大的 2 个值，斜体数据是本地区 5 个子系统经济质量指标第一主成分权重中最小的 1 个值。

1. 地区经济质量子系统效应特征——以南京地区为例

南京地区五个子系统因素第一主成分权重由大到小的次序分别是产业结构、乡村振兴、开放创新、区域协调、市场体制，其对应的第一主成分权重分别为 0. 769、0. 442、0. 370、0. 149、-0. 233。也就是说，形成南京地区经济质量的五个子系统中，四个是推进子系统，一个是调整子系统。这说明在提升地区经济质量方面，子系统呈现出不同的作用机制，同时，在相同的作用机制下，各子系统在地区经济质量形成上所发挥出的效应强度也不相同。相较于其他推进子系统，产业结构的推进效应更强，区域协调的推进效应强度更弱；在推动地方经济质量提升上，应该说区域协调的短板效应相对明显。值得注意的是，2010—2019 年期间，在南京地区经济质量提升的过程中，市场体制所扮演的角色是调整子系统。也就说，如果南京地区经济质量（指数）整体上行，那么同期应该会伴随着市场体制运行的调整，反之则相反。至于市场体制的调整功效最终呈现出的是提升还是抑制地方经济质量（指数），还要取决于市场体制自身运行的状态。同期的不同子系统对一个经济系统的运行呈现出不同的反馈机制，这也正是系统运行复杂性的体现。

2. 地区经济质量子系统效应共性特征

对比江苏省 13 个地区经济质量的产业结构、乡村振兴、开放创新、区域协调、市场体制子系统的第一主成分权重，我们发现：

①相对于其他子系统，产业结构在江苏各地区的经济质量提升中所发挥正向作用机制最强（常州地区除外），也就是说，2010—2019 年期间，江苏各个地区的产业结构转型升级是提升地方经济质量的重要引擎。②提升经济质量效应中仅次于产业结构的分别是乡村振兴和开放创新。其中，乡村振兴在苏南五个地区和苏中三个地区经济质量提升中的效应仅次于产业结构，开放创新在苏北五个地区经济质量提升中的效应仅次于产业结构（徐州地区的产业结构和开放创新作用排序不同）。③常州和苏州以外的地区，市场体制都属于当地经济质量运行的调整子系统。

3. 地区经济质量子系统异质性分类

对比表 3. 6. 1 中 2010—2019 年期间江苏各地产业结构、乡村振兴、开放创新、区域协调、市场体制等子系统的第一主成分权重系数，我们发现，五个经济质量子系统在地区经济质量提升中的推进或调整效应分别呈现为：五个经济子系统同时呈现出推进效应、四个子系统呈现出推进效应与一个子系统呈现为调整效应、三个子系统呈现出推进效应与两个子系统呈现出调整效应等三种组合形态。基于分析便利性，分别将上述五个子系统效应的三种组合形态所对应的经济系统分别命名为全面推进类经济系统、单一调整类经济系统和双重调整类经济系统。

（1）全面推进类经济系统。属于这类经济系统的地区主要有常州和苏州。从子系统的第一主成分权重分布状况看，开放创新、产业结构分别是常州和苏州地区经济质量的首要推进效应子系统，其第一主成分权重分别为 0.743 和 0.731；乡村振兴是这两个地区经济质量共同的第二位效应子系统；另外，市场体制（第一主成分权重是 0.281）和区域协调（第一主成分权重是 0.134）分别是这两个地区 2010—2019 年期间提升地区经济质量的短板因素。

（2）单一调整类经济系统。属于这类经济系统的地区主要有南京、徐州、连云港、淮安、盐城、宿迁。其共同特征之一是，产业结构是各地区经济质量提升的首要推进效应子系统（当然，徐州地区首要经济子系统是开放创新）；其共同特征之二是，市场体制是这些地区经济质量共同的调整效应子系统，其标志就是这些地区市场体制子系统的第一主成分权重系数都小于 0。关注这些地区经济质量第二位效应子系统，我们发现，南京的第二位效应子系统是乡村振兴，连云港、淮安、盐城、宿迁等地区的第二位效应子系统是开放创新。徐州作为苏北地区，其首要推进效应子系统与第二位效应子系统和苏北其他地区的这两类子系统正好相反。

（3）双重调整类经济系统。这类经济系统的地区主要有无锡、镇江、南通、扬州、泰州。纵观这五个地区子系统的第一主成分权重，我们发现这些地区五个子系统中产业结构、乡村振兴、区域协调、市场体制、开放创新的经济质量效应趋于一致，遵循着从大到小的排序。值得注意的是，前三类属于地区经济质量的推进效应子系统，两类属于地区经济质量的调整效应子系统。

综上，江苏 13 个地区，根据地理位置习惯上分为苏南、苏中和苏北地区，但是各地经济发展并没有严格遵循着地理位置相同发展方式也相同的模式：苏南地区的常州和苏州经济子系统运行模式类似，苏南的南京和苏北的五个地区徐州、连云港、淮安、盐城、宿迁的经济子系统运行模式主体上相似，苏南的无锡、镇江和苏中的三个地区南通、扬州、泰州的经济子系统运行模式高度相仿。在地区经济子系统实现推进效应与调整效应融合的同时，地区与地区之间经济系统也实现了发展方式的融合。从学习论的观点出发，我们可以推断：2010—2019 年期间，苏中三个地区的经济发展在尽力学习或借鉴苏南无锡或镇江的发展模式；苏北五个地区的经济发展在尽力学习或借鉴苏南南京的发展模式；而苏南常州的经济发展模式存在着借鉴苏州发展模式的特征。总结来说，江苏地方经济发展存在苏州模式、南京模式和无锡模式。

（二）地区经济质量

表3.6.2 给出了江苏13个地区2010—2019年每个地区的经济质量指数的变化进程。时间维度上，各地区的经济质量指数呈现出明显的地区趋势，也就是说各个地区子系统因素协同运行推动了地区经济质量水平的不断提高。对比不同地区经济质量分布，苏南的南京、无锡、苏州以及苏北的淮安和盐城等五个地区在2010—2019年期间每年的地区经济质量指数都是正数，而其他八个地区的经济质量指数在2010—2012年期间不同程度是以负数的形式体现。对于这一现象，下面以全面推进类经济系统、单一调整类经济系统和双重调整类经济系统的分类视角，探索地区经济质量形成机理。

表3.6.2　2010—2019年江苏分地区经济质量指数

年份	地区												
	南京	无锡	常州	苏州	镇江	南通	扬州	泰州	徐州	连云港	淮安	盐城	宿迁
2010	1.12	0.83	−0.86	1.25	−0.07	−0.66	−2.34	−0.24	−0.62	−1.31	0.44	0.73	−0.53
2011	1.27	0.96	−0.72	1.71	−0.05	−0.47	−2.01	−0.13	−0.42	−1.14	0.38	0.71	−0.04
2012	1.55	1.34	−0.14	2.04	0.30	−0.15	−1.39	0.26	−0.21	−0.79	0.67	0.89	0.45
2013	1.88	1.84	1.41	2.29	1.00	0.71	0.56	1.28	1.58	0.63	1.36	1.28	1.52
2014	2.44	2.00	1.50	2.52	1.22	0.89	0.91	1.48	1.42	0.77	1.56	1.59	1.69
2015	2.65	2.29	1.78	2.99	1.48	1.16	1.34	1.99	1.67	0.97	1.91	2.24	1.89
2016	3.63	2.76	1.98	3.43	1.74	1.61	1.93	2.74	1.92	1.09	2.63	2.79	2.35
2017	4.68	3.25	2.26	4.00	3.27	2.91	2.49	3.47	2.28	1.45	3.50	3.56	2.82
2018	5.44	3.59	2.66	4.69	3.81	4.62	2.44	4.08	2.99	1.92	4.45	4.74	3.68
2019	6.09	4.43	2.77	5.35	4.73	5.27	3.07	5.01	2.97	2.57	5.23	5.33	4.25

注：表中各个地区的经济质量指数针对各个地区的2010—2019年期间经济质量衡量指标体系的主成分分析而获得的，因此，同地区不同年度的指数具有可比较性。同年度不同地区之间的质量指数比较下文进行探讨。

1. 全面推进类经济系统地区的经济质量指数

全面推进类经济系统地区包括苏州、常州两个地区，其共性是在地方经济系统之下经济子系统都是地方经济质量的推进子系统。这种推进子系统作用的共同特征之一就是以子系统自身变化形态的方式影响经济系统的质量。

（1）苏州地区的经济质量指数。图 3.6.1 给出了苏州地区 2010—2019 年期间经济质量指数及子系统指数。

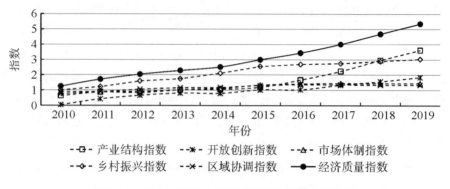

图 3.6.1　2010—2019 年期间苏州地区经济质量指数

苏州地区的经济质量指数从 2010 年的 1.25 随着时间推移平稳地增加到 2019 年的 5.35，其五个经济子系统运行质量都处于合意状态、子系统指数都大于零，这保证了其对经济质量的推进效应。

从经济质量五个子系统指数分布看：第一，在分布态势上，产业结构指数、乡村振兴指数递增趋势显著，开放创新指数次之，市场体制指数和区域协调指数演变趋势比较平缓。这五个子系统指数中，产业结构指数的演变趋势与地区经济质量指数基本趋同。第二，在分布的相对位置上，2010—2017 年期间，乡村振兴指数一直处于领先位置，高过其他四类子系统经济质量指数，2018 年和 2019 年的产业结构指数超过乡村振兴指数，处于领先位置。之所以如此，是因为产业结构指数自 2015 年起实现了从前期比较平稳增长到后期的快速提升，这是产业结构子系统综合运行的结果。不过其中主要的影响因素主要是工业废水排放强度、工业二氧化硫排放强度、工业烟尘排放强度等三类指标值的快速下降所致。其中，工业二氧化硫排放强度在 2014—2019 年期间，逐年递减状况分别是 17.16%、44.41%、38.54%、45.04%、28.51%。也就是说，工业减排类指标决定了地区产业结构调整和优化的强度和进程。开放创新指数、市场体制指数和区域协调指数都处于低位，并且相对平稳，这意味着苏州地区经济质量指数演变特征：2010—2017 年期间以乡村振兴为主色调，2018 年和 2019 年以产业结构转型升级为主色调，开放创新、市场体制及区域协调平稳性演变形成了地区经济质量提升的基本保障。

当然，苏州地区经济质量的子系统因素指数在2010—2019年期间都位于地区经济质量指数之下，这说明苏州地区子系统因素的协同推动经济质量提升效果比较高效。值得注意的是，苏州地区的区域协调指数从2010年的0.769逐步提升到2016年的1.368，然后逐年小幅回落，直到2019年的1.343。由此，我们可以把苏州地区经济质量形成的子系统综合指标分为两类：阶段性富有活力的综合因素（即产业结构、乡村振兴对应的因素）和阶段相对稳定的保障因素（即开放创新指数、市场体制指数和区域协调对应的因素）。也就是说，地区的经济发展、整体质量水平的提高受不同子系统的推动或制约，但是不同子系统在经济质量体系中所发挥的作用是有差异的，探究这些富有活力或相对平稳子系统的运行机理是提高经济系统运行质量的保证。

（2）常州地区的经济质量指数。图3.6.2分别给出了常州地区2010—2019年期间经济质量指数及子系统指数。

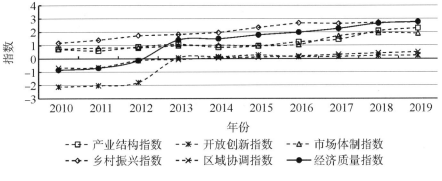

图3.6.2　2010—2019年期间常州地区经济质量指数

常州地区的经济质量指数从2010年的-0.86随着时间推移逐渐增加到2019年的2.77，其间经历了从2012年-0.14到2013年1.41的陡增，2013年后地区经济质量指数平稳递增。其间，开放创新、区域协调两个子系统指数分别在2010—2012年和2010—2013年小于零，这与当地的资本生产率（2010—2017年）、对外旅游业的经济贡献率（2010—2013年）、外贸依存度（2011—2017年）、外资利用率（2011—2015年）等指标连续下降以及二元对比系数、二元反差系数分别在2012年分别大幅度下降30.1%、39.6%直接相关。同时，由于两类子系统都呈现出推进的效应，在2010—2012年和2010—2013年期间拉低了当地的经济质量水平。

从经济质量五个子系统指数的分布形态看：第一，在分布态势上，产业结构指数、乡村振兴指数、开放创新指数和区域协调指数递增趋势明显，而市场体制指数分别在 2015 年和 2019 年相对于前一个年度表现出了下滑。第二，在分布的相对位置上，2010—2012 年连续三年呈现出乡村振兴指数位于市场体制指数之上、市场体制指数位于产业结构指数之上，并且都位于当地的经济质量指数之上。这说明在这段时间常州地区的乡村振兴、市场体制和产业结构拉动了地方经济质量的提升。2012—2018 年，乡村振兴指数依然位于地区经济质量指数位置之上，也就是说这段期间只有乡村振兴在拉动了地区经济质量的提升。

值得注意的是，2010—2019 年期间，常州地区的开放创新和区域协调经历了由负转正并具有相对低位运行的特征，这与当地资本生产率、对外旅游业的经济贡献率、外贸依存度、外资利用率以及二元对比系数、二元反差系数等指标后期缓步进入合意状态有关，推动了地区经济子系统之前的协同，实现了地区经济质量指数由 2012 年到 2013 年的陡增。总之，在这段时间内，常州经济发展主要是在产业结构、乡村振兴及市场体制等子系统内在高度协同的拉动作用，伴随着开放创新、区域协调等子系统的调整及优化，其逐渐趋于相对稳定的状态。

2. 单一调整类经济系统地区的经济质量指数

单一调整类经济系统地区包括南京、徐州、连云港、淮安、盐城、宿迁等六个地区，共性是在地区经济系统下，其市场体制是地区经济质量的调整子系统，是以逆转方式将市场体制效应融入经济系统来体现的。也就是说，当地区市场体制运行表现为正向效果或反向效果时，经济系统赋予市场体制的调整效应将反转这种正向效果（或反向效果）为反向效果（或正向效果）。产业结构、开放创新、乡村振兴、区域协调是地区质量的推进子系统，是以维持各子系统既定形态的效应融入经济系统的。

（1）南京地区的经济质量指数。图 3.6.3 给出了南京地区 2010—2019 年期间经济质量指数及子系统指数。

2010—2019 年间，南京地区经济质量指数从 2010 年的 1.12 逐步递增至 2019 年的 6.09。地区的五个经济子系统指数中，市场体制指数在 2012—2019 年期间始终小于零，这与该地区同期的经济波动率、城镇登记失业率、劳动力市场化、金融服务社会力度等基础指标的较大波动幅度所发挥的主导作用相关。值得注意的是，由于市场体制在五个经济子系统中对地区经济质量呈现出的调整效应，反而实现了地区整体经济质量指数的提升。

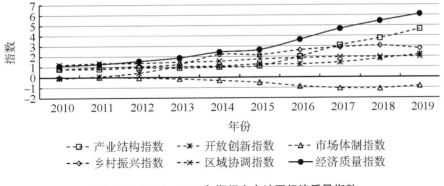

图3.6.3 2010—2019年期间南京地区经济质量指数

对比形成南京地区经济质量指数的产业结构、开放创新、市场体制、乡村振兴和区域发展五个子系统指数在时间维度上所呈现出的状况，我们发现，随着时间推移，该地区经济质量指数与产业结构指数的走势保持着高度的同步性。其原因值得推敲：我们注意到以2015年为分界点，前期地区产业结构调整优化比较平稳、后期调整优化强度明显提升。研究发现其主要原因与苏州地区类似，同样是工业废水排放强度、工业二氧化硫排放强度、工业烟尘排放强度等工业排放类指标优化进程提速所致，相对于2014年，2019年三类指标分别下降了12.6%、13.25%和32%，比苏州地区同类指标下降幅度更大。

相对于乡村振兴指数、开放创新指数震荡式波动，区域协调指数相对比较平稳，并且在2010年和2011年区域协调指数大于经济质量指数，其他子系统指数都小于同期经济质量指数。由此我们可以推断，南京地区在经济质量提升方面，2010—2019年期间产业结构调整领域的措施得力，并取得了良好的功效。乡村振兴和开放创新领域政策、举措等所能发挥的作用空间较强，而区域协调领域政策或举措更加注重效果的可持续性及稳定性，并且在2010年和2011年江苏区域协调拉动了地区经济质量的提升，在其他年份区域协调与其他子系统因素共同推动地方经济质量水平提升。

值得注意的是，市场体制指数自2012年以来就进入逐步递减的负指数阶段，趋势也比较明显，这意味着在提升地方经济质量的贡献上，南京地区的产业结构、开放创新、乡村振兴和区域协调以正向推进的方式发挥了作用，市场体制的经济质量调整效应同样推动了地区经济质量的提升。也就说，推进经济子系统持续向前发展是提升经济质量的一种有效措施。当然，在一定时期内，对于经济系统中发展过快或过缓的子系统，实施适度调整是必要的，这也是提升地区经济质量的有效手段。

（2）徐州地区的经济质量指数。图3.6.4给出了徐州地区2010—2019年期间经济质量指数及子系统指数。

经过2013年震荡提升和2014年小幅下行，徐州地区经济质量指数从2010年的-0.62上升到2019年的2.97，前后两个时间点对比，可以发现徐州地区经济质量指数在时间维度上提升幅度3.59，与南京地区相比相对较小。值得注意的是，徐州地区经济质量指数在2013年和2018年都有一个相对明显的提升，其原因值得研究。

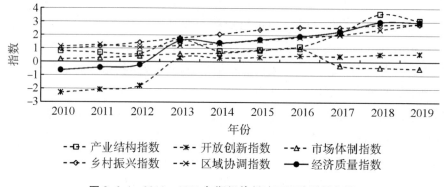

图3.6.4　2010—2019年期间徐州地区经济质量指数

当然，与南京地区相同，市场体制属于经济质量的调整子系统。值得注意的是，徐州地区开放创新指数和市场体制指数分别在2010—2012年和2017—2019年呈现出反向运行效果。显然，对于前者来说，推进子系统的地区经济质量作用机制会维持区域协调反向运行效果形态而拉低当地整体的经济质量水平；对于后者来说，调整子系统的地区经济质量作用机制会调整市场机制反向运行效果而拉抬地方经济质量的提升。

经济质量调整子系统市场体制指数的波动。以2016年为分界点，市场体制指数前期相对平稳地下行与后期相对快速下行，对比市场体制所有基础指标。相对于2016年，国有工业控制力、外商企业影响力两个指标值分别在2017减少和增加了80.21%、57.43%，是同类指标中变化幅度最大的，这两个指标的变化大幅度地降低了市场体制指数。此后，该指数的变化幅度又维持在一个较平稳的水平。

产业结构指数、开放创新指数的波动。其他四类子系统指数都不同程度地表现出递增趋势，值得注意的是，相对于地区的区域协调指数、乡村振兴指数较为稳定递增态势和处于较高位置的常态，产业结构指数、开放创新指数呈现出较强的震荡性和增长态势。开放创新指数分别在2013年和2018年达到两个峰值状态、开放创新指数则在2012—2013年阶段实现了陡增。①产业结构指数的波动。综合比较产业结构基础指标，波动幅度明显高过其他指标的依然是工业废水排放强度、工业二氧化硫排放强度、工业烟尘排放强度等工业排放类指标。相对于前一年，2013年工业二氧化硫排放强度降低了11.0倍；2017年三类指标分别降低了170.9%、51.8%、38.5%；2018年三类指标分别降低了14.1%、234.5%、113.4%，正是这类指标的大幅度波动导致了产业结构指数的波动。②开放创新指数的波动。综合比较开放创新基础指标的变动幅度及其对开放创新指数的影响方式，相对于2012年，对外旅游业的经济贡献率、外资利用率大幅度2013年分别下降了90.7%、24.7%，从而提升了开放创新指数，也实现了这个指数的正向化。

由此可以看出，在各类经济子系统中，往往存在着一些关键的基础指标变量，其在特定时间点上的变化会带来这个子系统优化的质变。比如，产业结构子系统中的工业排放类指标、开放创新子系统中的外向型指标、市场体制子系统中的国有工业控制力、外商企业影响力等。

（3）连云港地区的经济质量指数。图3.6.5给出了连云港地区2010—2019年期间经济质量指数及子系统指数。和徐州地区相似，连云港地区的经济质量指数经过2013年陡增，从2010年的-1.31逐步递增到2019年的2.57，首尾两年的跨度为3.88。在五个经济子系统中，开放创新子系统由于其资本生产率、对外旅游业的经济贡献率、外贸依存度、外资利用率等基础指标在2010—2012年期间较大幅度的波动（下行），造成了其同期指数小于零。类似的，市场体制子系统由于城镇登记失业率、劳动力市场化、国有工业控制力、财政支出的杠杆效应、金融服务社会力度等基础指标在2014—2019年期间较大幅度的波动（下行），其同期指数小于零。

从形成地区经济质量指数的子系统指数演变趋势看，市场体制指数呈现出明显的下行趋势，其他子系统指数以递增趋势为主，其中以产业结构指数递增趋势最为明显。

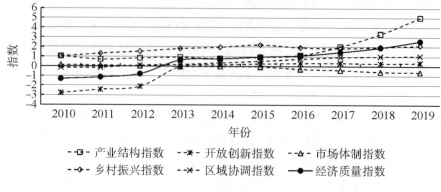

图 3.6.5　2010—2019 年期间连云港地区经济质量指数

从子系统因素指数所处的相对位置看，2013 年前，开放创新指数位于地区经济质量指数之下，其他则处于其之上，结合子系统因素的第一主成分权重，我们可以判断，正因为开放创新、市场体制子系统与产业结构、乡村振兴、区域协调子系统之间的不协调，这段时期地区经济质量指数小于零。2013 年及其后，产业结构指数和乡村振兴指数分阶段地位于地区经济质量指数之上，其他子系统因素指数位于地区经济质量指数之下，这个时期地区子系统处于协同的优化过程之中，阶段性过度依赖产业结构、乡村振兴子系统是连云港地区在经济质量提升过程中所执行的策略，当前应进一步强化地区产业结构子系统与其他子系统之间的协调程度，合理提升地区经济质量。

结合连云港地区产业结构子系统基础指标权重发分布状况，我们认为连云港地区整体经济质量提升在策略上与徐州地区的做法相似，主要是阶段性地强化地区产业结构、乡村振兴子系统。不同之处在于，近年来连云港地区在强化产业结构方面措施的强度更强，这样不利于子系统协同作用的发挥。为了实现地区产业结构与其他经济质量子系统的协同运行，连云港地区应充分注重第一产业比较劳动生产率的提升。

（4）淮安地区的经济质量指数。图 3.6.6 给出了淮安地区 2010—2019 年期间经济质量指数及子系统指数。

与徐州地区经济质量指数类似，经过 2013 年较为显著的提速，淮安地区经济质量指数从 2010 年的 0.44 相对较平稳地递增到 2019 年的 5.23，首尾两年的经济质量指数跨度为 4.80，幅度相对较大。在地区经济五个子系统当中，由于与徐州、连云港地区类似的原因，开放创新指数在 2010—

2012 年在低位运行。与南京、徐州等地不同之处表现在，淮安地区的市场体制子系统指数一直大于零，表现出该子系统（第一主成分权重为 - 0.0213）的调整效应属性，从而抑制地方经济质量的提升。

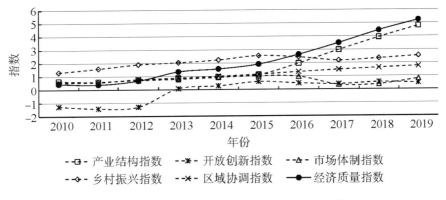

图 3.6.6　2010—2019 年期间淮安地区经济质量指数

从地区经济质量形成的五个子系统因素指数演变趋势看，演变趋势较为复杂的是市场体制指数，从 2010 年的 0.51 逐步递增至 2015 年 1.03 的最高点，再降至 2017 年的 0.35 最低点，最终递增至 2019 年的 0.80，整体上经历了一个完整的反"S"形严谨路径。这意味着淮安地区的市场体制机制在地方经济发展中作用的发挥呈现出不稳定性。其他四类子系统因素指数主体上的递增特征比较明显，其中尤为显著的是产业结构指数，乡村振兴、区域协调和开放创新指数递增相对较为平缓。

结合五个子系统因素的第一主成分权重，可以判断这五个子系统指数所处位置的合理性。2013 年以前，开放创新指数不仅位于地区经济质量指数的下方，还位于水平轴之下，这意味着同期开放创新的动力探索没有带来地方经济指数提升，反而起到相反的制约作用。市场体制指数与其第一主成分权重相违背，也制约着地方经济质量好转，所以可以判定，淮安地区这个时期五个子系统之间缺乏协同，并且以上两个子系统的运行抑制了地方经济质量的提升。2013 年及其后，开放创新发挥了推动地方经济质量提升的功效，但是维持在比较低位；当然，市场体制运行一直在阻碍着地方经济质量快速提升；直到 2016 年及其后五个子系统指数都分布在经济质量指数的下方，系统协调程度在加强，相对于比较平稳的乡村振兴、区域协调和开放创新，产业结构的经济质量提升功能更强。

针对淮安地区市场体制的经济质量调整属性及其自身的运行状态，我们认为，在当前的经济系统结构下，借助加强淮安市城镇登记失业率的控制、强化私营企业的社会劳动力吸收强度推动当地的劳动力市场化、加大金融服务社会力度、强化财政支出的杠杆效应等手段实现市场体制子系统与其他子系统之间的融合，以此来实现地区市场体制与其他经济子系统的协同发展。

（5）盐城地区的经济质量指数。图3.6.7给出了盐城地区2010—2019年期间经济质量指数及子系统指数。

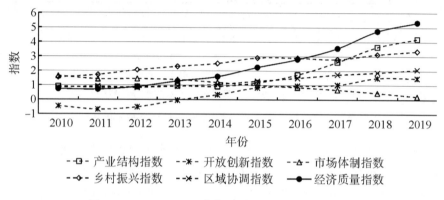

图3.6.7　2010—2019年期间盐城地区经济质量指数

与上述地区经济质量指数走势不同，盐城地区经济质量指数从2010年的0.73相对平稳地递增至2019年的5.33，2013年没有出现陡增的情况，首尾两个时间点的经济质量指数跨度为4.60，幅度相对较大。阶段性抑制地区经济质量提升子系统包括经济质量推进子系统开放创新和调整子系统市场体制。开放创新子系统由于在2010—2013年期间的基础指标资本生产率、对外旅游业的经济贡献率、外资利用率、地区中学生师比等较大幅度的波动下行，该期间的子系统指数小于零。市场体制子系统由于在2010—2019年期间的指数始终大于零，抑制了地区经济质量提升。

从形成地区经济质量指数的五个子系统指数运行趋势看，与上述地区经济子系统指数的变化波动性强不同，盐城地区经济质量子系统的指数变化趋势非常清晰。市场体制指数从2010年的1.640逐年递减到2019年的0.212，这种趋势比较显著。这不仅意味着作为地区经济系统中的调整子系统，标志着其属性的指数保持着持续性下降，还意味着该系统对地区经济质量抑制作用处于逐步降低之中，标志着该地区的市场体制处于不断优化过程中。乡村振兴、产业结构、区域协调、开放创新等四类子系统指数递增趋势比较鲜明,其中,产业结构指数递增趋势尤为明显;与其他苏北地区类似,相对于其他指数,乡村振兴指数较大,并且处于比较平稳的递增态势。这说明地区在乡村振兴方面的举措基本完备并且有效,保证了乡村振兴稳步推进。

在强化地区市场体制的地方经济系统融入方面,对照盐城地区市场体制基础指标的第一主成分权重,只有城镇登记失业率、金融服务社会力度的第一主成分权重小于零。也就是说,在当前的经济系统中,大力控制当地城镇劳动力失业率、提供更多的劳动岗位、提高劳动就业率,同时,提高当地金融服务机构的社会服务能力、提高资金社会利用率和周转率,进一步完善市场体制;当然,也可以平抑增速过快的一些可控变量,比如加强国有工业控制力、提升当地的财政预算收支平衡度,避免这些社会因素的过度提速,也是有效强化市场体制融入经济系统与其他子系统协调的重要手段。

(6)宿迁地区的经济质量指数。图 3.6.8 给出了宿迁地区 2010—2019 年期间经济质量指数及子系统指数。

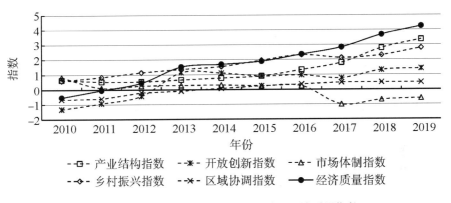

图 3.6.8 2010—2019 年期间宿迁地区经济质量指数

宿迁地区的经济质量指数从 2010 年的-0.53 经过 2013 陡增至 1.52 转入较为平稳的上升时期,直至 2019 年的 4.25,首尾两个时间点的地区经济质量指数跨度为 4.78,幅度较大。在地区经济质量推进子系统中,开放创新指数于 2010—2012 年期间、区域协调指数于 2010—2013 年期间负指数抑制了地区经济质量的提升,由于 2013 年开始,这个推进子系统指数转正,实现了 2013 年地区经济质量指数的陡增;当然,市场体制作为地区经济质量的调整子系统,在 2017—2019 年期间实现了指数逆转推动了地区经济质量水平的提升。

与南京及苏北其他地区相比，市场体制作为调整地区经济质量的子系统，其指数阶段性谷峰值和谷底值分别出现在 2010 年、2011 年、2014 年、2017 年和 2019 年 0.832、0.116 、0.305、−1.010、−0.583 频繁地波动。与此类似，地区推进经济质量的子系统中，除区域协调子系统指数波动相对平稳以外，宿迁地区其他推进经济质量子系统指数的波动性较强，尤其是开放创新子系统指数。这说明该地区这些经济子系统的运作一直处于摸索和改革的过程之中。

针对宿迁地区 2010—2012 年期间的开放创新、2010—2013 年期间的区域协调，以及 2010—2016 年期间的市场体制等子系统的经济质量抑制现象，之所以后期这些子系统的经济质量提升效应得以实现，是因为宿迁地区在资本生产率、对外旅游业的经济贡献率、外贸依存度等基础领域改善了开放创新子系统，在电力强度、人口流动率、二元对比系数、二元反差系数等基础领域改善了区域协调子系统，在城镇登记失业率、劳动力市场化、外商企业影响力、财政支出的杠杆效应、金融服务社会力度等基础领域改善了市场体制子系统。

3. 双重调整类经济系统地区的经济质量指数

双重调整类经济系统地区包括无锡、镇江、南通、扬州和泰州五个地区，共性是在地区经济系统下，其开放创新、市场体制是地区经济质量的调整子系统，产业结构、乡村振兴、区域协调是地区质量的推进子系统。

（1）无锡地区的经济质量指数。图 3.6.9 给出了无锡地区 2010—2019 年期间经济质量指数及子系统指数。

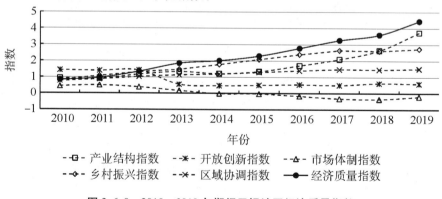

图 3.6.9　2010—2019 年期间无锡地区经济质量指数

无锡地区的经济质量指数从 2010 年的 0.83 随着时间推移逐渐增加到 2019 年的 4.43，上升态势比较平稳。当然这种相对平稳的地区经济质量指数上升态势取决于五个子系统的合力。

从经济质量五个子系统指数的分布形态看：第一，在分布趋势上，产业结构指数、乡村振兴指数和区域协调指数递增趋势明显，而开放创新指数和市场体制指数呈现下行态势，这两个子系统的下行态势说明无锡地区的经济调整系统是处于不断调整和优化过程之中的。这对于提升地区的经济质量是有利的。第二，在分布的相对位置上，2012 年是一个分界点，2010—2012 年期间，产业结构指数、开放创新指数和乡村振兴指数分别在 2010 年、2010—2012 年和 2011 年位于同年的地区经济质量指数之上（也就是大于经济质量指数），应该说这三类经济子系统在特定年份对地方经济质量提升的作用表现出拉动作用。当然，2012 年以后，五个经济子系统指数都在同年度地区经济质量指数的下方（也就是小于经济质量指数），此时各个子系统在特定年份对地方经济质量提升的作用表现为推动作用。

值得注意的是，两个经济质量调整子系统开放创新和市场体制随着时间推移，二者在对地方经济质量提升上的作用出现了变化：其中开放创新子系统伴随着时间推移始终发挥着抑制地区经济质量过快的作用；而市场体制在 2014 年后这种调整作用随着市场体制指数反转为负，其对经济质量提升上的作用由抑制转向推动。

（2）镇江地区的经济质量指数。图 3.6.10 给出了镇江地区 2010—2019 年期间经济质量指数及子系统指数。

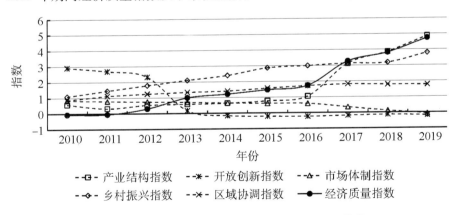

图 3.6.10　2010—2019 年期间镇江地区经济质量指数

和无锡相比，镇江地区的经济质量指数递增趋势呈现出鲜明特征，由2010年的-0.07经过2013年的1.00和2017年的3.27两个激增点最终达到2019年的4.73。值得注意的是，镇江地区五个经济子系统指数呈现为正数，而建立在这五个经济子系统基础之上的经济系统质量指数在2010—2011年的值却小于零，这正是因为开放创新和市场体制两个调整子系统存在并发挥作用的结果。这一点在接下来讨论的南通、扬州和泰州地区的经济质量指数中同样存在。

从经济质量五个子系统指数的分布形态上看：第一，各类子系统指数分布趋势与无锡地区基本相似，相对于乡村振兴指数和区域协调指数相对平稳的递增态势，地区产业结构指数递增幅度更大、震荡性更明显。其原因在于，相对于2016年，2017年地区的工业二氧化硫排放强度、工业烟尘排放强度分别大幅度下降了28.4%和22.2%。而开放创新指数和市场体制指数呈现下行态势。第二，在分布的相对位置上，2013年前期，五个子系统指数都严格位于当地经济质量指数之上，显然，其经济质量推进子系统产业结构、乡村振兴、区域协调拉动了当地经济质量水平的提升，而经济质量调整子系统开放创新、市场体制的经济质量提升功能的反转（尤其是同期子系统指数最高的开放创新子系统）直接导致地区经济质量指数小于零，且处于非合意状态。

结合镇江地区的经济质量指数和子系统指数，我们认为镇江在2010—2019年期间提升地方经济质量的举措表现为：调整了前期（2013年前）过分注重开放创新和市场体制两个子系统做法，同时强化了地区产业结构调整、乡村振兴并维持区域协调发展的举措，于在2013年初见成效。2014年以来地区在劳动生产率、外贸依存度、人均科技投入、地方科技研发投入程度、每万人专利授权数等基础领域指标上升态势的调整逐步实现了开放创新经济质量调整功能的反转，实现了推动地区经济质量提升的目的；通过适度控制城镇登记失业率、劳动力市场化、财政支出的杠杆效应、金融服务社会力度等基础指标的过快增速实现了市场体制经济质量调整功效逐步降低，推动了地区经济质量水平提升。

（3）南通地区的经济质量指数。图3.6.11给出了南通地区2010—2019年期间经济质量指数及子系统指数。

南通地区的经济质量指数与镇江地区的经济质量指数变化趋势相似，经过2013年和2017年的两个跳板从2010年的-0.66递增到2019年的 5.27。

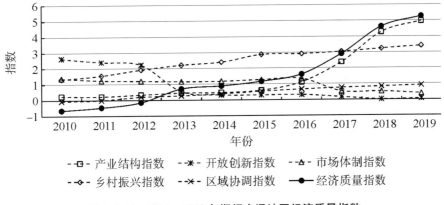

图 3.6.11　2010—2019 年期间南通地区经济质量指数

　　从该地区子系统主成分权重的比较中，我们发现相对于镇江地区，经济质量推进子系统的效应比经济质量调整子系统的效应相对差异更大，尤其是产业结构的推进效应 0.833，这当然有助于提升地区经济质量水平。

　　经济质量推进三子系统当中，乡村振兴、区域协调依旧处于比较平稳的递增态势，意味着这两个子系统基础指标变量始终处于相对平稳的变化之中，也标志着系统运行的成熟性；而产业结构同样还是递增幅度呈现出阶段性强劲的特征，比如 2016—2018 年期间，依然是受工业三类污染整治效果显著影响所致，相对于 2016 年，2018 年当地的工业废水排放强度、工业二氧化硫排放强度和工业烟尘排放强度大幅度下降 34%、41.9% 和 25.5%。

　　经济质量调整子系统中，开放创新指数在 2013 年发生明显的下行，而后处于相对稳定的下降态势，这当然是子系统各项基础指标共同运行的结果，其中影响强度较大是对外旅游业的经济贡献率、人均科技投入相对于 2012 年分别下降和提升了 76.9% 和 34.2%。市场体制指数在 2016—2017 年期间存在一个大幅度下降情况，其主要影响的因素是国有工业控制力下降了 71.1%，其他时间总体上处于相对平稳的下行态势中。

　　（4）扬州地区的经济质量指数。图 3.6.12 给出了扬州地区 2010—2019 年期间经济质量指数及子系统指数。

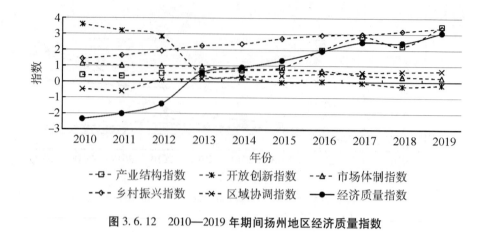

图 3.6.12　2010—2019 年期间扬州地区经济质量指数

扬州地区的经济质量指数与南通地区的经济质量指数变化趋势在2010—2013 年期间相似，2013 年以来变化比较平缓，经过 2013 年快速递增和 2017 年小幅下行，从 2010 年的 −2.34 递增到 2019 年的 3.07。这种质量指数变化趋势可以从推进和协调子系统的演变趋势中加以解读。

经济质量推进子系统。相对于乡村振兴指数、区域协调指数较为平稳的递增态势，产业结构指数以 2015 年为起点分别在 2017 年、2018 年经历了由增转降、由降转增三段式大幅度变化，这些变化是产业结构子系统综合运行的结果，其中工业废水排放强度、工业二氧化硫排放强度、工业烟尘排放强度大幅度变化带来了更强的影响：2015—2017 年期间，三项指标相较于 2015 年的下降了 53.1%、34.3% 和 11.2%；2017—2018 年期间，三项指标相较于 2017 年又分别提高了 2%、23.6% 和 30.7%；2018—2019年期间，三项指标相较于 2018 年的下降了 12.7%、73.5% 和 47.7%。应该说，工业转型类工业污染指标的改善严重影响了产业结构优化的性质，也正因为如此，地区经济质量指数也发生了类似于产业结构指数演变的趋势。值得注意的是区域协调指数在 2011—2012 年期间实现了由正转负的变化，其中影响较大的基础指标是资本密集度、二元反差系数，分别相对于2011 年增加了 13.8% 和下降了 7.68%，也正是因为区域协调指数在 2010—2011 年期间取值为负，这也是加大了地区经济质量曲线在 2012—2013 年期间陡增的原因之一。

经济质量调整子系统。相对于市场体制指数平稳地回落，开放创新指数在 2012—2013 年期间大幅回落，这与开放类基础指标显著下行直接相关。其中，对外旅游业的经济贡献率、外贸依存度、外资利用率相对于2012年分别下降了94.13%、19.79%和26.13%。这种大幅回落和区域协调指数在2011—2012年期间由负转正，共同促成了地区经济指数2012—2013年期间陡增。

值得肯定的是，进入2013年以来，镇江地区经济质量推进子系统和调整子系统都在各自合理轨道上平稳运行，但是产业结构调整和优化进程有待从维稳的角度多做文章。

（5）泰州地区的经济质量指数。图3.6.13给出了泰州地区2010—2019年期间经济质量指数及子系统指数。

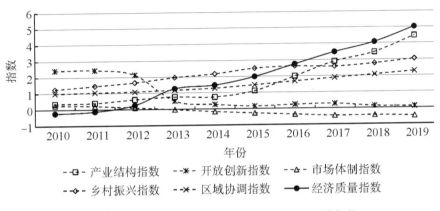

图 3.6.13　2010—2019 年期间泰州地区经济质量指数

泰州地区的经济质量指数2013年前与南通、镇江、扬州等地区的经济质量指数走势相仿，2013年以来与无锡地区的经济质量指数变化趋势相似，经过2013年较快速的递增，从2010年的-0.24逐步演变到2019年的5.01。为此，将要讨论的问题聚焦于2012—2013年期间经济质量指数的变化原因。

经济质量促进子系统。与南通、扬州等地区类似，乡村振兴、区域协调指数向好态势比较平稳，产业结构指数递增趋势波动幅度较为明显。这种波动增幅较大的依然是工业废水排放强度、工业二氧化硫排放强度、工业烟尘排放强度三个基础指标，相对于2014年分别下降了16.87%、74.57%和76.27%。应该看到，正是由于这类基础指标的突变，当地经济质量指数的明显提升。

经济质量调整子系统。显然，相对于相对平稳的市场体制指数，开放创新指数在 2012—2013 年期间的陡降是造成当地经济质量陡增的主要原因，而造成开放创新指数陡降的原因在于对外旅游业的经济贡献率、人均科技投入、地方科技研发投入程度相对于上年度增加了 11.88%、32.96%、15.95%，同时，外贸依存度、外资利用率、地区中学生师比等指标相对于上年度减少了 83.84%、46.42%、26.23%。

综上，江苏各地经济质量子系统都处于不断的动态变化之中，以 2013 年为界，之前部分地区的子系统变化的非合意性经常出现，之后地区各类子系统渐趋有利于经济质量提升的方向演变。综合比较起来，各地各类经济子系统演变趋势相对平稳的地区主要有南京、苏州、盐城三地。当然，相对来讲产业结构是各地区演变幅度较大的子系统，影响其演变强度的主要是工业排污类指标。开放创新子系统的演变有两种范式，以 2013 年为界，其一是由大变小，主要涉及的是双调整类经济系统的地区，具体包括无锡、镇江、南通、扬州、泰州等，主要表现在对外旅游业的经济贡献率、外资利用率、人均科技投入或每万人专利授权数等指标值的大幅度下降上。其二是由小变大，主要涉及的以单一调整类经济系统的地区，包括常州、徐州、连云港、淮安、盐城、宿迁等，同样表现在对外旅游业的经济贡献率、外资利用率、人均科技投入或每万人专利授权数等指标值的大幅度下降上。各地其他三类子系统总体上处于相对稳定合意演变状态，不过常州、南通、徐州、淮安、宿迁等地区的市场体制指数演变呈现出明显的不平稳，主要体现在国有工业控制力、外商企业影响力的提升上；扬州、宿迁的区域协调指数也表现出由负转正的状态，主要体现在二元反差系数的增大上。

（三）地区经济质量的基础指标解析

表 3.6.3 给出了 2010—2019 年期间江苏分地区经济质量基础指标的第一主成分权重。基于子系统因素的视角，考察江苏 13 个地区基础指标对地区子系统（因素）指数的影响，进而探讨这些基础性指标在地区经济质量提升方面的作用。

表 3.6.3　2010—2019 年江苏分地区经济质量基础指标第一主成分权重

分类指标	基础指标	代码	南京	无锡	常州	苏州	镇江	南通	扬州	泰州	徐州	连云港	淮安	盐城	宿迁
产业结构	第一产业比较劳动生产率	I11	0.006	-0.117	-0.272	-0.062	-0.003	-0.065	-0.109	-0.012	0.094	-0.047	-0.057	0.003	-0.054
	第二产业比较劳动生产率	I12	-0.010	-0.042	-0.012	-0.054	0.006	-0.022	-0.005	-0.021	-0.057	0.003	-0.024	-0.067	-0.014
	第三产业比较劳动生产率	I13	0.024	0.034	0.023	0.046	-0.017	0.017	0.007	0.001	-0.012	0.012	0.032	0.028	-0.021
	技术选择系数	I14	0.151	0.177	-0.034	-0.082	-0.057	-0.014	-0.172	-0.088	0.018	0.009	0.100	0.087	-0.016
	工业化进程	I21	0.007	0.006	-0.006	0.004	0.007	0.007	0.007	0.016	0.037	0.003	0.006	0.036	0.030
	私营化进程	I22	0.206	0.077	0.191	0.149	0.058	0.011	0.127	0.105	0.087	0.102	0.107	0.010	0.097
	工业废水排放强度	I23	0.347	0.334	0.517	0.433	0.307	0.191	0.339	0.399	0.603	0.349	0.517	0.445	0.136
	工业二氧化硫排放强度	I24	0.841	0.806	0.724	0.785	0.741	0.736	0.823	0.697	0.697	0.842	0.666	0.724	0.386
	工业烟尘排放强度	I25	0.326	0.429	0.309	0.398	0.592	0.645	0.388	0.579	0.360	0.396	0.512	0.513	0.905
	资本生产率	O11	-0.023	0.099	-0.052	-0.015	0.076	0.086	0.095	0.104	-0.128	-0.072	-0.088	-0.141	-0.079
	劳动生产率	O12	0.272	-0.350	0.218	0.304	-0.154	-0.228	-0.171	-0.215	0.204	0.208	0.280	0.217	0.240
开放创新	对外旅游业的经济贡献率	O21	-0.617	0.738	-0.856	0.023	0.914	0.871	0.814	0.705	-0.878	-0.867	-0.562	-0.091	-0.797
	外贸依存度	O22	0.066	0.047	-0.067	0.011	-0.041	0.084	0.155	0.325	0.134	-0.136	-0.136	0.038	-0.034
	外资利用率	O23	-0.059	0.285	-0.317	-0.550	0.247	0.245	0.436	0.394	-0.200	-0.277	-0.564	-0.707	0.036
	地区中学生师比	O31	-0.056	0.008	0.064	0.056	0.039	0.035	-0.030	0.079	0.013	0.087	0.099	-0.005	0.086
	人均科技投入	O32	0.469	-0.472	0.228	0.721	-0.201	-0.292	-0.121	-0.305	0.278	0.174	0.167	0.334	0.252
	地方科技研发投入程度	O33	0.185	-0.091	0.094	0.284	-0.007	-0.061	0.057	-0.113	0.116	0.057	-0.020	0.086	0.073
	每万人专利授权数	O34	0.528	0.092	0.218	0.034	-0.176	0.156	-0.255	-0.271	0.148	0.251	0.473	0.552	0.471

分类指标	基础指标	代码	南京	无锡	常州	苏州	镇江	南通	扬州	泰州	徐州	连云港	淮安	盐城	宿迁
市场体制	经济波动率	M11	-0.045	-0.138	0.007	0.092	0.543	0.070	0.064	0.079	0.095	0.248	0.065	0.109	0.044
	消费者物价指数	M21	0.159	0.209	-0.131	-0.221	0.165	0.105	0.189	0.173	0.030	0.182	0.092	0.145	0.076
	商品零售价格指数	M22	0.089	0.136	-0.098	-0.140	0.127	0.089	0.135	0.249	0.030	0.138	0.068	0.116	0.057
	城镇登记失业率	M31	-0.312	-0.444	0.244	0.559	-0.252	-0.153	-0.310	-0.447	-0.029	-0.436	-0.226	-0.256	-0.192
	劳动力市场化	M32	-0.839	-0.496	0.288	0.563	-0.262	-0.044	-0.462	-0.505	-0.048	-0.509	-0.330	0.003	-0.198
	国有工业控制力	M41	0.253	0.669	0.888	0.281	0.416	0.884	0.509	-0.267	0.902	-0.056	0.577	0.706	0.518
	外商企业影响力	M42	0.209	0.022	-0.090	-0.084	0.097	0.240	0.212	0.442	-0.363	0.259	0.309	0.223	-0.765
	财政支出的杠杆效应	M51	0.093	0.133	0.103	-0.223	0.205	-0.044	0.093	-0.019	-0.066	-0.279	-0.304	0.071	-0.036
	财政预算收支平衡度	M52	0.098	0.035	-0.117	-0.027	0.209	0.294	0.484	0.275	0.124	0.360	0.399	0.360	0.166
	金融服务社会力率	M53	-0.193	-0.093	0.099	0.397	-0.512	-0.151	-0.293	-0.324	-0.144	-0.399	-0.378	-0.453	-0.175
乡村振兴	农业劳动生产率	R11	0.294	0.246	0.308	0.265	0.378	0.297	0.308	0.362	0.421	0.465	0.310	0.235	0.200
	农业电力强度	R12	0.156	0.020	0.199	0.083	0.204	-0.006	0.052	0.042	0.222	0.174	-0.024	-0.004	-0.168
	农业机械动力功率	R13	-0.155	-0.171	-0.293	-0.220	-0.268	-0.065	-0.122	-0.148	-0.240	-0.072	0.039	0.003	-0.087
	林业发展潜度	R21	0.598	-0.087	-0.023	-0.014	0.029	-0.037	0.013	-0.253	-0.058	-0.233	0.044	0.025	-0.099
	化肥施用强度	R22	0.019	0.014	-0.044	0.062	0.052	0.035	-0.015	0.088	0.136	0.056	0.038	0.071	0.053
	人均公共图书馆藏书量（册）	R31	-0.342	0.368	0.407	0.450	0.248	0.322	0.414	0.410	0.204	0.296	0.539	0.438	0.500
	小学生师比	R32	0.033	-0.059	-0.032	-0.216	-0.024	0.046	-0.082	0.138	-0.252	-0.068	-0.030	0.152	-0.249
	农业财政资本密集度	R41	0.366	0.168	0.447	0.246	0.417	0.304	0.377	0.355	0.334	0.305	0.323	0.452	0.392
	城乡社区事务财政资本集度	R42	0.353	0.682	0.321	0.504	0.472	0.685	0.508	0.366	0.463	0.008	0.305	0.444	0.477
	城乡居民收入比	R43	0.087	0.063	0.135	0.089	0.122	0.131	0.155	0.166	0.158	0.242	0.209	0.163	0.165
	农村居民人均纯收入	R51	0.234	0.355	0.372	0.366	0.349	0.317	0.363	0.384	0.337	0.461	0.413	0.373	0.303
	农村常住人口人均生活消费支出	R52	0.234	0.355	0.372	0.366	0.349	0.317	0.363	0.384	0.337	0.461	0.413	0.373	0.303
	农村居民恩格尔系数	R53	0.118	0.117	0.112	0.176	0.153	0.138	0.146	0.058	0.103	0.148	0.161	0.131	0.088

分类指标	基础指标	代码	南京	无锡	常州	苏州	镇江	南通	扬州	泰州	徐州	连云港	淮安	盐城	宿迁
	电力强度	H11	0.185	0.323	0.081	0.042	0.089	0.042	0.009	0.101	-0.081	-0.387	-0.024	-0.308	-0.461
	资本密集度	H12	0.757	0.856	0.742	0.781	0.893	0.779	0.593	0.966	0.674	0.883	0.969	0.820	0.637
	人口密度	H13	0.051	0.032	0.020	-0.004	0.024	-0.264	0.002	0.003	-0.013	0.020	0.029	0.000	0.026
	区域发展差异系数	H21	0.099	-0.225	0.009	-0.244	-0.146	0.121	0.060	0.058	-0.007	0.091	0.121	0.043	0.111
区域协调	人口流动率	H22	-0.062	-0.050	-0.029	-0.110	0.024	0.004	0.007	0.010	-0.018	-0.027	-0.008	-0.006	-0.027
	城镇化率	H31	0.052	0.085	0.109	0.114	0.138	0.143	0.085	0.137	0.109	0.152	0.178	0.146	0.124
	二元对比系数	H32	0.467	-0.085	-0.494	0.133	0.167	-0.445	-0.473	0.046	0.507	-0.153	-0.103	0.181	-0.445
	二元反差系数	H33	0.395	0.307	-0.432	0.535	0.354	-0.299	-0.643	0.180	0.519	-0.122	-0.048	0.420	-0.395

注：表中各个地区的经济质量基础指标第一主成分权重源于每个地区的2010—2019年期间经济质量衡量指标体系的主成分分析。只有这样，本地区各基础指标主成分权重的比较才具有实际意义。表中每个子系统基础指标权重中3个黑体数据和3个斜体数据分别代表同一子系统中前三位和后三位的权重。

1. 产业结构子系统

在基础指标助推产业结构指数提升方面，工业二氧化硫排放强度、工业废水排放强度、工业烟尘排放强度等揭示经济转型环境效应的三个基础指标，其第一主成分权重远高于本地区其他基础指标的第一主成分权重，这意味着，绿色、节能减排是2010—2019年期间江苏各地区产业结构转型的主旋律。在基础指标抑制产业结构指数提升方面，第一产业比较劳动生产率、第二产业比较劳动生产率、技术选择系数主体上以小于零或接近于零的方式出现，这意味着江苏各地区的第一、二产业的劳动生产率正在逐步走向临界、或已经跨越临界（最优效率值）。换句话说，江苏大部分地区的第一、二产业劳动生产率正趋于相对理想稳定（驻）点，地区劳动力被重视程度逐渐高于对资本的重视。另外，无锡、镇江、南通、扬州、泰州等地区的技术选择系数值较小或小于零，这应该是地区产业结构第一主成分权重系数小于零的原因。

2. 开放创新子系统

各个地区的基础指标第一主成分呈现出相对复杂的特征，13个地区之间在开放创新方面各有特色。不过，如果把视角分别聚焦于苏中和苏北地区，共性则稍微明显一些。苏中以及苏南的镇江这四个地区对外旅游业的经济贡献率、外资利用率两个方面在推动地区开放创新方面贡献较为明显，而劳动生产率和人均科技投入则是滞后于地方开放创新的进程。苏北地区在劳动生产率、人均科技投入和每万人专利授权数等方面有力地推动了当地开放创新进程；资本生产率、对外旅游业的经济贡献率、外资利用率等方面的约束限制了地区开放创新进程。以上两点说明，苏北地区的内力打造与升华是推动地方经济质量不断提升的重要动力之源，比较而言，其外部因素的合理化利用在一定程度上没有发挥出较强的经济质量提升功效。这一点恰好与苏南和苏中地区形成较为鲜明的对比。

3. 市场体制子系统

基础指标助推市场体制指数提升的共性指标主要分布于苏南的镇江、苏中和苏北共九个地区，财政预算收支平衡度是推动当地市场体制完善的共同指标，也就是说，地区财政预算收支平衡保证了地区市场体制的健康发展，也很好地推动了地区经济质量水平的提升。除此以外，国有工业控制力在大部分地区（除了泰州和连云港以外）在维持地区健康的市场体制上都发挥出了比较显著的作用。

基础指标抑制市场体制指数提升方面。江苏大部分地区（除了常州和苏州以外）的城镇登记失业率、劳动力市场化以及金融服务社会力度等指标都表现出抑制地区市场体制指数上升的特征。与之形成对比的是，常州和苏州两个地区的上述三类指标都呈现出了较强拉动地区市场体制指数上升的功效，而抑制或助推效应较小的消费者物价指数、商品零售价格指数、外商企业影响力、财政支出的杠杆效应、财政预算收支平衡度等基础指标对于其他地区而言，却发挥着较为重要的作用。这也正是常州和苏州两个地区的市场体制第一主成分权重大于零、其他地区市场体制第一主成分权重小于零的原因。因此，在优化市场体制推动地方经济质量提升上，应针对地区分类给出对策。常州和苏州以外的地区，在推动市场体制促进地区经济质量提升方面，扩大就业、保证民营或私营企业就业相对份额、增强金融机构资金的社会服务强度是当前和今后一段时间需要强化的措施。

4. 乡村振兴子系统

在推动或抑制乡村振兴方面，该子系统呈现出共性的基础指标不明显，不过局部共性指标也是相对比较明显的。

助推乡村振兴指数提升的基础指标。城乡社区事务财政资本密集度、农业财政资本密集度、人均公共图书馆藏书量（册），以及农村常住人口人均生活消费支出等指标在一定的地区范围内都呈现出较强的促进乡村振兴的功能。从四个指标的领域分布来看，当前江苏大部分地区的乡村振兴主要依赖于地方财政的有效扶持，农村物质及精神文明程度的提高也是推动地方乡村振兴的重要表现。

抑制乡村振兴指数提升的基础指标。农业机械动力功率、林业发展潜力（南京除外）、小学生生师比等指标表现出对地区乡村振兴指数抑制的效应。这意味着，在提升地区经济质量上，这些地区应该加快推进农业机械化的程度、合理布局林业、强化基础教育资源的合理配置。

5. 区域协调子系统

基础指标助推区域协调指数提升。资本密集度是提高各地区区域协调指最为重要的指标，这意味着江苏13个地区经济发展的资本密集化进程有效地推动了区域协调。除此以外，其他指标在正向助推区域协调上作用的共性并不明显。但分区域看，城镇化率正向助推苏中地区的区域协调特征比较显著。

基础指标抑制区域协调指数提升。苏南地区的人口流动率、苏中地区的人口密度和二元对比系数、苏北地区的电力强度呈现出较为一致的抑制当地区域协调指数上升的效应。这意味着加强地区的区域协调，苏南地区的人口流动状况、苏中地区的人口区域分布和第一产业的相对劳动生产率、苏北地区的电力（能源）利用效率是当前和今后一定时期内要加以调整和改善的主要领域。

二、地区间经济质量

地区间经济质量是通过对江苏省 13 个地区同一年份的经济系统运行状况的比较，获取地区间经济运行质量的对比情况，并在此基础上，形成 2010—2019 年期间每年的地区经济质量对比，从中揭示地区质量的相对稳定性状况及形成的原因。在分析逻辑上，遵循地区间经济质量子系统指标第一主成分权重分布特点、地区间经济质量指数分布及子系统质量指数分布、基础指标运行特征的思路。在分析策略上，首先，较为详细地分析基年 13 个地区经济运行质量呈现的状态、对比情况及关键影响（形成）因素；其次，纵观 2010—2019 年每年地区间经济质量排序发生变化或维持既定顺序，总结年度之间经济质量形成中存在的共性因素；最后，在必要的条件下，针对特定地区经济质量所呈现的异质性特征再进行单独阐明。

（一）地区间经济质量的子系统指标解析

表 3.6.4 给出了截面视角下 2010—2019 年江苏地区间经济质量子系统因素第一主成分权重。显然，2010—2019 年期间的各个年度，形成地区经济质量的五个子系统因素（经济质量子系统）的第一主成分权重都呈现出较为一致的特征：开放创新子系统和乡村振兴子系统与地区经济质量指数相关性较高，其第一主成分权重系数总体上都在 0.5 以上（只有 2013 年乡村振兴的第一主成分权重小于 0.5，为 0.452），其他三个子系统与地区经济质量指数相关性相对较低，其第一主成分权重总体上都小于 0.5（只有 2012 年区域协调的第一主成分权重大于 0.5，为 0.569）。如果对五个子系统第一主成分权重进行大小排序的话，一个较为显著的特征是开放创新、乡村振兴、区域协调处于第一主成分从大到小的位置，而市场体制、产业结构第一主成分权相对较小（都在 0.3 以下），并且二者在大小比较上，不同年份之间也会有所交错。

表 3.6.4　2010—2019 年江苏省地区间经济子系统因素第一主成分权重

时间 子系统指标	2010	2011	2012	2013	2014	2015	2016	2017	2018	2019
产业结构	0.109	0.185	0.217	0.062	0.128	0.105	0.081	0.008	-0.011	0.021
开放创新	0.680	0.649	0.522	0.736	0.691	0.699	0.704	0.691	0.710	0.706
乡村振兴	0.619	0.584	0.570	0.452	0.524	0.534	0.552	0.563	0.574	0.580
区域协调	0.373	0.382	0.569	0.475	0.450	0.438	0.433	0.405	0.401	0.389
市场体制	0.055	0.240	0.247	0.155	0.169	0.152	0.075	0.205	0.076	0.112

注：表中各年份的经济质量子系统指标第一主成分权重是基于 2010—2019 年期间不同年度所有地区的经济质量衡量指标进行主成分分析所获得的，因此，本年度的子系统指标主成分权重的比较是具有实际意义的。表中黑体数据是一个年份五个子系统经济质量指标第一主成分权重中较大的 2 个值，斜体数据是该年份五个子系统经济质量指标第一主成分权重中较小的值。

从地区经济质量子系统第一主成分权重分布态势看：一方面，不同年份，江苏省各个地区在产业结构、开放创新、乡村振兴、区域协调、市场体制都表现出较为稳定类似的运行态势，这标志着每年江苏各个地区经济保持着稳态发展模式。另一方面，在维持和提升地区间经济质量上，开放创新、乡村振兴、区域协调在地区经济发展中在 2010—2019 年期间一直强有力地推动着地区经济的发展，产业结构、市场体制在地区经济发展中的效应相对较为稳定。换句话说，江苏各地在 2010—2019 年期间，在保证产业结构较为平稳发展、市场体制维持相对稳定的前提下，开放创新、乡村振兴、区域协调是影响各地有效地推进了地区经济的发展、经济质量提升的主要经济活动。

时间维度上，产业结构（江苏各地区）、乡村振兴（苏南、苏中地区）、开放创新（苏北地区）是地区提升当地经济质量的主要抓手，市场体制则是各地维持各地经济质量提升较为稳定的推进或调节手段；截面维度上，开放创新、乡村振兴、区域协调是三类推进地区间质量提升的主要方式，产业结构和市场体制则是两类相对稳定的推动地区经济质量提升的举措。两相对比，同一个子系统，如产业结构，在时间维度上是提升地区经济质量的重要手段，而在空间维度上却在提升地区经济质量上发挥的是较为稳定的作用，其原因在于，对于单一地区来说，时间维度上其产业结构转型升级幅度显著，而对于所有地区来讲，在同一年度，地区之间产业结构系统维持着较为一致的运行特征。也就是说在，时间维度上江苏各地区推动其产业结构优化的力度、程度、产业结构转型升级的步伐相对一致，在提升地区产业结构优化的同时，也推动了地区产业结构整体的共同平稳升级，这种共同平稳的地区间产业结构升级也相对平稳地助推了地区经济质量的提升。相同的思路，我们可以解读其他四个子系统因素的地位：

开放创新。无锡、镇江、南通、扬州、泰州的开放创新作为经济质量的调整子系统，南京、常州、苏州、徐州、连云港、淮安、盐城、宿迁的开放创新作为经济质量推进子系统，在时间维度上的调整与推进经济质量的效应相伴，这并没有改变开放创新始终显著地推动地区间经济质量提升的作用。

乡村振兴与区域协调。乡村振兴与区域协调作为江苏各地区经济质量提升的推进子系统，保证了分年度这两个分子系统对地区经济质量提升的促进作用。

市场体制。市场体制是常州、苏州经济质量提升的推进子系统，同时也是其他地区经济质量的调整子系统，在时间维度上的共存对各地区维持相对稳定的地区间经济质量提升起到了推动作用。

（二）地区间经济质量

表 3.6.5 给出了 2010—2019 年期间每年江苏省 13 个地区彼此之间经济质量指数及年度排名。

地区间经济质量水平的比较。以 2010 年为例，江苏 13 个地区间比较的经济质量指数，苏南的苏州地区经济质量指数为 7.71，为当年的最高值；苏北的宿迁地区经济质量指数是 1.22，为当年的最低值。年度地区间经济质量指数排名苏南 5 个地区处于领先地位，苏州、无锡、南京、常州、镇江分别处于第 1 到第 5 的位置；苏中 3 个地区处于中游，扬州、南通、泰州分别处于第 6 到第 8 的位置；苏北 5 个地区处于下游，盐城、连云港、徐州、淮安、宿迁分别处于第 9 到第 13 的位置。纵观 2010—2019 分年度分地区经济质量指数的分布状况，我们发现：不同年份各地区的经济质量指数值一直处于不断的变化过程当中，但是地区之间相对的经济质量指数值比较地位却维持着相对稳定的态势。从区域分布看，苏南地区经济质量指数高于苏中地区、苏中地区的经济质量指数高于苏北地区。从单一地区比较来看，苏南 5 个地区每个年度之间，其经济质量指数的高低排序比较稳定，从高到低的次序一直是苏州、无锡、南京、常州、镇江；苏中 3 个地区每个年度之间，其经济质量指数排名的变化主要发生在南通和扬州之间，泰州一直处于第 8 的位置。2010—2012 年和 2019 年扬州处于南通之上，其他年份（2013—2018 年）则是南通经济质量指数高于扬州，处于第 6 的位置；苏北 5 个地区每个年度之间，其经济质量指数排名中，盐城地区的经济质量指数较为稳定，一直处于第九的位置；宿迁地区在 2010—2018 年期间一直处于第 13 的位置，2019 年提升到第 11 位置；淮安地区只是在 2015 年其经济质量指数发生变化，提升到第 11 位置，其他年份都处于第 12 的位置；徐州地区在 2010—2014 年经济质量指数排名第 11；2015—2019 年排名一直处于第 10 的位置；连云港地区的经济质量指数排名波动较为频繁，多数年份处于第 11 的位置。总体看来，虽然每个地区经济质量指数在不同年份呈现出不同数值，但是其综合排名是相对较为稳定的。这也说明江苏省 13 个地区经济运行环境、运行的体制机制是相对稳定的。

空间维度经济质量的比较。为了实现地区间经济质量指数的年度之间的可比性，仿照极差的概念，提出极商的概念。所谓极商是指当研究的数据类型性质相同（同为正数或同为负数）的条件下，同一组中最大数值的数除以最小数值的数的商，称为这组数的极商。极商避免了原数值单位的影响从而达到可比较的效果。鉴于江苏省 13 个地区间经济质量指数区域分布特征鲜明，为此，设计了反映苏南地区内部、苏中地区内部、苏北地区内部、苏中与苏南之间、苏北与苏中之间的经济质量指数极商。前三种极商是指区域内部最高地区经济质量指数与最低地区经济质量指数的商；苏中与苏南之间经济质量指数极商是指苏南地区年度最小的经济质量指数与苏中地区年度最大的经济质量指数的商（以此来反映苏中经济质量水平距离苏南的程度）；苏北与苏中之间经济质量指数极商是指苏中地区年度最小的经济质量指数与苏北地区年度最大的经济质量指数的商（以此来反映苏北经济质量水平距离苏中的程度）。结果如图 3.6.14 所示。

表 3.6.5　2010—2019 年江苏地区间经济质量指数及排名

地区	2010 指数	2010 排名	2011 指数	2011 排名	2012 指数	2012 排名	2013 指数	2013 排名	2014 指数	2014 排名	2015 指数	2015 排名	2016 指数	2016 排名	2017 指数	2017 排名	2018 指数	2018 排名	2019 指数	2019 排名
南京	4.55	3	5.02	3	4.88	3	5.17	3	5.64	3	5.72	3	5.60	3	6.69	3	5.96	3	6.06	3
无锡	5.68	2	6.10	2	6.66	2	6.74	2	7.04	2	6.73	2	6.83	2	7.85	2	6.95	2	6.89	2
常州	3.81	4	4.44	4	4.37	4	4.18	4	4.54	4	4.36	4	4.05	4	4.37	4	3.73	4	4.08	4
苏州	7.71	1	8.00	1	8.52	1	10.43	1	10.31	1	10.47	1	10.58	1	10.01	1	10.18	1	10.12	1
镇江	3.44	5	3.80	5	4.03	5	3.57	5	3.90	5	3.80	5	3.60	5	3.70	5	3.61	5	3.92	5
南通	3.05	7	3.53	7	3.12	7	3.24	6	3.34	6	3.31	6	2.99	6	3.02	6	2.75	6	2.73	7
扬州	3.12	6	3.66	6	3.38	6	2.84	7	3.22	7	3.00	7	2.86	7	2.91	7	2.72	7	2.89	6
泰州	2.21	8	2.55	8	2.42	8	2.28	8	2.44	8	2.48	8	2.43	8	2.42	8	2.20	8	2.37	8
徐州	1.49	11	1.77	11	1.78	10	1.83	11	1.95	11	1.89	10	1.82	10	2.02	10	1.82	10	1.99	10
连云港	1.69	10	1.79	10	1.74	11	1.98	10	2.00	10	1.79	12	1.71	11	1.74	11	1.59	11	1.39	13
淮安	1.30	12	1.50	12	1.62	12	1.65	12	1.94	12	1.87	11	1.65	12	1.64	12	1.47	12	1.56	12
盐城	1.81	9	2.05	9	1.89	9	2.10	9	2.33	9	2.32	9	2.26	9	2.30	9	2.12	9	2.16	9
宿迁	1.22	13	1.28	13	1.34	13	1.61	13	1.82	13	1.56	13	1.45	13	1.54	13	1.47	13	1.62	11

注：表中各个地区的经济质量指数针对 2010—2019 年期间每个年度的江苏省 13 个地区彼此之间的经济质量衡量指标体系的主成分分析而获得的，因此，同年度不同地区的质量指数存在可比性。

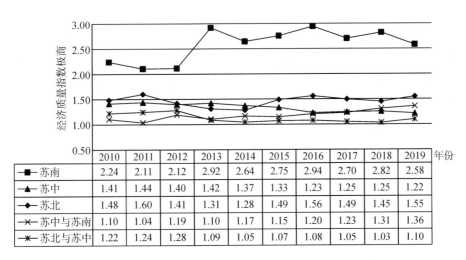

年份	2010	2011	2012	2013	2014	2015	2016	2017	2018	2019
■ 苏南	2.24	2.11	2.12	2.92	2.64	2.75	2.94	2.70	2.82	2.58
▲ 苏中	1.41	1.44	1.40	1.42	1.37	1.33	1.23	1.25	1.25	1.22
◆ 苏北	1.48	1.60	1.41	1.31	1.28	1.49	1.56	1.49	1.45	1.55
✕ 苏中与苏南	1.10	1.04	1.19	1.10	1.17	1.15	1.20	1.23	1.31	1.36
✱ 苏北与苏中	1.22	1.24	1.28	1.09	1.05	1.07	1.08	1.05	1.03	1.10

图 3.6.14　2010—2019 年江苏地区间经济质量指数极商

三大区域内部经济质量整体走势。在地区间经济质量指数的极商分布态势和时间走势上，苏南地区内部经济质量指数的悬殊远超过苏北地区、苏北地区内部经济质量指数的悬殊总体上超过了苏中地区。2010—2019 年期间，苏南地区的经济质量指数极商均值是 2.58，最大值出现在 2016 年（值是 2.94），最小值出现在 2011 年（值是 2.11）。变异系数是 0.117，这说明其波动趋势相对较为平缓，从其走势来看，表现出较为平稳的波动态势。2010—2019 年期间，苏北地区的经济质量指数极商均值是 1.46，最大值出现在 2011 年（值是 1.60），最小值出现在 2014 年（值是 1.28）。变异系数是 0.067，其波动趋势比较平缓。2010—2019 年期间，苏中地区的经济质量指数极商均值是 1.33，最大值出现在 2011 年（值是 1.44），最小值出现在 2019 年（值是 1.22），变异系数是 0.062，这说明苏中地区的经济质量指数极商波动幅度比较小，同时，从其走势来看，其下行趋势相对明显。综上，我们可以看出，从地区的地理区位分布来看，江苏三大区域的各自内部地区彼此之间经济质量水平以苏南内部差异最大、苏北次之、苏中最小，并且各自内部呈现出相对稳定的均衡状态，并且苏中内部地区之间经济质量水平的差距存在逐步缩小的态势。

三大区域间经济质量整体走势。比较苏中与苏南地区经济质量指数极商①和苏北与苏中地区经济质量指数极商，我们发现，2010—2012年期间，前者小于后者；2013—2019年是前者大于后者。从二者的演变趋势看，苏中与苏南地区经济质量指数极商存在着随时间变化有扩大的趋势，而苏北与苏中地区经济质量指数极商存在着随时间变化处于相对稳定的态势。在苏南地区经济质量提升的相对速度超过苏中地区、苏中与苏北地区经济质量维持相对稳定态势下运行，势必会带来苏南与苏中、苏北地区间经济质量的不平衡，这是值得思考的问题。不过幸好的是，2010—2019年期间苏中与苏南地区经济质量指数极商的均值是1.19、变异系数是0.078，而其2013—2019年的均值是1.22、变异系数是0.069，也就是说，苏中与苏南地区的经济质量水平的差异依然处于可控状态。

地区间经济质量提升的重点领域。附图1~附图10给出了2010—2019年期间江苏省13个地区每年经济质量的产业结构指数、开放创新指数、乡村振兴指数、区域协调指数和市场体制指数，即地区经济质量子系统指数。纵观各地区每年的经济质量子系统指数图，可以发现一些类似的特征，苏南地区在子系统上表现出的经济质量指数普遍高于苏中和苏北地区。值得注意的是，在形成经济质量的五个子系统当中，开放创新、乡村振兴和区域协调子系统的经济质量贡献明显处于突出的地位，因此，其也是苏南地区经济质量优于苏中和苏北地区的主要因素。为了有效提升地区间经济质量、实现地区间经济质量的相对稳定并逐步缩小彼此之间的距离，在注重经济质量五个子系统协调运行的同时，还应着力于解决这三个领域的地区间差异。当然，相对于以上三个子系统，不同地区的产业结构、区域协调两个子系统指数彼此悬殊比较小，因此进入2013年以来，各地这两个子系统指数更趋稳定，这意味着江苏各地区在常规的重点产业结构领域、常规的经济运行质量市场体制制度方面彼此之间存在着较强的关联性、模仿性。鉴于以上特征，下面基于基础指标的视角，以2019年为例，对江苏各地区间经济质量指数特征进行比较分析（见图3.6.15）。

①　苏中与苏南地区经济质量指数极商是指苏南地区当年最低的经济质量指数与苏中地区当年最高经济质量指数的商。

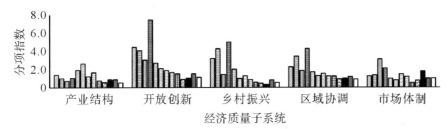

图 3.6.15　江苏省 2019 年各地区经济质量子系统指数

（三）地区间经济质量的基础指标解析

在前面的研究中，我们发现，江苏各地区经济质量五个子系统的第一主成分权重系数都大于零（除了 2018 年产业结构子系统第一主成分权重系数小于零并接近于零），这意味着各子系统在地区经济质量提升上的主体作用是推进作用。在各子系统第一主成分权重系数既定的条件下，年度地区间经济质量指数主要取决于子系统质量指数。我们知道，子系统质量指数源于各地区基础指标的取值及年度地区间基础指标的主成分权重，地区年度基础指标都是（经过正向化的）大于零的取值。此时，年度地区间基础指标主成分取值直接影响年度地区间经济质量子系统质量指数，较大正向的主成分权重代表着该指标提升子系统质量系数功能较强，较小正向的主成分权重代表着该指标某种程度制约了子系统质量系数提升的功能，负向的主成分权重代表着该指标抑制了子系统质量系数的提升。由此，我们可以推定，年度地区间基础指标权重正向作用于地区的经济质量指数，其对应的经济行为直接推动地区经济质量的提升（2018 年产业结构子系统性能反之）。表 3.6.6 给出了 2010—2019 年江苏省地区间经济质量基础指标第一主成分权重。

1. 产业结构领域的对策分析

单从 2019 年江苏各地区间产业结构指数分布情况看，南通、镇江、泰州的指数处于前三位，分别是 2.64、1.92 和 1.67；苏北五个地区的产业结构指数相对较低，都低于 1。其中连云港和宿迁地区的产业结构指数处于后两位，分别是 0.58 和 0.52。

纵观 2010—2019 年各地区经济质量基础指标第一主成分权重分布状况，显著提升产业结构质量水平指数主要分布在私营化进程、工业二氧化硫排放强度、工业烟尘排放强度等领域。显著阻碍（或制约）因素主要分布在第一产业比较劳动生产率、第二产业比较劳动生产率等领域。再结合2019年江苏13个地区产业结构基础指标的均值化数据（表3.6.7），我们可以针对性地给出2019年江苏主要地区产业结构质量水平提升的对策。

从产业结构指数居前的南通、镇江、泰州三个地区看，其优势基础指标主要分布于工业二氧化硫排放强度、工业烟尘排放强度，从这一点看，在提升地区产业结构质量方面，苏南的南京、无锡、常州及苏北五个地区在工业结构布局中应更加注重地区产业结构高质量的转型、优化升级，尤其在产业结构转型升级过程中的环境质量效应。值得注意的是，泰州地区在各项产业结构基础指标的表现，其没有显著优势的领域，但是整体指标都处于相对比较优势，这也是保证地区产业结构质量的重要方式。

从产业结构居后的连云港和宿迁地区看，这两个地区除了在上述第一主成分权重取正值的基础指标均值化取值较小，其在第一产业比较劳动生产率、第二产业比较劳动生产率等指标上的取值还比较大，这是其产业结构质量水平较低的重要原因。在这两个基础指标上还有待优化的主要是苏北地区。因此，在地区产业结构转型、优化过程中，加强地区产业效率提升的同时，更应该注重产业结构平衡及合理性。

2. 开放创新领域的对策分析

单从2019年江苏各地区间开放创新指数分布情况看，苏南五个地区的指数处于前五位，以苏州、南京和无锡居前，其值分别是7.47、4.46和4.09；苏北五个地区的开放创新指数相对较低，其中宿迁、淮安和连云港地区的开放创新指数处于后三位，分别是1.15、1.07和0.92。

表 3.6.6　地区间经济质量基础指标第一主成分权重

分类指标	基础指标	2010	2011	2012	2013	2014	2015	2016	2017	2018	2019
	第一产业比较劳动生产率	-0.227	-0.073	-0.022	-0.111	-0.074	-0.100	-0.133	-0.111	-0.089	-0.118
	第二产业比较劳动生产率	-0.188	-0.136	-0.257	0.020	-0.214	-0.194	-0.097	-0.067	-0.040	-0.038
	第三产业比较劳动生产率	0.001	-0.018	0.002	0.040	0.038	0.037	0.015	0.000	0.020	0.002
	技术选择系数	-0.021	0.041	0.062	0.044	0.141	0.081	0.027	-0.035	0.007	-0.021
产业结构	工业化进程	0.186	0.143	0.201	-0.013	0.149	0.131	0.072	0.055	0.022	0.037
	私营化进程	0.566	0.467	0.414	0.024	0.387	0.376	0.251	0.180	0.071	0.147
	工业废水排放强度	0.183	0.165	0.276	0.046	0.201	0.237	0.200	0.017	-0.007	-0.076
	工业二氧化硫排放强度	0.240	0.530	0.549	0.990	0.367	0.428	0.547	0.600	0.479	0.619
	工业烟尘排放强度	0.683	0.654	0.583	-0.016	0.762	0.739	0.751	0.766	0.869	0.757

分类指标	基础指标	2010	2011	2012	2013	2014	2015	2016	2017	2018	2019
	资本生产率	0.112	0.110	0.116	0.080	0.086	0.096	0.116	0.135	0.156	0.166
	劳动生产率	0.284	0.288	0.272	0.184	0.184	0.174	0.172	0.174	0.177	0.171
	对外旅游业的经济贡献率	0.214	0.213	0.264	0.666	0.697	0.690	0.692	0.651	0.639	0.623
	外贸依存度	0.593	0.562	0.348	0.491	0.515	0.529	0.503	0.499	0.489	0.456
	外资利用率	0.272	0.161	0.139	0.127	0.188	0.215	0.254	0.214	0.231	0.224
开放创新	地区中学生师比	0.061	0.027	0.016	−0.001	0.005	0.010	0.019	0.014	0.021	0.024
	人均科技投入	0.352	0.351	0.363	0.287	0.276	0.279	0.300	0.374	0.384	0.413
	地方科技研发投入程度	0.173	0.183	0.206	0.165	0.149	0.154	0.157	0.207	0.210	0.228
	每万人专利授权数	0.527	0.600	0.591	0.385	0.270	0.239	0.214	0.222	0.229	0.273

分类指标	基础指标	2010	2011	2012	2013	2014	2015	2016	2017	2018	2019
	农业劳动生产率	0.194	0.212	0.208	0.219	0.228	0.227	0.228	0.209	0.191	0.168
	农业电力强度	-0.341	-0.366	-0.368	-0.393	-0.366	-0.331	-0.327	-0.286	-0.289	-0.307
	农业机械动力功率	-0.124	-0.146	-0.141	-0.166	-0.185	-0.192	-0.190	-0.176	-0.173	-0.173
	林业发展潜力	0.242	0.244	0.258	0.271	0.300	0.284	0.277	0.305	0.307	0.317
	化肥施用强度	0.073	0.085	0.091	0.099	0.098	0.096	0.086	0.071	0.069	0.072
	人均公共图书馆藏书量（册）	0.244	0.250	0.287	0.245	0.218	0.279	0.245	0.224	0.216	0.216
乡村振兴	小学生生师比	0.017	-0.018	-0.018	-0.025	-0.026	-0.025	-0.025	-0.014	-0.024	-0.011
	农业财政资本密集度	0.439	0.442	0.415	0.426	0.364	0.343	0.335	0.375	0.375	0.366
	城乡社区事务财政资本密集度	0.681	0.649	0.648	0.625	0.660	0.675	0.696	0.707	0.715	0.709
	城乡居民收入比	0.071	0.071	0.066	0.064	0.064	0.059	0.054	0.046	0.037	0.029
	农村居民人均纯收入	0.148	0.156	0.154	0.159	0.172	0.168	0.172	0.160	0.157	0.169
	农村常住人口人均生活消费支出	0.148	0.156	0.154	0.159	0.172	0.168	0.172	0.160	0.157	0.169
	农村居民恩格尔系数	0.025	0.010	0.006	0.005	0.030	0.030	0.033	0.029	0.027	0.028

分类指标	基础指标	2010	2011	2012	2013	2014	2015	2016	2017	2018	2019
区域协调	电力强度	-0.165	-0.158	-0.105	-0.090	-0.081	-0.064	-0.046	-0.023	-0.004	0.005
	资本密集度	0.322	0.340	0.176	0.170	0.165	0.141	0.113	0.097	0.073	0.055
	人口密度	0.343	0.343	0.242	0.245	0.255	0.263	0.268	0.286	0.298	0.318
	区域发展差异系数	0.467	0.436	0.310	0.286	0.282	0.263	0.256	0.270	0.286	0.294
	人口流动率	0.231	0.233	0.178	0.180	0.185	0.185	0.185	0.184	0.187	0.185
	城镇化率	0.137	0.131	0.087	0.083	0.082	0.078	0.072	0.070	0.068	0.071
	二元对比系数	-0.081	-0.046	0.121	0.125	0.110	0.106	0.095	0.067	0.011	-0.029
	二元反差系数	0.674	0.691	0.866	0.875	0.877	0.887	0.894	0.890	0.886	0.877
市场体制	经济波动率	-0.993	-0.334	-0.719	0.010	0.174	-0.216	0.049	0.026	0.985	-0.144
	消费者物价指数	0.000	-0.002	-0.007	-0.007	-0.008	-0.008	-0.012	0.000	0.000	0.000
	商品零售价格指数	-0.001	-0.004	0.003	0.000	0.001	0.010	0.010	0.002	0.002	0.003
	城镇登记失业率	0.009	-0.026	-0.024	0.032	0.066	0.029	-0.002	0.012	0.002	-0.006
	劳动力市场化	0.078	0.417	0.268	0.415	0.427	0.451	0.478	0.201	0.039	0.176
	国有工业控制力	0.065	0.500	-0.120	0.044	-0.134	0.084	-0.031	0.874	-0.155	0.905
	外商企业影响力	0.021	0.520	0.433	0.674	0.622	0.627	0.637	0.340	0.033	0.249
	财政支出的杠杆效应	0.045	0.227	0.257	0.319	0.303	0.295	0.217	0.119	0.016	0.095
	财政预算收支平衡度	0.033	0.267	0.251	0.345	0.347	0.339	0.385	0.237	0.047	0.238
	金融服务社会力力度	0.028	0.266	0.282	0.387	0.408	0.382	0.408	0.092	-0.002	0.054

注：表中各个地区的经济质量基础指标第一主成分权重源于每个地区的2010—2019年期间经济质量衡量指标体系的主成分分析，因此，本地区各基础指标主成分权重的比较才具有实际意义。表中每个分层面基础指标权重中3个黑体数据和3个斜体数据分别代表同一子系统中前三位和后三位的权重。

表 3.6.7 2019 年江苏各地区产业结构基础指标均值化数据

地区	指标									
	第一产业比较劳动生产率（-）	第二产业比较劳动生产率（-）	第三产业比较劳动生产率（+）	技术选择系数（-）	工业化进程（+）	私营化进程（+）	工业废水排放强度（-）	工业二氧化硫排放强度（+）	工业烟尘排放强度（+）
南京	0.806	1.100	0.940	1.343	1.107	1.504	0.938	1.794	0.547
无锡	0.783	0.762	1.057	1.184	1.156	1.191	0.879	0.905	0.674
常州	0.611	0.869	1.029	0.816	1.077	1.361	0.786	0.692	0.329
苏州	0.999	0.720	1.122	0.901	1.166	1.492	0.693	0.736	1.011
镇江	0.929	1.000	0.879	0.737	1.069	1.173	1.233	1.506	1.962
南通	0.784	0.927	1.099	1.153	0.989	1.055	0.760	2.442	2.694
扬州	1.083	0.977	0.928	0.681	1.035	1.044	0.969	1.032	1.101
泰州	0.870	1.062	0.967	0.745	0.965	0.964	1.335	1.170	1.764
徐州	1.296	0.999	1.001	1.124	0.936	0.620	2.329	0.460	0.275
连云港	1.150	1.316	0.938	0.999	0.836	0.497	0.739	0.594	0.372
淮安	1.124	1.173	0.975	1.280	0.879	0.656	1.262	0.582	0.793
盐城	1.488	0.997	0.975	1.294	0.936	0.708	0.705	0.907	0.715
宿迁	1.077	1.096	1.090	0.743	0.849	0.734	0.373	0.180	0.763

注：各个指标后面括号中的+、-表示该指标对应第一主成分权重的符号。

纵观 2010—2019 年各地区经济质量基础指标第一主成分权重分布状况，显著提升开放创新质量水平指数主要分布在对外旅游业的经济贡献率、外贸依存度、人均科技投入等领域。显著滞后因素主要分布在资本生产率、地区中学生师比等领域。

由此，从提升开放创新指数的主导因素看，资源基础是影响地区开放创新的先天条件，比如对外旅游资源、外贸依存度等。如果说上述两个条件具有先天性和区域性，那么在人均科技投入方面，合理规划、有效发挥财政对苏中和苏北地区科技创新的贡献力度。这是当下各个地区都可以采取的、行之有效的提升地区开放创新水平的重要领域。在阻碍（或制约）开放创新因素方面，相对于苏南地区，苏中和苏北地区在资本投资领域、资本利用方式等方面强化资本的利用效率；同时，强化师资队伍建设，合理布局中学教育的生师比，优化地区的教育环境，打造强有力的开放创新人力资源队伍，提高地区开放创新水平。

3. 乡村振兴领域的对策分析

单从 2019 年江苏各地区间开放创新指数分布情况看，苏南五个地区的指数处于前五位，并且苏州、无锡和南京，其值分别是 5.01、4.28 和 3.20；苏北五个地区的乡村振兴指数相对较低，其中宿迁、连云港和淮安地区的乡村振兴指数处于后三位，分别是 0.56、0.47 和 0.35。

纵观 2010—2019 年各地区经济质量基础指标第一主成分权重分布状况，显著提升乡村振兴水平指数主要分布在农业财政资本密集度、城乡社区事务财政资本密集度等领域。显著阻碍（或滞后）因素主要分布在农业电力强度、农业机械动力功率等领域。

由此，从提升乡村振兴指数的主导因素看，财政资源依然是当前提升地区乡村振兴的重要方式。因此，适度加大财政在农村及城乡社区投入力度有助于（尤其是有利于苏中、苏北）地区乡村振兴的进程。在阻碍乡村振兴因素方面，相对于苏南地区，苏中和苏北地区在农业生产及生活领域，增强技术因素的不断融入，提高地区在农业生产与生活等领域电力的使用效率，并提高农业机械动力的普及程度。

4. 区域协调领域的对策分析

单从 2019 年江苏各地区间区域协调指数分布情况看，苏南五个地区的指数处于前五位，并且苏州、无锡和南京，其值分别是 4.30、3.46 和 2.28；苏北五个地区的区域协调指数相对较低，其中淮安、连云港和宿迁地区的区域协调指数处于后三位，分别是 1.00、0.96 和 0.92。

纵观 2010—2019 年各地区区域协调经济质量基础指标第一主成分权重分布状况，显著提升区域协调质量水平指数主要分布在区域发展差异系数、二元反差系数等领域，显著阻碍（或滞后）因素主要分布在电力强度、城镇化率、二元对比系数等领域。

由此，从提升区域协调指数的主导因素看，区域的区位协调领域的经济发展不平衡、地区经济的二元性（反差指数越大，意味着第一产业与第二、三产业的差距越大，经济二元性越明显）等是当前苏中、苏北地区要着力解决的问题。在阻碍区域协调因素方面，苏中和苏北地区应注重提高当地能源资源（电力）的利用效率、适度提速当地城镇化率进程、提高第一产业劳动生产率。

5. 市场体制领域的对策分析

单从 2019 年江苏各地区间市场体制指数分布情况看，常州、苏州和淮安的指数处于前三位，分别是 3.12、2.11 和 1.78；市场体制指数小于 1 的有镇江、南通、连云港和徐州，其取值分别是 0.99、0.82、0.78 和 0.52，这四个地区分布于江苏的苏南、苏中和苏北；可见，各地区市场体制运行区域性特征稍逊色于开放创新、乡村振兴、区域协调等，也就是说地区的经济运行过程中，彼此之间的市场运作体制相似度较高。

纵观 2010—2019 年各地区经济质量基础指标第一主成分权重分布状况，显著提升市场体制质量水平指数主要分布在劳动力市场化、外商企业影响力等领域，显著阻碍（或制约）因素主要分布在经济波动率、消费者物价指数、商品零售价格指数、城镇登记失业率等领域。由此我们认为，在不断完善地区市场配置资源决定性功能上，健全劳动力交易市场、适度强化外商企业对地方经济的贡献力度，进而控制地区经济相对平稳地运行是当前各地区值得持续关注的一些问题。

综上，我们把时间维度上经济子系统中在各地区经济质量提升上发挥主导作用（第一主成分权重系数居于前五至六位的）的基础指标、空间维度上经济子系统中在影响地区间经济质量的重要指标加以比对，共同拥有的基础指标称为共有因素、否则称为错位因素，结果如表 3.6.8 所示。显然，地区在推动经济质量提升的过程中发挥主导作用基础指标多数是与影响地区间经济质量评价的基础指标是重合的。同时，值得注意的是，依然存在影响地区间经济质量评价的重要基础指标并没有在现实经济质量提升上发挥出主导作用、发挥主导作用的基础指标没有成为影响地区间经济质量评价的重要指标，正是这种错位要素的存在使得两种方式下的地区经济质量研究结论出现了差异。由此我们认为，正是由于错位因素的存在，地区在推动本地经济质量提升的过程中不能很好地克服地区间经济质量的差异。

表 3.6.8　经济子系统错位因素

子系统		推动地区经济质量提升的基础指标	弥补地区间经济质量差距鸿沟的基础指标
产业结构	共同因素	工业二氧化硫排放强度 工业烟尘排放强度	
	错位因素	工业废水排放强度	私营化进程
开放创新	共同因素	对外旅游业的经济贡献率 人均科技投入 每万人专利授权数	
	错位因素	劳动生产率 外资利用率	外贸依存度
乡村振兴	共同因素	城乡社区事务财政资本密集度 农业财政资本密集度 人均公共图书馆藏书量（册）	
	错位因素	农村居民人均纯收入 农村常住人口人均生活消费支出	林业发展潜力
区域协调	共同因素	二元反差系数	
	错位因素	资本密集度 二元对比系数	人口密度 区域发展差异系数
市场体制	共同因素	外商企业影响力 财政预算收支平衡度	
	错位因素	国有工业控制力	劳动力市场化 金融服务社会力度

第七节　本章小结

从地区经济运行的产业结构、开放创新、市场体制、乡村振兴和区域协调五个方面设计了经济质量运行的五个子系统，并构建了相应的评价指标体系，采用主成分分析法从时间维度和空间维度两个方面分别对江苏 13

个地区的经济运行质量及五个子系统（子系统指标）进行了评价，提出了极商（兼具时空维度的可比较性）的概念，实现了地区经济质量指数的时空比较。结果发现：①在时间维度上，地区的经济质量都呈现出较为显著的提升趋势。根据五个经济子系统对经济质量的作用方式，可以区分为经济质量推进子系统和经济质量调整子系统。基于调整子系统的分布状况，把江苏 13 个地区界定为全面推进类经济系统、单一调整类经济系统和双重调整类经济系统三类地区。基于五个经济子系统对经济质量的作用方式和强度以及子系统基础指标演变特征，对比江苏各地经济质量子系的动态变化发现：2013 年前部分地区的子系统变化的非合意性经常出现，2013 年后地区各类子系统渐趋有利于经济质量提升的方向演变。南京、苏州、盐城三地的五个经济子系统演变趋势相对平稳。工业排污类指标是影响各地产业结构质量水平的重要指标。双调整类经济系统地区（无锡、镇江、南通、扬州、泰州）的开放创新质量呈现由高到低的演变趋势，单一调整类经济系统地区（徐州、连云港、淮安、盐城、宿迁）包括常州地区开放创新质量由低到高提升，以 2013 年是分界点，主要通过对外旅游业的经济贡献率、外资利用率、人均科技投入或每万人专利授权数等指标值的升或降产生影响。各地其他三类子系统总体上处于相对稳定合意演变状态。②在空间维度上，苏南五个地区年度之间的经济质量指数维持着较为稳定的排序方式，由高到低的次序分别为苏州、无锡、南京、常州、镇江。近年来，领先地区的经济质量与滞后地区的经济质量水平之间悬殊存在着缩小趋势。苏中三个地区和苏北五个地区年度之间的经济质量指数排序处于动态变化的趋势，苏中地区的南通与扬州在不同年度上呈现出交替领先的局面，泰州稳居第三。领先地区的经济质量与滞后地区的经济质量水平之间悬殊存在着缩小的趋势。苏北地区的盐城和徐州经济质量指数处于领先位置，其他三个地区的经济质量指数呈现为交替状态，总体上宿迁居后，不过领先地区的经济质量与滞后地区的经济质量水平之间悬殊呈现出相对稳定的趋势。结合时间维度上分地区的经济质量运行规律，我们认为：各地区借助产业结构、开放创新、市场体制、乡村振兴和区域协调等抓手推动地区经济质量不断提升的态势与地区间经济质量差距维持着缓增的态势同时并存，其主要原因在于错位因素存在，地区在推动本地经济质量提升过程中不能很好克服地区间经济质量差异的鸿沟。

第四章 地区民生经济质量系统的耦合机制

在对地区民生质量系统和经济质量系统内在运行特征研究的基础上，揭示地区民生与经济综合系统内在运行机制，将民生质量系统与经济质量系统融合为民生经济质量系统，并基于综合民生经济质量系统，对民生质量系统的耦合与经济质量系统的耦合状况进行研究，进一步探讨民生经济质量系统运行的耦合态势，揭示民生经济质量系统运行的主导因素。

第一节 系统耦合理论

一、系统协调度法

耦合（coupling）是指两个或两个以上的系统之间良性互动、相互依赖、相互协调、相互促进的动态关联关系（苏东水，2000）。耦合既是客观事物之间的一种作用方式和机制，也是优化系统的一种创新手段（蔡漳平、叶树峰，2011；王国印，2012）。刘耀彬和宋学锋（2005）在研究城市化与生态环境之间的关系时，对系统综合演变系数变化特征进行总结并将耦合模式界定为协调、基本协调、冲突、衰退和临界五种，其研究虽然强调系统之间的耦合，但是在实际分析上，却是分别以两个系统各自的综合演变系数加以说明，没有涉及二者之间的耦合媒介。王海杰，周毅博（2012）把耦合阶段界定为低级共生阶段、协调发展阶段、快速发展阶段、高级共生阶段等四个阶段。

廖重斌（1999）的两系统的耦合度模型及汤铃等（2010）的多系统耦合度模型被用于分析不同类型系统之间的耦合度，并借助耦合度的十个级别（见表4.1.1）对社会经济系统的耦合问题进行研究，比如能源、经济与环境（逯进等，2016；逯进等，2017）、水资源环境与城镇化（尹风雨等，2016）、人口—经济—空间—社会城市化耦合问题（蒋晓娟等，2015）、能源投融资对气候环境（赵国浩等，2014）。在多系统影响关系的研究中，王国印（2012）认为人类经济活动中的产品或产业间的关联关系耦合及其变化，则取决于社会需求结构、社会生产的物质条件和技术条件，包括市场的价值规律、制度政策等。科技进步、市场机制和制度是推动产品和产业结构耦合优化和升级的重要动力。逯进等（2016）认为能源、经济与环境三系统耦合水平提升的前提应满足其二元系统协调发展的同步性。吴一凡等（2018）则借助系统典型指标间变化弹性来界定系统间耦合的类型。

表 4.1.1　系统耦合度及类型

负向耦合（系统失调发展）		正向耦合（系统协同发展）	
耦合度	类型	耦合度	类型
[0.00-0.10)	极度失调衰退类	[0.50-0.60)	勉强协同发展类
[0.10-0.20)	严重失调衰退类	[0.60-0.70)	初级协同发展类
[0.20-0.30)	中度失调衰退类	[0.70-0.80)	中级协同发展类
[0.30-0.40)	轻度失调衰退类	[0.80-0.90)	良好协同发展类
[0.40-0.50)	濒临失调衰退类	[0.90-1.00]	优质协同发展类

资料来源：廖重斌（1999），吴文恒和牛叔文（2006），逯进和周惠民（2013）等。为了方便基于系统耦合度判断系统发展的类型与系统协调度的区别，本书将廖重斌（1999）等的叫法做了微调，将系统"协调发展类"调整为系统"协同发展类"。

二、系统耦合度模型

系统耦合模型。在廖重斌（1999）两个系统离差系数最小化协调度模型的基础上，逯进和周惠民（2013）将传统耦合基本模型扩展为包括系统发展模型、系统协调模型与系统耦合模型，其中发展模型强调系统从低级到高级不断提高的发展水平，即系统的发展度；协调模型强调系统内部动态子系统之间的协调程度，即系统的协调度。值得注意的是，单纯用发展度衡量系统耦合，没有办法确定这种系统发展度是源于协调性低下的系统，还是源于协调性较高的系统。同样，单纯用协调度衡量系统耦合，没有办法确定这种系统协调度是源于发展水平低下的系统，还是源于发展水平较高的系统。为此，对系统"发展"与"协调"两个维度的综合考量就形成了系统耦合模型，这种强调系统内部协调与发展综合态势的指标被称为系统的耦合度。借助以上系统耦合理论，并参照汤铃等（2010）多系统耦合状态下基于离差系数最小化的系统协调度的测算方法，给出以下多系统耦合的协调度（C）、发展度（T）和耦合度（D）计算方法：

$$C = \frac{1}{C_m^2} \sum_{i \neq j} X_i X_j / (\sum_{i=1}^{m} X_i / m)^2 \quad (i = 1, \cdots, m) \tag{4.1}$$

$$T = \sum_{i=1}^{m} \beta_i X_i \quad (i = 1, \cdots, m) \tag{4.2}$$

$$D = \sqrt{C \times T} \tag{4.3}$$

其中，$i \in I = \{1, \cdots, m\}$ 是子系统下标，m 是子系统数目；X_i 是系统 i 的综合指数；β_i 表示系统 i 重要程度的权重，其确定方法参见（唐晓华等，2018；张虎，韩爱华，2019）。

系统 i 综合指数 X_i 的测算。系统 i 综合指数 X_i 测算是系统耦合模型的基本环节，基于离差系数最小化的协调度模型（廖重斌，1999）与距离协调度模型（汤铃等，2010）对其测算的方式基本相同。本书采用这种做法，即

$$X_i = \sum_{j=1}^{n} \omega_{ij} x_{ij}' \quad (j = 1, \cdots, n) \tag{4.4}$$

其中，ω_{ij} 为待定权重，本书采用熵权值来处理（张虎、韩爱华，2019；程东亚、李旭东，2021）；另 x_{ij} 为系统 i 的指标 j，这时 x_{ij}' 的取值由式（4.5）给出：

$$x_{ij}' = \begin{cases} \dfrac{x_{ij} - \min x_{ij}}{\max x_{ij} - \min x_{ij}}, & x_{ij} \text{ 为正向指标} \\[3mm] \dfrac{\max x_{ij} - x_{ij}}{\max x_{ij} - \min x_{ij}}, & x_{ij} \text{ 为负向指标} \end{cases} \tag{4.5}$$

第二节　地区民生经济系统耦合特征

在进行地区民生经济系统耦合特征比较时，会涉及省域视角下地区之间民生经济系统质量的比较，也会涉及一个地区自身民生经济系统在时间维度上变化趋势及特征的比较。在省域视角下，地区之间民生经济系统质量的耦合特征比较，是以 13 个地区同一年度民生经济系统的八个子系统（三个民生质量子系统、五个经济质量子系统）的统计指标体系为考察对象，所获取系统运行质量的衡量结论，反映的是在江苏省域视角下地区民生经济系统质量的耦合状况。为此，本书称之为地区间民生经济系统质量耦合特征，其主要功能在于揭示不同地区在同一年份民生经济系统质量耦合特征的异同。与此形成鲜明对照的是，在地区视角下，地区民生经济质量耦合特征的探讨，是以一个地区 10 年（2010—2019 年）的民生经济系统统计基础指标为考察对象，获得这个地区民生经济系统运行质量耦合特征的衡量结论，本书称之为地区内民生经济系统质量耦合特征，其主要功能在于揭示时间维度上这个地区民生经济系统内在耦合演变趋势、特征等。

一、地区间民生经济系统的耦合

表 4.2.1 给出了江苏分年度地区间民生经济系统运行特征。我们发现：

第一，地区间民生经济系统的协调度比较。2010—2019 年每个年度，江苏 13 个地区中各地区的民生经济系统发展的协调度（C）水平都在 0.9 以上。在所研究的时间区间内，比较看来：无锡地区的民生经济系统发展协调度一直处于最高状态，宿迁地区的民生经济系统发展协调度一直维持在相对最低的水平。为了比较地区间在同一年份民生经济系统区间的协调性差异，我们计算了相同年份 13 个地区中民生经济系统最大协调度与最小协调度的比值（极商）。2010 年地区间民生经济系统协调度极商是 1.058，是最小值，最大值出现在 2019 年，是 1.107。从该极商在 2010—2019 年间的变化趋势看，呈现出微弱的递增趋势，并且总体趋势比较平稳（见图 4.2.1）。这意味着，江苏省各个地区的民生经济各类子系统是处于较高协调水平发展的。

表 4.2.1 江苏分年度各地区民生经济质量运行特征

年份	指标	南京	无锡	常州	苏州	镇江	南通	扬州	泰州	徐州	连云港	淮安	盐城	宿迁
2010	C	0.994	0.997	0.991	0.994	0.991	0.992	0.991	0.970	0.981	0.990	0.979	0.970	0.942
	T	0.524	0.637	0.512	0.683	0.455	0.389	0.386	0.310	0.256	0.228	0.247	0.273	0.244
	D	0.722	0.797	0.712	0.824	0.672	0.621	0.618	0.548	0.501	0.475	0.492	0.515	0.480
2011	C	0.995	0.998	0.993	0.996	0.993	0.991	0.990	0.961	0.983	0.985	0.988	0.981	0.934
	T	0.538	0.612	0.524	0.688	0.460	0.396	0.405	0.310	0.248	0.245	0.233	0.271	0.222
	D	0.731	0.782	0.721	0.828	0.676	0.626	0.634	0.545	0.494	0.491	0.479	0.516	0.456
2012	C	0.997	0.998	0.994	0.997	0.994	0.989	0.988	0.972	0.988	0.983	0.988	0.985	0.931
	T	0.534	0.633	0.546	0.716	0.486	0.387	0.372	0.335	0.246	0.241	0.241	0.281	0.194
	D	0.729	0.795	0.737	0.845	0.695	0.618	0.606	0.571	0.493	0.486	0.488	0.526	0.425
2013	C	0.987	0.997	0.994	0.994	0.995	0.984	0.984	0.978	0.963	0.991	0.988	0.963	0.925
	T	0.514	0.624	0.503	0.738	0.440	0.376	0.359	0.318	0.288	0.225	0.228	0.320	0.192
	D	0.712	0.788	0.707	0.857	0.662	0.608	0.594	0.558	0.527	0.472	0.474	0.555	0.421
2014	C	0.987	0.995	0.991	0.994	0.994	0.981	0.977	0.972	0.967	0.992	0.992	0.967	0.930
	T	0.524	0.617	0.507	0.747	0.440	0.387	0.372	0.323	0.269	0.218	0.258	0.303	0.192
	D	0.720	0.784	0.709	0.862	0.662	0.616	0.603	0.561	0.510	0.465	0.506	0.541	0.422

年份	指标	南京	无锡	常州	苏州	镇江	南通	扬州	泰州	徐州	连云港	淮安	盐城	宿迁
2015	C	0.991	0.996	0.994	0.994	0.995	0.984	0.980	0.974	0.971	0.992	0.990	0.973	0.921
	T	0.541	0.617	0.495	0.744	0.442	0.388	0.361	0.342	0.264	0.203	0.246	0.317	0.199
	D	0.732	0.784	0.702	0.860	0.663	0.618	0.595	0.577	0.506	0.449	0.493	0.555	0.428
2016	C	0.993	0.997	0.994	0.994	0.994	0.984	0.980	0.977	0.978	0.993	0.989	0.969	0.920
	T	0.531	0.645	0.494	0.735	0.447	0.383	0.352	0.324	0.277	0.201	0.251	0.319	0.190
	D	0.726	0.802	0.701	0.855	0.666	0.614	0.588	0.562	0.521	0.446	0.498	0.556	0.418
2017	C	0.992	0.995	0.988	0.991	0.995	0.983	0.985	0.986	0.975	0.987	0.986	0.955	0.906
	T	0.534	0.601	0.457	0.689	0.435	0.380	0.338	0.309	0.263	0.223	0.249	0.300	0.187
	D	0.728	0.773	0.672	0.826	0.658	0.611	0.577	0.552	0.507	0.469	0.495	0.535	0.412
2018	C	0.991	0.995	0.986	0.990	0.995	0.983	0.980	0.988	0.970	0.985	0.984	0.967	0.903
	T	0.552	0.620	0.450	0.698	0.447	0.383	0.330	0.321	0.267	0.193	0.233	0.320	0.180
	D	0.740	0.785	0.666	0.831	0.667	0.614	0.569	0.563	0.509	0.436	0.479	0.556	0.403
2019	C	0.992	0.996	0.989	0.991	0.990	0.982	0.983	0.987	0.977	0.983	0.978	0.960	0.900
	T	0.577	0.621	0.428	0.675	0.422	0.370	0.354	0.328	0.299	0.173	0.261	0.305	0.179
	D	0.756	0.786	0.651	0.818	0.647	0.603	0.590	0.569	0.541	0.412	0.506	0.541	0.402

注：江苏分年度地区间民生经济系统的协调度、发展度和耦合度是以江苏13个地区为研究对象所获取每个年度的民生经济系统运行所表现出的特征指标值。

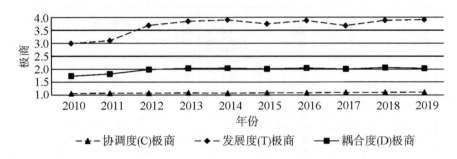

图 4.2.1　民生经济系统协调度、发展度、耦合度的地区间差异

第二，地区间民生经济系统的发展度比较。相对于地区民生经济系统高度的内在协调性，各地区间民生经济系统发展度（T）整体水平较低。逐年比较 13 个地区之间的民生经济系统发展度发现：苏南 5 个地区中，苏州和镇江分别处于发展度最高和最低的两端，并且这种态势非常稳定；苏中 3 个地区中，南通和泰州分别处于发展度最高和最低的两端，除了 2011 年扬州地区民生经济发展度超过南通地区，这种态势相对较为稳定；苏北 5 个地区中，盐城和宿迁分别处于发展度最高和最低的两端，除了 2019 年连云港地区取代宿迁地区成为民生经济系统发展度最低，其他时间点这种态势都比较稳定。显然，在 2010—2018 年当中，江苏省 13 个地区中，苏州和宿迁地区民生经济系统发展度分别处于最高和最低两端，2019 年地区最低民生经济系统发展度被连云港取代。为了体现地区间民生经济系统发展度的层次性差异，我们计算了同年度地区在该指标上的最大值与最小值的商（极商），发现该指标极商的最小值出现在 2010 年、最大值出现在 2019 年，分别是 2.989 和 3.909，其在时间维度上呈现出波动上行的趋势（见图 4.2.1）。相较于地区间民生经济系统协调度，地区间民生经济系统发展度的差异较为明显，总体来看这类差异维持在一个相对稳定的区间。从地区的民生经济系统协调度和发展度在时间维度上较为稳定的演变趋势来看，我们可以初步认定，由这两个因素所决定的地区民生经济系统的耦合度时间趋势特征也是相对稳定的。

第三，地区间民生经济系统的耦合度比较。地区民生经济系统的耦合度是在综合地区民生经济系统协调度和发展度基础上形成的，因而是一个衡量系统运行质量的综合指标。在 2010—2019 年期间，逐年比较江苏省 13 个地区民生经济系统的耦合度发现：苏南 5 个地区中，苏州和镇江的民生经济系统耦合度分别处于最高和最低位置；一个值得注意的问题是，前面分析中，我们发现在地区民生经济系统协调度上无锡地区高过苏州地区，而在发展度上后者高过前者，由于地区间发展度的差异远大于协调度的差异，在系统耦合度上，苏州地区好于无锡地区；苏中3个地区中，南通和泰州的民生经济系统耦合度分别处于最高和最低位置，这种态势非常稳定；苏北5个地区中，盐城和宿迁的民生经济系统耦合度分别处于最高和最低位置，这种态势非常稳定。综合13个地区，苏州和宿迁的民生经济系统耦合度分别处于两端。比较这两个地区民生经济系统耦合度的极商，我们发现，2010—2013年期间该极商从1.732递增至2.033，增长趋势较为明显以外，2013—2019年该极商处于较为平稳的演变状态（见图4.2.1）。基于此，我们认为，较高的、相近的协调度与待提升的、距离稳定的发展度共同维持着江苏省各地区民生经济系统较为稳定的平衡态，这种平衡态还体现在不同年份地区民生经济系统耦合发展类型（见表4.2.2）。在同一年份，江苏省13个地区分布于濒临失调、勉强协同、初级协同、中级协同和良好协同等5个发展类型当中。其中，苏南5个地区中，苏州一直处于良好协同发展状态，南京、无锡、常州总体上处于中级协同发展状态，而镇江则处于初级协同状态；苏中3个地区中，南通始终处于初级协同状态，泰州和扬州则处于动态的勉强协同和初级协同发展变化之中；苏北5个地区中，盐城和徐州较为稳定地处于初级协同发展状态之下，其他三个地区大多年份处于濒临失调发展的状态。由此态势，我们认为这种平衡态意味着各地区在健全民生经济系统上始终存在着潜在壁垒，这种壁垒应该体现在民生系统、经济系统或民生经济系统。

表 4.2.2 各地区分年度民生经济系统协同发展类型

年份	系统类型				
	濒临失调 [0.40—0.50)	勉强协同 [0.50—0.60)	初级协同 [0.60—0.70)	中级协同 [0.70—0.80)	良好协同 [0.80—0.90)
2010	连云港、淮安、宿迁	泰州、徐州、盐城	镇江、南通、扬州	南京、无锡、常州	苏州
2011	徐州、连云港、淮安、宿迁	泰州、盐城	镇江、南通、扬州	南京、无锡、常州	苏州
2012	徐州、连云港、淮安、宿迁	泰州、盐城	镇江、南通、扬州	南京、无锡、常州	苏州
2013	连云港、淮安、宿迁	扬州、泰州、徐州、盐城	镇江、南通	南京、无锡、常州	苏州
2014	连云港、宿迁	泰州、徐州、盐城、淮安	镇江、南通、扬州	南京、无锡、常州	苏州
2015	连云港、淮安、宿迁	扬州、泰州、徐州、盐城	镇江、南通	南京、无锡、常州	苏州
2016	连云港、淮安、宿迁	扬州、泰州、徐州、盐城	镇江、南通	南京、常州	苏州、无锡
2017	连云港、淮安、宿迁	扬州、泰州、徐州、盐城	常州、镇江、南通	南京、无锡	苏州
2018	连云港、淮安、宿迁	扬州、泰州、徐州、盐城	常州、镇江、南通	南京、无锡	苏州
2019	连云港、宿迁	扬州、泰州、徐州、盐城、淮安	常州、镇江、南通	南京、无锡	苏州

为了试图从民生经济系统中找出这类内在的壁垒，下面从时间维度针对每个地区民生经济系统展开研究。

二、地区内民生经济系统时间维度上的耦合

综合地区间民生经济系统所呈现出协同发展类型，我们可以把13个地区民生经济系统做出如下归类：濒临失调发展类地区（宿迁、淮安、连云港）、勉强协同发展类地区（徐州、盐城、泰州、扬州）、初级协同发展类地区（南通、镇江）、中级协同发展类地区（常州、南京、无锡）、良好协同发展类地区（苏州）。那么各个地区民生经济质量提升过程中，其系统耦合状况如何？为此，下面从民生经济系统耦合层级由低到高的次序对各地区民生经济系统耦合状况进行研究。表4.2.3给出了江苏2010—2019年份地区民生经济系统的协调度、发展度和耦合度。

表4.2.3 2010—2019年江苏分地区民生经济系统的协调度、发展度和耦合度

地名	指标	年份									
		2010	2011	2012	2013	2014	2015	2016	2017	2018	2019
宿迁	C	0.981	0.986	0.984	0.988	0.994	0.995	0.995	0.992	0.996	0.994
	T	0.381	0.377	0.368	0.370	0.412	0.439	0.492	0.524	0.577	0.629
	D	0.611	0.610	0.602	0.605	0.640	0.661	0.700	0.721	0.758	0.791
淮安	C	0.972	0.987	0.977	0.994	0.990	0.993	0.995	0.996	0.994	0.992
	T	0.304	0.326	0.373	0.373	0.431	0.471	0.518	0.561	0.608	0.676
	D	0.543	0.567	0.603	0.609	0.653	0.684	0.718	0.748	0.777	0.819
连云港	C	0.975	0.992	0.990	0.993	0.990	0.993	0.993	0.992	0.990	0.990
	T	0.344	0.394	0.397	0.400	0.429	0.470	0.503	0.560	0.585	0.644
	D	0.579	0.625	0.627	0.630	0.651	0.683	0.707	0.746	0.761	0.799
徐州	C	0.975	0.981	0.981	0.998	0.994	0.991	0.992	0.995	0.995	0.995
	T	0.274	0.333	0.372	0.428	0.433	0.468	0.537	0.577	0.647	0.715
	D	0.517	0.571	0.604	0.653	0.656	0.681	0.730	0.758	0.802	0.843
盐城	C	0.952	0.977	0.982	0.983	0.979	0.989	0.990	0.993	0.993	0.993
	T	0.284	0.312	0.343	0.409	0.426	0.514	0.559	0.619	0.702	0.770
	D	0.520	0.552	0.580	0.634	0.646	0.713	0.744	0.784	0.835	0.874
泰州	C	0.970	0.976	0.981	0.996	0.986	0.993	0.995	0.995	0.994	0.991
	T	0.313	0.368	0.383	0.349	0.363	0.449	0.509	0.582	0.609	0.695
	D	0.551	0.599	0.613	0.589	0.598	0.667	0.711	0.761	0.778	0.830
扬州	C	0.972	0.988	0.983	0.990	0.988	0.992	0.993	0.991	0.988	0.989
	T	0.352	0.379	0.381	0.371	0.383	0.447	0.518	0.545	0.593	0.663
	D	0.585	0.612	0.612	0.606	0.615	0.666	0.717	0.735	0.765	0.810
南通	C	0.972	0.982	0.982	0.994	0.991	0.981	0.981	0.983	0.986	0.983
	T	0.367	0.404	0.401	0.397	0.429	0.461	0.508	0.543	0.609	0.619
	D	0.597	0.630	0.628	0.628	0.652	0.673	0.706	0.731	0.775	0.780
镇江	C	0.969	0.989	0.990	0.991	0.994	0.992	0.991	0.993	0.997	0.992
	T	0.289	0.348	0.420	0.391	0.413	0.458	0.524	0.596	0.661	0.712
	D	0.529	0.586	0.645	0.622	0.641	0.674	0.721	0.769	0.812	0.841

表4.2.3(续)

地名	指标	年份									
		2010	2011	2012	2013	2014	2015	2016	2017	2018	2019
常州	C	0.978	0.978	0.987	0.997	0.999	0.998	0.996	0.995	0.993	0.993
	T	0.348	0.358	0.380	0.379	0.423	0.454	0.532	0.572	0.576	0.622
	D	0.583	0.592	0.612	0.615	0.650	0.673	0.728	0.755	0.756	0.786
南京	C	0.939	0.982	0.981	0.989	0.986	0.986	0.992	0.995	0.994	0.993
	T	0.256	0.331	0.354	0.325	0.385	0.458	0.509	0.562	0.630	0.746
	D	0.490	0.570	0.589	0.567	0.616	0.672	0.711	0.748	0.791	0.861
无锡	C	0.969	0.983	0.989	0.994	0.996	0.996	0.995	0.995	0.997	0.990
	T	0.314	0.342	0.389	0.367	0.421	0.473	0.554	0.578	0.643	0.666
	D	0.552	0.579	0.620	0.604	0.648	0.686	0.743	0.759	0.801	0.812
苏州	C	0.972	0.990	0.991	0.987	0.996	0.997	0.997	0.998	0.998	0.993
	T	0.306	0.321	0.392	0.410	0.464	0.517	0.593	0.604	0.646	0.675
	D	0.545	0.564	0.623	0.636	0.680	0.718	0.769	0.777	0.803	0.819

注：2010—2019 年江苏分地区民生经济系统的协调度、发展度和耦合度是以地区为研究对象所获取该地区的民生经济系统运行所表现出的特征。

第一，地区民生经济系统协调度。与研究同时期地区间民生经济系统的协调度类似，地区民生经济系统协调度随时间推移也是处于不断变化之中，并且各地区民生经济系统协调度处在高位变化。其中，宿迁、淮安、连云港 3 个地区 2010 年的民生经济系统协调度为最小，其最大值分别分布于 2018 年、2017 年和 2013 年，比较而言，淮安地区民生经济系统协调度变化幅度稍强些，2010—2019 年期间，淮安地区该指标的极商为 1.025；徐州、盐城、泰州、扬州 4 各地区民生经济系统协调度最小值都是出现在 2010 年，最大值分别出现在 2013 年、2017 年、2013 年和 2016 年，2010—2019 年期间，盐城地区民生经济系统协调度极商最高，值为 1.034；南通、镇江 2 个地区民生经济系统协调度的最小值同样出现在 2010 年，最大值分别出现在 2013 年和 2018 年，比较来看，在这个时间区间镇江地区民生经济系统协调度变化幅度较大，极商为 1.029；常州、南京、无锡、苏州 4 个地区民生经济系统协调度最小值同样出现在 2010 年，最大值分别出现在 2014 年、2017 年、2018 年和 2017 年，比较来看，南京地区民生经济系统协调度在 2010—2019 年期间前后变化幅度最大，对应的极商为 1.060。综合 13 个地区，民生经济系统协调度极商最大出现在南京地区、最小极商出现在宿迁地区（极商是 1.015），再结合各地 2010—2019 年期间该指标值的分布，我们认为，在地区民生经济系统的协调度随着时间推移处于波动式的变化过程中，这种变化并没有呈现出明显的递增趋势，整体变化趋势较为平稳（见图 4.2.2），也就是说，每个地区民生经济子系统之间处于高度协调状态。

第二，地区民生经济系统发展度的演变。从 2010 年到 2019 年，每个地区的民生经济系统发展度都呈现出明显的递增态势，除宿迁地区民生经济系统发展度最低值出现在 2012 年以外，其他地区该指标最低值都出现在 2010 年，并且最高值出现在 2019 年。其中，淮安、徐州、盐城、镇江、和南京等地区在 2010—2019 年期间内的变化幅度较大，极商分别为 2.223、2.611、2.710、2.467 和 2.915，宿迁地区的极商最低为 1.709（见图 4.2.2）。从该指标极商的比较中，我们可以看出，相对于其他地区，南京地区民生经济系统发展水平提升速度较快，而宿迁地区民生经济系统发展水平提升速度较为缓慢。

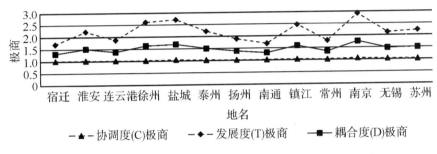

图 4.2.2　地区民生经济发展协调度、发展度、耦合度的极商

第三，地区民生经济系统耦合度的演变。地区民生经济系统耦合度的演变趋势与发展度的演变趋势基本一致。比较宿迁、淮安、连云港 3 个地区的地区内民生经济系统耦合度，三个地区的在该指标上的极商分别是 1.314、1.507、1.379，显然，淮安地区在加强民生经济系统耦合度上更富有动力，从地区民生经济系统协同发展类型看，宿迁地区在 2015 年前（包括 2015 年）的民生经济系统处于初级协同发展阶段，进入 2016 年以后，该地区的民生经济系统进入中级协同发展阶段；连云港地区民生经济系统发展阶段基本上雷同于宿迁地区，只是 2010 年该地区民生经济系统还处于勉强协同发展阶段；淮安地区在 2018 年前（包括 2018 年）地区民生经济系统基本上雷同于连云港地区，由于其内在的耦合度强劲的提升动力，到 2019 年该地区的民生经济系统已经迈入良好协同发展阶段。比较徐州、盐城、泰州、扬州 4 个地区的地区内民生经济系统耦合度，四个地区在该指标上的极商分别是 1.633、1.681、1.504、1.385，显然，徐州和盐城两地的民生经济系统耦合强度相对较高、扬州地区最低；纵观 2010—2019 年期间四个地区民生经济系统耦合态势，徐州地区经过 2010 年和

2011 年两年的勉强协同过渡阶段迈入 2012—2015 年 4 年期的初级协同发展阶段，由于地区民生经济系统较强的耦合力，只是经过 2016 年和 2017年两年的中级协同阶段就进入了良好协同发展阶段；盐城地区自身的民生经济系统表现和徐州地区比较相似，分别经过了 3 年的勉强协同、2 年的初级协同、3 年的中级协同和 2 年的良好协同发展阶段；扬州地区自身的民生经济系统发展态势比较复杂，2010—2015 年期间，历经了 2 年的勉强协同发展、1 年的初级协同发展阶段的 1 个循环，进入到 2016—2018 年的中级协同发展，进入 2019 年，该地区的民生经济系统迈入到良好协同发展阶段；由于系统发展起点较高，系统向高阶演进也比较平稳，扬州地区自身的民生经济系统在 2010 年勉强协同状态下，历经到 2011—2015 年比较长期的初级协同发展阶段和 2016—2018 年的中级协同发展阶段，在 2019年系统的发展进入良好协同阶段。南通地处苏中、镇江地处苏南，但是两个地区省域子系统的民生经济系统呈现出类似的发展阶段性，那么，从本地区的视角出发，这两个地区的民生经济系统又会呈现出怎样的状态呢？比较南通、镇江两个地区的地区内民生经济系统发展的耦合度，在该指标上的极商分别是 1.305、1.589，显然，后者的民生经济系统进阶的强度更大；纵观 2010—2019 年期间两个地区民生经济系统耦合态势，南通地区在2010 年勉强协同的民生经济系统基础上，历经 2011—2015 年 5 年的民生经济系统初级协同发展阶段，进入 2016—2019 年连续 4 年的民生经济系统中级协同发展阶段，没有迈进良好协同发展阶段；而镇江地区民生经济系统历经 2 年（2010—2011 年）的勉强系统发展阶段、4 年（2012—2015年）的初级协同发展阶段、2 年（2016—2017 年）的中级协同发展阶段，进入到 2018—2019 年的良好协同发展阶段。省域子系统，历年来常州、南京、无锡的民生经济系统总体上处于中级协同发展阶段、苏州的民生经济系统一直处于良好协同发展阶段，但是，从地区视角出发，这 4 个地区的民生经济系统却又呈现出各自特有的发展演进特点。比较常州、南京、无锡和苏州这 4 个地区的地区内民生经济系统发展耦合度，这 4 个地区在该指标上的极商分别是 1.347、1.756、1.473 和 1.502，应该说南京和苏州地区民生经济系统耦合度提升强度较大，而常州地区民生经济系统耦合度提升强度较弱；纵观 2010—2019 年期间 4 个地区民生经济系统耦合态势，无锡和苏州呈现出非常类似的特征，在 2 年（2010—2011 年）系统勉强协同发展阶段的基础上，经历了 6 年（2012—2017 年）的系统初级和中级协同发展阶段，过渡到 2018—2019 年的系统良好协同发展阶段；南京地区的民生经济系统起步于 2010 年濒临失调的发展状态，经历了 2 年（2011—2012年）的勉强协同发展阶段、3 年（2013—2015）的初级协同发展阶段和 3年（2016—2018）的中级协同发展阶段，过渡到 2019 年的良好协同发展阶段，可以看出，虽然南京地区的民生经济系统起步于地区内自我认知较低水平的状态，由于系统内在的耦合力度较强，较快地实现了地区民生经济系统发展阶段性升级；常州地区民生经济系统处于较为稳定的协同发展状态，在 2 年（2010—2011 年）勉强协同发展的基础上、历经 4 年（2012—2015）的初级协同发展，过渡到 2016—2019 年的中级协同发展阶段。

值得注意的是，地区间和地区内民生经济系统研究视角的不同决定了两个视角下所获得的研究结论数据不具有可比性。为了说明二者的区别，以 2010 年为例，在省域子系统下，对地区间民生经济系统研究时，苏州地区的民生经济系统呈现出处于良好协同发展阶段的特征，而宿迁地区的民生经济系统呈现出处于濒临失调的发展阶段，这是地区间比较的结果；但是，在地区视角下，对地区内民生经济系统研究时，苏州和宿迁地区民生经济系统耦合度得分分别是 0.545 和 0.611，这两个数据是两个地区自身民生经济系统呈现出的特征，二者之间不具备可比性，我们不能据此认定苏州地区的民生经济系统质量不及宿迁地区。这意味着研究视角的不同直接影响到评价结果的解读方式不同。

综合上述地区间与地区内民生经济系统运行质量空间与时间维度的比较，我们发现：空间维度上地区间民生经济系统的高度协调与时间维度上地区内民生经济系统的高度协调并存；空间维度上地区间民生经济系统鲜明层次性的发展度与时间维度上地区内民生经济系统发展度的提升特征并存；空间维度上地区间民生经济系统协同发展水平阶段鲜明的层次性与时间维度上地区内民生经济系统协同发展水平阶段的提升特征并存。因此，我们认为，江苏省 13 个地区民生经济系统不仅地区内部是高度协调的，而且地区间的民生经济系统是高度协调的，也就是说，民生经济系统内在结构呈现出高质量特征。之所以在整体协同发展水平上呈现出阶段性差异，是因为各地区内在的先天发展基础，也就是说各地区民生经济基础是导致地区间民生经济系统层次性区隔的壁垒性主导因素。

第三节　分地区民生经济子系统间耦合

地区民生经济系统建立在地区民生系统与经济系统基础之上，而民生系统和经济系统又各自建立在民生水平、民生公平、民生保障以及产业结构、开放创新、乡村振兴、区域协调、市场体制等子系统基础之上，为了揭示地区民生经济系统发展质量特征，故在民生经济系统基础之上，首先，对民生系统、经济系统发展质量（耦合度）进行分析；其次，探究民生系统、经济系统内两两子系统之间的耦合度进行比较研究；最后，分析民生子系统与经济系统、经济子系统与民生系统的耦合。这也就是遵循系统内耦合、子系统间耦合、子系统与他系统耦合的逻辑展开研究，试图揭示不同地区民生经济系统发展所处的协同状态，探究民生经济系统质量提升对策的着眼点。鉴于同年度地区间的民生经济系统耦合度对比中，宿迁地区的民生经济系统耦合度总是处于低位，为此，在对上述问题的分析上，以宿迁为代表性地区分析其民生系统、经济系统耦合状态，并进一步对比分析各地区民生系统、经济系统的耦合状态。

一、民生系统与经济系统的耦合

表 4.3.1 给出了江苏省各个地区 2010—2019 年期间民生系统耦合度、经济系统耦合度分布状况。

表 4.3.1　地区民生与经济系统耦合度

地区	系统	2010	2011	2012	2013	2014	2015	2016	2017	2018	2019	极商
宿迁	民生系统	0.549	0.572	0.571	0.562	0.624	0.678	0.725	0.763	0.779	0.825	1.502
	经济系统	0.645	0.631	0.623	0.650	0.656	0.639	0.669	0.669	0.729	0.747	1.198
淮安	民生系统	0.499	0.533	0.585	0.593	0.663	0.681	0.731	0.773	0.790	0.841	1.687
	经济系统	0.555	0.595	0.612	0.622	0.639	0.683	0.701	0.716	0.758	0.786	1.415
连云港	民生系统	0.506	0.597	0.602	0.610	0.651	0.683	0.736	0.792	0.805	0.843	1.666
	经济系统	0.643	0.654	0.649	0.645	0.646	0.676	0.668	0.688	0.705	0.744	1.157
徐州	民生系统	0.448	0.525	0.580	0.652	0.668	0.717	0.774	0.792	0.830	0.893	1.992
	经济系统	0.578	0.619	0.627	0.650	0.634	0.636	0.677	0.717	0.769	0.785	1.359
盐城	民生系统	0.420	0.485	0.589	0.652	0.680	0.736	0.780	0.821	0.881	0.930	2.213
	经济系统	0.612	0.610	0.566	0.601	0.595	0.680	0.700	0.740	0.784	0.812	1.435
泰州	民生系统	0.491	0.562	0.626	0.598	0.629	0.676	0.719	0.773	0.795	0.845	1.720
	经济系统	0.599	0.610	0.585	0.579	0.559	0.654	0.701	0.746	0.754	0.803	1.438

表4.3.1(续)

地区	系统	2010	2011	2012	2013	2014	2015	2016	2017	2018	2019	极商
扬州	民生系统	0.477	0.560	0.587	0.605	0.639	0.703	0.755	0.787	0.823	0.865	1.813
	经济系统	0.672	0.662	0.632	0.604	0.586	0.624	0.673	0.677	0.700	0.746	1.273
南通	民生系统	0.481	0.578	0.626	0.611	0.667	0.707	0.757	0.796	0.832	0.842	1.750
	经济系统	0.667	0.664	0.613	0.642	0.631	0.626	0.642	0.652	0.706	0.702	1.152
镇江	民生系统	0.471	0.558	0.632	0.598	0.661	0.702	0.763	0.804	0.843	0.880	1.867
	经济系统	0.576	0.609	0.656	0.645	0.615	0.641	0.670	0.728	0.777	0.793	1.376
常州	民生系统	0.465	0.482	0.582	0.581	0.646	0.693	0.753	0.799	0.785	0.812	1.747
	经济系统	0.663	0.677	0.637	0.654	0.656	0.648	0.696	0.700	0.718	0.746	1.171
南京	民生系统	0.416	0.539	0.576	0.555	0.621	0.666	0.717	0.749	0.797	0.866	2.085
	经济系统	0.518	0.580	0.585	0.580	0.607	0.673	0.698	0.742	0.777	0.844	1.630
无锡	民生系统	0.460	0.534	0.573	0.557	0.636	0.701	0.763	0.792	0.838	0.866	1.881
	经济系统	0.610	0.607	0.664	0.655	0.661	0.667	0.718	0.717	0.754	0.741	1.242
苏州	民生系统	0.454	0.541	0.616	0.617	0.680	0.726	0.781	0.792	0.814	0.845	1.860
	经济系统	0.593	0.577	0.622	0.650	0.677	0.706	0.753	0.758	0.786	0.781	1.363

（一）代表地区（宿迁）民生系统、经济系统的耦合

宿迁地区民生系统、经济系统耦合度演变进程对比。2010—2019年期间，在民生经济系统下，宿迁地区民生系统、经济系统耦合度的极商分别是1.502、1.189，这意味着两个系统耦合度在时间维度上是处于动态变化过程之中的。民生系统耦合发展进程经历了四个阶段，分别是2010—2013年期间的勉强协同发展阶段（耦合度从0.549递增至0.562）、2014—2015年期间的初级协同发展阶段（耦合度从0.624递增至0.678）、2016—2018年期间的中级协同发展阶段（耦合度从0.725递增至0.779）和2019年的良好协同发展阶段（耦合度是0.825）；经济系统耦合发展进程经历了两个阶段，分别是2010—2017年期间的初级协同发展阶段（耦合度从0.645递增至0.667）、2018—2019年期间的中级协同发展阶段（耦合度从0.729递增至0.747）。显然，两个系统耦合度在时间维度上呈现出由小到大的变化态势，这意味着宿迁地区的民生系统耦合进程快于其经济系统耦合进程。另外，时间维度上民生系统协同发展的快速进阶与经济系统协同发展进程的缓慢变化形成对比，从另外一个角度说明宿迁地区的经济系统相对于民生系统协同进阶表现出刚性。

宿迁地区民生系统、经济系统耦合度同期对比。对宿迁地区民生系统、经济系统耦合度大小进行同期比较，我们发现一个显著的特征就是，在2010—2014年期间，每个年度上都呈现出经济系统耦合度都大于同期的民生系统耦合度；2015—2019年期间则刚好相反。这说明宿迁地区民生经济系统在不断的协同发展进程中，在不同时间点，民生系统和经济系统所

发挥作用是有差异的，特别是 2015 年以来，该地区民生系统发展的引领作用在逐渐增强，这也从一个侧面说明了该地区在民生经济建设中，民生导向作用得以生效。

（二）分地区民生系统、经济系统的耦合

由于各个地区的系统耦合度是基于本地区民生、经济运行的客观数据所获得的，地区彼此之间的耦合度不便于进行大小、高低的区分，但是一个地区在 2010—2019 年期间逐年的民生系统、经济系统耦合度是可以进行比较的。

第一，随着时间推移，各个地区的民生系统、经济系统耦合度都处于不断提升的过程之中。

民生系统运行的特征。2010—2019 年期间，盐城、南京、徐州三个地区的民生系统耦合度递增速度处于前三位，其各自对应民生系统耦合度的极商分别为 2.213、2.085、1.992；宿迁、连云港、淮安三个地区的民生系统耦合度递增速度相对缓慢，处于后三位，其各自对应民生系统耦合度的极商分别为 1.502、1.666、1.687。如果说民生系统耦合度的极商反映了该系统提升进程强度的话，那么极商较大地区的民生系统内部自我变革倾向较强。这样看来，苏北五个地区分别处于自我变革倾向程度的两个极端，盐城和徐州处于自我变革倾向较强的阵营，宿迁、连云港、淮安则处于自我变革倾向较弱的阵营。除了南京地区以外，其他苏南和苏中地区的民生系统内部自我变革倾向强度则相对适中。

经济系统运行的特征。2010—2019 年期间，南京、泰州、盐城三个地区的经济系统耦合度递增速度处于前三位，各自对应系统耦合度的极商分别为 1.630、1.438、1.435；南通、连云港、常州三个地区的经济系统耦合度递增速度相对缓慢，处于后三位，各自对应系统耦合度的极商分别为 1.152、1.157、1.171。可见，在经济系统自我变革强度的选择上，苏南、苏中和苏北各有地区倾向于强变革和弱变革。

鉴于以上分析，我们以地区民生系统、经济系统变革倾向的强度（高、中、低）为标准，把江苏 13 个地区根据各自民生系统和经济系统变革的表现进行归类（见表 4.3.2）。我们知道，一个地区民生系统或经济系统的变革倾向建立在对系统优化升级的要求基础之上，其中应该包含有两类基本情况：其一，地区的民生系统、经济系统处于相对高水平的协同状态，此时，系统变革倾向主要表现分为系统局部调整或优化，系统处于相对平稳的优化过程之中。其二，地区的民生系统、经济系统处于相对较低水平的系统发展状态，此时，系统变革倾向更多地表现为强力度的系统调整或优化，系统处于相对快速的优化进程。据此，我们认为，之所以民生经济系统整体水平较高地区（比如扬州、镇江、无锡、苏州等）的民生系统、经济系统变革倾向适中，是因为维持民生经济系统平稳发展并适度优化是当下地方的最优选择。值得注意的是，连云港、宿迁、淮安等地区在整体民生经济系统整体质量偏低的情况下，其民生系统、经济系统还处于变革倾向偏低的原因应该是相关领域的变革受到了来自自身系统的刚性约束或外部条件限制的影响。

表 4.3.2　民生经济系统运行归类

		经济系统自我变革倾向强度		
		强	中	弱
民生系统自我变革倾向强度	强	盐城、南京	徐州	—
	中	泰州	扬州、镇江、无锡、苏州	南通、常州
	弱	—	宿迁、淮安	连云港

第二，各个地区都呈现出后期民生系统的耦合度强于经济系统的耦合度。

比较一个地区同一年份的民生系统与经济系统耦合度，我们会发现，和宿迁地区一样，都表现出前一阶段时间民生系统耦合度低于经济系统耦合度，后一个时期民生系统耦合度大于后者，其差异只是体现在二者耦合度出现大小交叉的时间点而已。其中，系统间耦合度大小交叉的时间点出现较早的是盐城和泰州两个地区，2012 年实现了民生系统耦合度超过经济系统耦合度的交叉；系统间耦合度大小交叉的时间点出现较迟的是无锡、常州和宿迁地区，时间点为 2015 年。也就是说，2015 年以后，江苏各地区民生经济系统发展的民生目标导向性已经开始明朗化。

二、民生子系统、经济子系统耦合

表 4.3.3 和表 4.3.4 分别给出了 2010—2019 年江苏 13 个地区民生子系统、经济子系统耦合度分布状况。

表 4.3.3 民生子系统耦合度

地区	子系统耦合	2010	2011	2012	2013	2014	2015	2016	2017	2018	2019	极商
宿迁	民生公平与民生保障	0.647	0.645	0.565	0.561	0.617	0.653	0.699	0.737	0.734	0.784	1.398
	民生公平与民生水平	0.428	0.492	0.614	0.565	0.638	0.704	0.752	0.799	0.838	0.861	2.010
	民生保障与民生水平	0.461	0.517	0.538	0.561	0.621	0.681	0.727	0.760	0.771	0.832	1.805
淮安	民生公平与民生保障	0.598	0.575	0.570	0.601	0.664	0.663	0.714	0.750	0.754	0.804	1.411
	民生公平与民生水平	0.366	0.497	0.637	0.608	0.682	0.726	0.766	0.811	0.837	0.858	2.348
	民生保障与民生水平	0.399	0.502	0.555	0.574	0.648	0.664	0.721	0.766	0.785	0.858	2.151
连云港	民生公平与民生保障	0.570	0.616	0.583	0.567	0.652	0.642	0.699	0.763	0.765	0.815	1.438
	民生公平与民生水平	0.415	0.578	0.650	0.691	0.678	0.761	0.810	0.851	0.878	0.889	2.141
	民生保障与民生水平	0.465	0.588	0.582	0.577	0.630	0.654	0.709	0.773	0.783	0.834	1.795
徐州	民生公平与民生保障	0.489	0.538	0.570	0.673	0.707	0.726	0.777	0.799	0.825	0.880	1.801
	民生公平与民生水平	0.415	0.508	0.594	0.652	0.647	0.734	0.794	0.806	0.850	0.901	2.169
	民生保障与民生水平	0.421	0.524	0.580	0.628	0.637	0.695	0.757	0.774	0.821	0.899	2.135
盐城	民生公平与民生保障	0.423	0.474	0.578	0.647	0.678	0.725	0.764	0.819	0.886	0.936	2.215
	民生公平与民生水平	0.389	0.523	0.605	0.695	0.718	0.785	0.834	0.855	0.888	0.923	2.371
	民生保障与民生水平	0.432	0.464	0.588	0.620	0.647	0.708	0.751	0.798	0.873	0.929	2.149

地区	子系统耦合	2010	2011	2012	2013	2014	2015	2016	2017	2018	2019	极商
泰州	民生公平与民生保障	0.518	0.569	0.632	0.598	0.633	0.662	0.708	0.776	0.776	0.811	1.564
	民生公平与民生水平	0.485	0.595	0.655	0.592	0.616	0.680	0.719	0.743	0.774	0.821	1.691
	民生保障与民生水平	0.458	0.516	0.591	0.601	0.634	0.686	0.729	0.786	0.822	0.883	1.928
扬州	民生公平与民生保障	0.546	0.585	0.575	0.594	0.645	0.691	0.745	0.784	0.804	0.840	1.538
	民生公平与民生水平	0.381	0.538	0.621	0.622	0.647	0.731	0.786	0.809	0.856	0.893	2.344
	民生保障与民生水平	0.427	0.549	0.571	0.604	0.627	0.693	0.742	0.773	0.815	0.867	2.029
南通	民生公平与民生保障	0.534	0.594	0.630	0.601	0.655	0.676	0.726	0.774	0.793	0.801	1.499
	民生公平与民生水平	0.445	0.596	0.663	0.583	0.629	0.681	0.739	0.766	0.820	0.839	1.887
	民生保障与民生水平	0.419	0.535	0.583	0.636	0.697	0.744	0.791	0.831	0.867	0.874	2.085
镇江	民生公平与民生保障	0.500	0.571	0.651	0.606	0.687	0.709	0.776	0.814	0.844	0.860	1.721
	民生公平与民生水平	0.461	0.572	0.626	0.562	0.629	0.692	0.755	0.799	0.839	0.890	1.930
	民生保障与民生水平	0.443	0.533	0.616	0.612	0.655	0.702	0.755	0.797	0.844	0.889	2.008
常州	民生公平与民生保障	0.549	0.485	0.580	0.585	0.649	0.671	0.730	0.797	0.745	0.760	1.642
	民生公平与民生水平	0.358	0.514	0.616	0.581	0.642	0.721	0.788	0.799	0.849	0.890	2.484
	民生保障与民生水平	0.385	0.447	0.557	0.576	0.645	0.694	0.750	0.802	0.772	0.796	2.083

表4.3.3（续）

地区	子系统耦合	2010	2011	2012	2013	2014	2015	2016	2017	2018	2019	极商
南京	民生公平与民生保障	0.448	0.575	0.569	0.559	0.604	0.638	0.690	0.721	0.760	0.827	1.847
	民生公平与民生水平	0.404	0.528	0.626	0.543	0.637	0.689	0.734	0.769	0.808	0.844	2.089
	民生保障与民生水平	0.368	0.495	0.533	0.558	0.625	0.672	0.727	0.757	0.817	0.908	2.467
无锡	民生公平与民生保障	0.450	0.532	0.576	0.554	0.633	0.688	0.753	0.801	0.825	0.842	1.870
	民生公平与民生水平	0.508	0.573	0.601	0.576	0.646	0.706	0.763	0.766	0.820	0.847	1.666
	民生保障与民生水平	0.417	0.494	0.546	0.545	0.631	0.708	0.771	0.800	0.858	0.895	2.148
苏州	民生公平与民生保障	0.460	0.532	0.613	0.639	0.685	0.711	0.764	0.782	0.783	0.810	1.761
	民生公平与民生水平	0.484	0.586	0.654	0.557	0.643	0.712	0.767	0.779	0.814	0.837	1.729
	民生保障与民生水平	0.406	0.504	0.583	0.624	0.696	0.746	0.802	0.808	0.837	0.877	2.160

表 4.3.4 经济子系统耦合度

地区	系统	2010	2011	2012	2013	2014	2015	2016	2017	2018	2019	极差
宿迁	产业结构与开放创新	0.563	0.584	0.633	0.663	0.672	0.598	0.608	0.578	0.721	0.736	1.309
	产业结构与乡村振兴	0.591	0.563	0.538	0.594	0.622	0.657	0.695	0.702	0.750	0.770	1.431
	产业结构与区域协调	0.641	0.615	0.556	0.576	0.582	0.599	0.653	0.686	0.714	0.729	1.313
	产业结构与市场体制	0.637	0.570	0.601	0.640	0.642	0.661	0.703	0.722	0.728	0.708	1.279
	开放创新与乡村振兴	0.584	0.617	0.612	0.664	0.692	0.632	0.633	0.589	0.741	0.783	1.342
	开放创新与区域协调	0.634	0.714	0.665	0.655	0.650	0.574	0.590	0.563	0.702	0.740	1.315
	开放创新与市场体制	0.630	0.641	0.750	0.759	0.742	0.632	0.629	0.585	0.717	0.717	1.298
	乡村振兴与区域协调	0.662	0.650	0.549	0.585	0.604	0.634	0.680	0.692	0.734	0.777	1.416
	乡村振兴与市场体制	0.657	0.602	0.586	0.643	0.663	0.700	0.729	0.724	0.748	0.753	1.285
	区域协调与市场体制	0.761	0.688	0.625	0.631	0.621	0.635	0.685	0.710	0.709	0.709	1.226
淮安	产业结构与开放创新	0.544	0.545	0.580	0.568	0.584	0.608	0.619	0.678	0.694	0.676	1.276
	产业结构与乡村振兴	0.417	0.497	0.541	0.579	0.601	0.648	0.716	0.762	0.828	0.842	2.023
	产业结构与区域协调	0.545	0.530	0.462	0.526	0.503	0.578	0.660	0.737	0.801	0.857	1.856
	产业结构与市场体制	0.575	0.528	0.550	0.565	0.572	0.602	0.674	0.717	0.760	0.829	1.570
	开放创新与乡村振兴	0.431	0.593	0.699	0.688	0.746	0.768	0.698	0.694	0.707	0.670	1.782
	开放创新与区域协调	0.616	0.691	0.557	0.613	0.581	0.666	0.638	0.664	0.674	0.658	1.240
	开放创新与市场体制	0.658	0.673	0.752	0.678	0.705	0.701	0.654	0.651	0.651	0.650	1.157
	乡村振兴与区域协调	0.427	0.576	0.519	0.622	0.600	0.718	0.763	0.758	0.821	0.841	1.968
	乡村振兴与市场体制	0.446	0.571	0.649	0.681	0.721	0.755	0.778	0.735	0.776	0.815	1.828
	区域协调与市场体制	0.669	0.651	0.527	0.608	0.568	0.657	0.710	0.707	0.745	0.826	1.567

表4.3.4（续）

地区	系统	2010	2011	2012	2013	2014	2015	2016	2017	2018	2019	极商
连云港	产业结构与开放创新	0.641	0.612	0.609	0.593	0.589	0.592	0.591	0.618	0.644	0.742	1.260
	产业结构与乡村振兴	0.493	0.563	0.589	0.619	0.610	0.639	0.654	0.719	0.775	0.864	1.753
	产业结构与区域协调	0.645	0.603	0.531	0.554	0.518	0.583	0.623	0.676	0.686	0.751	1.448
	产业结构与市场体制	0.647	0.585	0.585	0.591	0.578	0.608	0.653	0.720	0.713	0.721	1.246
	开放创新与乡村振兴	0.523	0.656	0.728	0.710	0.742	0.726	0.659	0.646	0.687	0.751	1.436
	开放创新与区域协调	0.738	0.746	0.640	0.625	0.601	0.656	0.626	0.607	0.614	0.664	1.241
	开放创新与市场体制	0.739	0.710	0.739	0.678	0.700	0.690	0.657	0.641	0.636	0.643	1.163
	乡村振兴与区域协调	0.522	0.647	0.614	0.652	0.624	0.715	0.702	0.710	0.735	0.760	1.456
	乡村振兴与市场体制	0.525	0.626	0.691	0.707	0.724	0.755	0.740	0.756	0.766	0.731	1.459
	区域协调与市场体制	0.748	0.698	0.611	0.622	0.589	0.680	0.705	0.710	0.676	0.647	1.269
徐州	产业结构与开放创新	0.490	0.547	0.565	0.648	0.579	0.575	0.632	0.695	0.763	0.753	1.557
	产业结构与乡村振兴	0.457	0.498	0.516	0.640	0.597	0.644	0.698	0.772	0.864	0.843	1.890
	产业结构与区域协调	0.483	0.521	0.519	0.640	0.574	0.560	0.603	0.692	0.799	0.818	1.694
	产业结构与市场体制	0.511	0.528	0.524	0.641	0.600	0.621	0.663	0.724	0.749	0.741	1.465
	开放创新与乡村振兴	0.546	0.620	0.662	0.657	0.652	0.660	0.712	0.727	0.767	0.788	1.443
	开放创新与区域协调	0.638	0.732	0.735	0.662	0.635	0.569	0.610	0.649	0.702	0.756	1.329
	开放创新与市场体制	0.682	0.717	0.715	0.661	0.665	0.636	0.675	0.681	0.673	0.695	1.127
	乡村振兴与区域协调	0.541	0.592	0.604	0.650	0.651	0.643	0.679	0.725	0.799	0.856	1.583
	乡村振兴与市场体制	0.570	0.594	0.602	0.650	0.676	0.719	0.749	0.756	0.754	0.774	1.358
	区域协调与市场体制	0.683	0.674	0.637	0.654	0.664	0.619	0.642	0.677	0.692	0.742	1.200

表4.3.4（续）

地区	系统	2010	2011	2012	2013	2014	2015	2016	2017	2018	2019	极商
盐城	产业结构与开放创新	0.610	0.619	0.482	0.532	0.485	0.584	0.631	0.733	0.806	0.846	1.757
	产业结构与乡村振兴	0.447	0.485	0.455	0.560	0.523	0.642	0.723	0.797	0.889	0.899	2.010
	产业结构与区域协调	0.637	0.568	0.418	0.513	0.453	0.586	0.666	0.774	0.786	0.872	2.084
	产业结构与市场体制	0.698	0.628	0.477	0.588	0.510	0.593	0.659	0.683	0.737	0.705	1.544
	开放创新与乡村振兴	0.440	0.523	0.615	0.605	0.655	0.736	0.714	0.758	0.822	0.849	1.931
	开放创新与区域协调	0.630	0.653	0.557	0.551	0.543	0.665	0.655	0.732	0.728	0.818	1.507
	开放创新与市场体制	0.693	0.749	0.718	0.650	0.648	0.672	0.649	0.652	0.688	0.672	1.156
	乡村振兴与区域协调	0.444	0.490	0.507	0.582	0.594	0.749	0.767	0.802	0.803	0.874	1.970
	乡村振兴与市场体制	0.467	0.528	0.606	0.685	0.717	0.754	0.752	0.706	0.752	0.713	1.615
	区域协调与市场体制	0.740	0.665	0.549	0.620	0.583	0.681	0.689	0.678	0.672	0.679	1.347
泰州	产业结构与开放创新	0.658	0.645	0.597	0.550	0.486	0.586	0.620	0.651	0.690	0.742	1.525
	产业结构与乡村振兴	0.478	0.535	0.535	0.582	0.607	0.703	0.756	0.786	0.811	0.863	1.805
	产业结构与区域协调	0.528	0.516	0.446	0.520	0.464	0.598	0.694	0.787	0.796	0.894	2.005
	产业结构与市场体制	0.648	0.606	0.582	0.598	0.603	0.658	0.707	0.743	0.707	0.740	1.278
	开放创新与乡村振兴	0.516	0.613	0.624	0.584	0.532	0.649	0.664	0.681	0.730	0.761	1.475
	开放创新与区域协调	0.589	0.600	0.506	0.523	0.424	0.560	0.612	0.666	0.707	0.765	1.804
	开放创新与市场体制	0.758	0.741	0.718	0.600	0.521	0.609	0.624	0.644	0.648	0.668	1.455
	乡村振兴与区域协调	0.443	0.505	0.467	0.554	0.509	0.672	0.757	0.830	0.855	0.914	2.064
	乡村振兴与市场体制	0.505	0.580	0.609	0.640	0.684	0.748	0.769	0.781	0.752	0.760	1.547
	区域协调与市场体制	0.578	0.564	0.491	0.565	0.497	0.626	0.704	0.781	0.730	0.765	1.589

地区	系统	2010	2011	2012	2013	2014	2015	2016	2017	2018	2019	极商
扬州	产业结构与开放创新	0.659	0.678	0.640	0.596	0.584	0.578	0.581	0.626	0.620	0.648	1.174
	产业结构与乡村振兴	0.587	0.582	0.578	0.580	0.612	0.652	0.722	0.766	0.764	0.812	1.405
	产业结构与区域协调	0.602	0.627	0.505	0.504	0.451	0.553	0.670	0.703	0.722	0.816	1.810
	产业结构与市场体制	0.657	0.644	0.618	0.625	0.633	0.658	0.723	0.695	0.633	0.701	1.171
	开放创新与乡村振兴	0.663	0.644	0.679	0.628	0.622	0.622	0.601	0.633	0.679	0.676	1.130
	开放创新与区域协调	0.695	0.718	0.573	0.534	0.451	0.530	0.562	0.588	0.643	0.670	1.592
	开放创新与市场体制	0.800	0.755	0.783	0.702	0.647	0.623	0.587	0.577	0.572	0.594	1.398
	乡村振兴与区域协调	0.608	0.602	0.530	0.527	0.473	0.593	0.695	0.708	0.810	0.858	1.814
	乡村振兴与市场体制	0.661	0.615	0.657	0.663	0.682	0.722	0.754	0.700	0.698	0.735	1.226
	区域协调与市场体制	0.695	0.679	0.553	0.552	0.467	0.589	0.692	0.642	0.659	0.732	1.569
南通	产业结构与开放创新	0.651	0.686	0.575	0.597	0.544	0.533	0.524	0.551	0.628	0.601	1.310
	产业结构与乡村振兴	0.534	0.530	0.525	0.608	0.638	0.649	0.671	0.746	0.797	0.819	1.559
	产业结构与区域协调	0.642	0.649	0.499	0.585	0.573	0.529	0.564	0.644	0.722	0.768	1.539
	产业结构与市场体制	0.651	0.643	0.542	0.636	0.624	0.605	0.633	0.642	0.680	0.659	1.254
	开放创新与乡村振兴	0.583	0.581	0.670	0.644	0.611	0.628	0.598	0.593	0.667	0.619	1.152
	开放创新与区域协调	0.752	0.773	0.629	0.618	0.550	0.513	0.513	0.529	0.613	0.586	1.508
	开放创新与市场体制	0.773	0.768	0.741	0.685	0.595	0.584	0.563	0.525	0.583	0.528	1.472
	乡村振兴与区域协调	0.573	0.553	0.559	0.630	0.660	0.627	0.668	0.721	0.790	0.815	1.473
	乡村振兴与市场体制	0.577	0.546	0.629	0.701	0.749	0.781	0.807	0.722	0.737	0.686	1.477
	区域协调与市场体制	0.766	0.715	0.589	0.670	0.646	0.581	0.627	0.615	0.666	0.644	1.317

表4.3.4（续）

地区	系统	2010	2011	2012	2013	2014	2015	2016	2017	2018	2019	极商
镇江	产业结构与开放创新	0.589	0.601	0.664	0.602	0.522	0.521	0.551	0.618	0.748	0.775	1.486
	产业结构与乡村振兴	0.498	0.527	0.555	0.583	0.574	0.603	0.644	0.788	0.820	0.874	1.754
	产业结构与区域协调	0.475	0.541	0.615	0.639	0.555	0.581	0.639	0.808	0.824	0.866	1.822
	产业结构与市场体制	0.611	0.591	0.623	0.630	0.564	0.588	0.631	0.749	0.745	0.690	1.328
	开放创新与乡村振兴	0.541	0.595	0.622	0.605	0.607	0.609	0.620	0.629	0.766	0.802	1.482
	开放创新与区域协调	0.526	0.650	0.762	0.683	0.596	0.588	0.608	0.600	0.752	0.775	1.473
	开放创新与市场体制	0.724	0.721	0.751	0.666	0.601	0.594	0.605	0.591	0.696	0.644	1.271
	乡村振兴与区域协调	0.454	0.542	0.580	0.637	0.678	0.728	0.761	0.805	0.842	0.898	1.979
	乡村振兴与市场体制	0.554	0.586	0.590	0.630	0.673	0.716	0.732	0.752	0.764	0.717	1.379
	区域协调与市场体制	0.543	0.638	0.695	0.742	0.687	0.730	0.767	0.759	0.749	0.675	1.414
常州	产业结构与开放创新	0.732	0.717	0.682	0.677	0.639	0.646	0.664	0.635	0.667	0.699	1.153
	产业结构与乡村振兴	0.601	0.630	0.615	0.649	0.641	0.651	0.737	0.741	0.776	0.788	1.311
	产业结构与区域协调	0.716	0.723	0.578	0.637	0.624	0.635	0.675	0.680	0.697	0.718	1.250
	产业结构与市场体制	0.675	0.610	0.582	0.645	0.631	0.650	0.691	0.719	0.722	0.769	1.322
	开放创新与乡村振兴	0.609	0.665	0.697	0.671	0.677	0.653	0.706	0.677	0.713	0.736	1.209
	开放创新与区域协调	0.727	0.792	0.667	0.664	0.666	0.639	0.646	0.620	0.642	0.670	1.276
	开放创新与市场体制	0.684	0.649	0.664	0.670	0.671	0.653	0.663	0.654	0.664	0.715	1.102
	乡村振兴与区域协调	0.598	0.668	0.604	0.639	0.663	0.644	0.718	0.724	0.744	0.755	1.262
	乡村振兴与市场体制	0.583	0.592	0.606	0.645	0.668	0.656	0.731	0.759	0.766	0.801	1.373
	区域协调与市场体制	0.670	0.651	0.571	0.634	0.656	0.643	0.673	0.701	0.692	0.734	1.284

地区	系统	2010	2011	2012	2013	2014	2015	2016	2017	2018	2019	极商
南京	产业结构与开放创新	0.469	0.569	0.501	0.465	0.454	0.504	0.575	0.689	0.746	0.897	1.973
	产业结构与乡村振兴	0.401	0.496	0.475	0.492	0.522	0.602	0.695	0.768	0.806	0.890	2.217
	产业结构与区域协调	0.368	0.524	0.458	0.467	0.480	0.558	0.681	0.766	0.801	0.937	2.544
	产业结构与市场体制	0.477	0.575	0.497	0.500	0.514	0.566	0.669	0.697	0.712	0.755	1.581
	开放创新与乡村振兴	0.486	0.546	0.608	0.586	0.591	0.649	0.641	0.735	0.794	0.855	1.759
	开放创新与区域协调	0.455	0.618	0.636	0.580	0.551	0.607	0.616	0.723	0.785	0.889	1.952
	开放创新与市场体制	0.736	0.697	0.714	0.628	0.594	0.609	0.612	0.663	0.695	0.721	1.237
	乡村振兴与区域协调	0.385	0.509	0.552	0.608	0.674	0.804	0.795	0.827	0.861	0.881	2.287
	乡村振兴与市场体制	0.494	0.552	0.600	0.650	0.722	0.779	0.764	0.743	0.755	0.738	1.576
	区域协调与市场体制	0.464	0.627	0.622	0.666	0.699	0.755	0.770	0.733	0.737	0.727	1.660
无锡	产业结构与开放创新	0.555	0.578	0.670	0.633	0.577	0.581	0.616	0.654	0.784	0.827	1.490
	产业结构与乡村振兴	0.488	0.497	0.598	0.647	0.671	0.697	0.750	0.776	0.789	0.805	1.649
	产业结构与区域协调	0.509	0.560	0.658	0.692	0.656	0.677	0.714	0.739	0.751	0.777	1.527
	产业结构与市场体制	0.574	0.570	0.606	0.639	0.648	0.659	0.732	0.706	0.734	0.607	1.289
	开放创新与乡村振兴	0.572	0.563	0.661	0.633	0.629	0.627	0.661	0.691	0.784	0.817	1.451
	开放创新与区域协调	0.648	0.709	0.782	0.672	0.608	0.597	0.619	0.647	0.745	0.790	1.322
	开放创新与市场体制	0.755	0.696	0.680	0.624	0.607	0.594	0.643	0.634	0.729	0.609	1.271
	乡村振兴与区域协调	0.530	0.548	0.651	0.681	0.722	0.734	0.770	0.778	0.756	0.775	1.469
	乡村振兴与市场体制	0.589	0.558	0.608	0.638	0.703	0.707	0.781	0.740	0.741	0.623	1.400
	区域协调与市场体制	0.668	0.676	0.670	0.675	0.696	0.690	0.751	0.702	0.702	0.582	1.289

地区	系统	2010	2011	2012	2013	2014	2015	2016	2017	2018	2019	极商
苏州	产业结构与开放创新	0.559	0.547	0.621	0.572	0.603	0.641	0.679	0.718	0.787	0.847	1.548
	产业结构与乡村振兴	0.490	0.502	0.592	0.624	0.682	0.717	0.746	0.783	0.813	0.821	1.677
	产业结构与区域协调	0.532	0.528	0.637	0.679	0.675	0.665	0.704	0.733	0.776	0.797	1.510
	产业结构与市场体制	0.573	0.552	0.557	0.639	0.659	0.674	0.742	0.753	0.754	0.685	1.367
	开放创新与乡村振兴	0.547	0.560	0.633	0.592	0.652	0.720	0.748	0.764	0.820	0.846	1.547
	开放创新与区域协调	0.652	0.632	0.716	0.630	0.637	0.665	0.703	0.709	0.781	0.826	1.311
	开放创新与市场体制	0.710	0.656	0.594	0.601	0.627	0.675	0.744	0.732	0.756	0.694	1.272
	乡村振兴与区域协调	0.524	0.543	0.647	0.692	0.737	0.757	0.783	0.783	0.811	0.803	1.547
	乡村振兴与市场体制	0.559	0.564	0.573	0.655	0.712	0.757	0.818	0.799	0.785	0.700	1.462
	区域协调与市场体制	0.668	0.633	0.606	0.734	0.714	0.707	0.784	0.750	0.744	0.658	1.295

（一）代表地区（宿迁）民生子系统、经济子系统耦合

1. 民生子系统内部耦合

第一，民生子系统耦合时间维度上的特征。2010—2019 年期间，在民生经济系统下，宿迁地区民生子系统之间协同发展呈现为民生公平与民生保障、民生公平与民生水平、民生保障与民生水平耦合度的演变，三个子系统耦合极商分别为 1.398、2.010、1.805，这说明民生三子系统两两之间的协同发展程度是有差异的。同时，我们注意到：民生公平与民生保障子系统之间经历了 2010—2011 年期间初级协同发展阶段（系统耦合度分别为 0.647 和 0.645）、2012—2013 年期间的勉强协同发展阶段（系统耦合度分别为 0.565 和 0.561）、2014—2016 年期间的初级协同发展阶段（系统耦合度从 0.617 递增至 0.699）、2017—2019 年期间的中级协同发展阶段（系统耦合度从 0.737 递增至 0.784）；民生公平与民生水平子系统之间经历了 2010—2011 年的濒临失调发展状态（系统耦合度从 0.428 递增至 0.492）、2012—2017 年期间的勉强、初级、中级协调发展（系统耦合度从 0.614 演变到 0.799），过渡到 2018—2019 年良好协同发展阶段（系统耦合度从 0.838 递增至 0.861）；民生保障与民生水平子系统之间经历了 2010 年的勉强协同发展时期（系统耦合度为 0.461）、2012—2013 年期间的勉强协同发展阶段（系统耦合度从 0.535 递增至 0.561）、2014—2015 年期间的初级协同发展阶段（系统耦合度从 0.621 递增至 0.681）、2016—2018 年期间的中级协调发展（系统耦合度从 0.727 递增至 0.771）、2019 年的良好协同发展阶段（系统耦合度为 0.832）。综上，我们认为，2010—2019 年期间，宿迁地区民生子系统之间处于协同发展水平不断提升的过程之中，并且相对于民生公平与民生水平子系统之间的耦合进程，民生保障与民生公平子系统之间的耦合进程较为平缓。

第二，民生子系统之间耦合度比较。子系统耦合状况直接影响系统整体的耦合水平，子系统耦合度彼此之间的差异有助于说明各类子系统耦合对整体系统耦合的影响程度。对比同一个年份宿迁地区民生公平与民生保障、民生公平与民生水平、民生保障与民生水平耦合度，我们发现三个子系统之间的耦合度并不一致，以 2010 年为例，三个子系统之间的民生公平与民生保障耦合度（0.647）为最大、民生公平与民生水平的耦合度（0.428）为最小、民生保障与民生水平的耦合度（0.461）居中。按照这个思路，对逐年宿迁地区三个民生子系统耦合度进行大小比较，并观察其共性，我们发现：2012—2019 年期间，民生公平与民生水平系统之间的耦

合水平大于其他两类子系统之间的耦合度；2013—2019 年期间，民生公平与民生保障子系统之间的耦合度最小；总体看来，涉及民生水平的子系统之间的耦合进程总体上都较快，而涉及民生保障的子系统之间的耦合进程总体上都较平缓。为了更好揭示民生子系统在民生质量提高方面的态势，将同期三个民生子系统耦合度前两位中共同包含的子系统称为中心民生子系统，将同期三个民生子系统耦合度后两位中共同包含的子系统称为待优化民生子系统，中心民生子系统、待优化民生子系统以外的子系统称为适度民生子系统。这样 2010—2019 年期间，宿迁地区的中心民生子系统分别是民生保障（2010—2011 年）、民生公平（2012 年）、民生水平（2013—2019 年）（见表 4.3.5），由此可见，在民生经济系统下，民生水平逐渐演变为宿迁地区推动民生质量提升的重要抓手。值得注意的是，同期民生保障逐渐演变为待优化民生子系统。因此，我们认为，在民生经济系统下，民生保障子系统的优化在保障地区民生系统质量提升上值得关注。

表 4.3.5　2010—2019 年江苏各地区中心民生子系统

地区	年份									
	2010	2011	2012	2013	2014	2015	2016	2017	2018	2019
宿迁	民生保障	民生保障	民生公平	民生水平	民生水平	民生水平	民生水平	民生水平	民生水平	民生水平
淮安	民生保障	民生保障	民生公平	民生公平	民生公平	民生水平	民生水平	民生水平	民生水平	民生水平
连云港	民生保障	民生保障	民生公平	民生水平	民生公平	民生水平	民生水平	民生水平	民生水平	民生水平
徐州	民生保障	民生保障	民生水平	民生水平	民生水平	民生公平	民生公平	民生公平	民生公平	民生水平
盐城	民生保障	民生公平	民生公平	民生公平	民生公平	民生公平	民生公平	民生公平	民生公平	民生保障
泰州	民生公平	民生公平	民生公平	民生保障	民生保障	民生水平	民生水平	民生保障	民生保障	民生水平
扬州	民生保障	民生保障	民生公平	民生水平	民生公平	民生公平	民生公平	民生公平	民生水平	民生水平
南通	民生公平	民生公平	民生公平	民生保障	民生保障	民生水平	民生水平	民生保障	民生水平	民生水平
镇江	民生公平	民生公平	民生公平	民生保障	民生保障	民生保障	民生公平	民生保障	民生保障	民生水平
常州	民生保障	民生公平	民生公平	民生公平	民生保障	民生保障	民生水平	民生水平	民生水平	民生水平
南京	民生公平	民生公平	民生公平	民生保障	民生水平	民生水平	民生水平	民生水平	民生水平	民生水平
无锡	民生公平	民生公平	民生公平	民生公平	民生公平	民生水平	民生水平	民生保障	民生保障	民生水平
苏州	民生公平	民生公平	民生公平	民生保障	民生保障	民生水平	民生水平	民生保障	民生水平	民生水平

2. 经济子系统耦合

在民生经济系统下，宿迁地区经济系统的产业结构、开放创新、乡村振兴、区域协调、市场体制两两子系统之间共呈现出 10 种耦合形式，分别是产业结构与开放创新、产业结构与乡村振兴、产业结构与区域协调、产业结构与市场体制、开放创新与乡村振兴、开放创新与区域协调、开放创新与市场体制、乡村振兴与区域协调、乡村振兴与市场体制、区域协调与市场体制之间的耦合。

首先，经济子系统耦合时间维度上的特征。时间维度上，经济系统内10种子系统耦合度极商都大于1，这意味着宿迁地区经济子系统之间协同发展状态处于动态变化过程之中，并且这种动态变化呈现出两种不同的递增态势：其一，近似线性递增，主要发生在产业结构与乡村振兴、区域协调、市场体制之间的耦合，以及乡村振兴与区域协调、市场体制之间的子系统耦合；其二，曲线（波动）式递增，主要发生在开放创新与产业结构、乡村振兴、区域协调、市场体制，以及区域协调与市场体制之间的子系统耦合。经济子系统出现这种不同形态的协同发展进程，说明在推动宿迁地区经济协同发展上，相对于开放创新，产业结构、乡村振兴等子系统升级更有利于经济系统协同发展程度的稳定提升。另外，从各类子系统耦合度极商的视角，产业结构与乡村振兴（耦合度极商为1.431）、乡村振兴与区域协调（耦合度极商为1.416）之间协同发展进程相对较快，产业结构与市场体制（耦合度极商为1.279）、区域协调与市场体制（耦合度极商为1.226）之间协同发展进程相对较为缓慢。

其次，经济子系统之间耦合度比较。基于揭示经济子系统在推动地方经济质量提升中所处系统协同状态的强弱，对同年度经济子系统之间的耦合度大小进行比较。在经济系统五个子系统中，如果一个子系统与其他四个子系统耦合度值中的四个或三个位于同期子系统耦合度值的前四位置或前三位置，那么该地区在同期提升地方经济质量方面强化了该子系统与其他子系统，或者其他子系统与该子系统之间的协同态势。为此，本书将具有这种特征的子系统称为地区中心经济子系统；相反，如果一个子系统与其他四个子系统耦合度值中的四个或三个位于同期子系统耦合度值的后四位置或后三位置，那么该地区在同期提升地方经济质量方面则是相对放缓或维持了该子系统与其他子系统，或者其他子系统与该子系统之间的协同态势。为此，本书将具有这种特征的子系统称为地区待优化经济子系统；处于中心经济子系统和待优化经济子系统之间的称为地区适度经济子系统。以2019年为例，乡村振兴与开放创新、区域协调、产业结构、市场体制等子系统之间的耦合度分别为0.783、0.777、0.770、0.753，处于当年度子系统耦合度的前四位置。同期，市场体制与开放创新、区域协调、产业结构等子系统之间的耦合度分别为0.717、0.709、0.708，处于当年度子系统耦合度的后三位置；这说明2019年期间，宿迁地区在提升地方经济质量方面，强化了地方乡村振兴在整个经济建设中的地位，提升了乡村振兴与其他四个经济子系统之间的协同发展水平。应该注意的是，相对于乡村振兴，该地区同期市场体制在经济系统中的协同发展地位则被放缓（这一点可以通过比较市场体制与其他子系统之间前期的协同发展水平获知）。按照这样的分析方法，我们获知 2010—2019 年期间宿迁地区在提升地方经济质量方面，从强化区域协调（2010—2011 年）、开放创新（2012—2014 年）、市场体制（2015 年和 2017 年）到乡村振兴（2016 年、2018—2019 年）等子系统的协同伴随着放缓开放创新（2010 年、2015—2017 年）、产业结构（2011 年）、乡村振兴（2012 年）、区域协调（2013—2014 年、2018 年）到市场体制（2019 年）等子系统的协同（见表 4.3.6）；相比较于待优化经济子系统分布，中心经济子系统分布更加具有延续性。

表 4.3.6　2010—2019 年江苏各地区中心经济子系统与待优化经济子系统

地区	子系统属性	年份									
		2010	2011	2012	2013	2014	2015	2016	2017	2018	2019
宿迁	中心	区域协调	区域协调	开放创新	开放创新*	开放创新	市场体制	乡村振兴	市场体制	乡村振兴*	乡村振兴*
	待优化	开放创新	产业结构	乡村振兴	区域协调	区域协调	开放创新	开放创新	开放创新*	区域协调	市场体制
淮安	中心	市场体制	开放创新	开放创新	乡村振兴	乡村振兴	乡村振兴	乡村振兴	乡村振兴	乡村振兴	产业结构
	待优化	乡村振兴*	产业结构	区域协调	产业结构	区域协调	产业结构	开放创新	开放创新*	开放创新*	开放创新
连云港	中心	市场体制	开放创新	开放创新	市场体制	乡村振兴	乡村振兴	乡村振兴	市场体制	乡村振兴	乡村振兴
	待优化	乡村振兴*	产业结构*	产业结构*	产业结构*	产业结构	产业结构	产业结构	开放创新	开放创新	市场体制
徐州	中心	市场体制	开放创新	开放创新	开放创新	市场体制	乡村振兴	乡村振兴	乡村振兴	乡村振兴	乡村振兴
	待优化	产业结构	产业结构*	产业结构*	产业结构*	产业结构	区域协调	区域协调	市场体制	市场体制	市场体制
盐城	中心	市场体制	市场体制	开放创新	市场体制	乡村振兴	乡村振兴	乡村振兴	乡村振兴	市场体制	乡村振兴
	待优化	乡村振兴	乡村振兴*	产业结构	产业结构	产业结构*	乡村振兴	乡村振兴	乡村振兴	乡村振兴	产业结构
泰州	中心	市场体制	市场体制	市场体制	区域协调	产业结构	市场体制	市场体制	市场体制	市场体制	区域协调
	待优化	产业结构*	产业结构*	产业结构*	产业结构	产业结构	市场体制	市场体制*	市场体制	市场体制	市场体制
扬州	中心	开放创新	开放创新	开放创新	市场体制	市场体制	乡村振兴	乡村振兴	乡村振兴	乡村振兴	乡村振兴
	待优化	产业结构	乡村振兴	区域协调	区域协调*	区域协调	区域协调	开放创新*	开放创新	开放创新	开放创新
南通	中心	开放创新	开放创新	开放创新	市场体制	乡村振兴	乡村振兴	乡村振兴	乡村振兴	乡村振兴	乡村振兴
	待优化	乡村振兴*	乡村振兴*	产业结构	产业结构*	开放创新	区域协调	开放创新*	开放创新	开放创新	开放创新*
镇江	中心	市场体制	开放创新	开放创新	区域协调	乡村振兴	乡村振兴	区域协调	区域协调	乡村振兴	乡村振兴
	待优化	区域协调	乡村振兴	乡村振兴	产业结构*	产业结构	产业结构	乡村振兴*	市场体制	市场体制	市场体制
常州	中心	开放创新	区域协调	开放创新*	开放创新*	开放创新	乡村振兴	乡村振兴	乡村振兴	乡村振兴	乡村振兴
	待优化	乡村振兴*	市场体制	区域协调	区域协调*	产业结构	区域协调	乡村振兴*	市场体制	市场体制	开放创新
南京	中心	市场体制	市场体制	开放创新	市场体制	市场体制	产业结构	开放创新	开放创新	市场体制	产业结构
	待优化	区域协调	乡村振兴	产业结构	产业结构*	产业结构	产业结构*	开放创新	开放创新	市场体制	市场体制
无锡	中心	市场体制	开放创新	开放创新	区域协调	乡村振兴	乡村振兴	乡村振兴	乡村振兴	乡村振兴	乡村振兴
	待优化	产业结构*	乡村振兴	乡村振兴	开放创新	开放创新	开放创新*	开放创新	市场体制	市场体制	市场体制
苏州	中心	市场体制	市场体制	区域协调	区域协调	乡村振兴	乡村振兴*	乡村振兴	乡村振兴	乡村振兴	开放创新
	待优化	乡村振兴*	产业结构	市场体制	开放创新	开放创新*	产业结构	产业结构	开放创新	市场体制	市场体制

注：标注 * 的经济子系统与其他四个经济子系统耦合度处于前（后）四位置，没有标注 * 的经济子系统与其他四个经济子系统中的三个耦合度居于前（后）三位置。

最后，在民生经济系统下，统观民生子系统耦合与经济子系统耦合，2014年以后，民生子系统之间的耦合进程相对快于经济子系统之间的耦合；同时，伴随着时间推移，子系统之间耦合度趋同程度在增强。其中，民生子系统之间耦合在2019年趋于良好协同发展阶段，而经济子系统之间耦合在2018年都达到了中级协同发展阶段。整体上看，宿迁地区民生子系统间协同进程相对快于经济子系统间协同进程，但是不同时间点上的强化及放缓子系统在民生经济系统中的协同效应，使得子系统之间同步协同效应正在逐渐体现。

（二）地区民生子系统、经济子系统耦合趋势对比分析

我们知道，江苏13个地区在同年份下各自民生系统、经济系统协同发展阶段的差异性是明显的，这并不排斥各地区对自身在时间维度上的民生、经济发展阶段及趋势的研判。

1. 地区民生子系统耦合趋势对比分析

首先，时间维度上地区民生子系统的特征。与宿迁地区的时间维度上民生子系统耦合度变化趋势类似，江苏其他各个地区的民生公平与民生保障、民生公平与民生水平、民生保障与民生水平之间的耦合度随着时间推移，总体上呈现出明显的递增趋势，也就是说，各地区的民生子系统之间发展协同进程处于不断的优化过程之中。在本地民生经济系统的基础上，到2019年，子系统耦合度基本上都大于0.8（除了宿迁地区的民生公平与民生保障、常州地区的民生公平与民生保障、民生保障与民生水平的耦合度以外），即各地子系统都达到了良好协同发展阶段。尤为值得关注的是盐城的民生子系统之间、徐州的民生公平与民生水平及南京地区的民生保障与民生水平耦合度都超过了0.9。

其次，同期地区民生子系统之间的耦合趋势比较。表4.3.5给出了2010—2019年江苏各地区中心民生子系统分布状况，其总体特征可以概括为三类：第一类，民生保障→民生公平→民生水平。中心民生子系统与宿迁地区相似的主要是淮安和连云港两个地区，从2010—2011年的民生保障子系统经过2011—2014年的民生公平子系统过渡到2015—2019年主体上的民生水平子系统（当然，部分年份并不完全吻合，下同）。第二类，民生保障→民生水平→民生公平。徐州、盐城两个地区的中心民生子系统主要以这种形式演变，其时间分布依次是2010—2011年、2012年和2013—2019年（当然，部分年份并不完全吻合）；第三类，民生公平→民生保障

→民生水平。苏中、苏南地区的中心民生子系统以这种过程演变，其时间分布依次是 2010—2012 年、2013—2014 年、2015—2019 年。总体看来，2014 年前，江苏各地民生子系统的地区特征相对明显；2015 年后各地民生水平的中心民生子系统的特征逐渐明朗，但是同期各地区的待优化民生子系统区域特征相对明显，苏北、苏中的扬州和苏南的常州以民生保障为主，苏中和苏南的其他地区以民生公平为主。由此，我们认为，江苏省各地把民生水平作为提升地方民生质量的有力举措的同时，北方地区应加强民生保障，而苏中、苏南地区则需要注意民生公平。

2. 地区经济子系统耦合趋势对比分析

首先，时间维度上地区经济子系统的特征。江苏 13 个地区在经济子系统耦合中，结合地区经济子系统在时间维度上演变趋势及耦合度极高，我们发现，江苏各地区的产业结构与区域协调、产业结构与乡村振兴、乡村振兴与区域协调三个子系统间耦合度保持着较为鲜明的线性递增趋势（其中只有常州产业结构与区域协调的耦合度呈现出曲线波动式递增趋势），这意味着在提升地区民生经济系统运行质量方面，江苏各个地区在产业结构、区域协调、乡村振兴三个子系统的协同发展程度较高。值得注意的是，市场体制与产业结构、开放创新、区域协调三个子系统之间耦合度总体上都呈现出明显的曲线波动式递增态势（其中只有常州的产业结构与市场体制、区域协调与市场体制，以及扬州的区域协调与市场体制的耦合度线性递增态势稍微鲜明些外）；另外，苏北的两个地区（宿迁和徐州）、苏中的一个地区（扬州）、苏南的两个地区（镇江和南京）的乡村振兴与市场体制的耦合度呈现曲线波动式递增，其他地区则呈现出较为分明的线性递增趋势，这意味着江苏各个地区的市场体制在融入（或适应）地方经济其他子系统上存在着不同程度的障碍。开放创新与产业结构、区域协调、乡村振兴之间的耦合度呈现出地区性递增特点：其中，苏北的两个地区（淮安和连云港）、苏中的三个地区（泰州、扬州、南通）和苏南的一个地区（常州）的开放创新与产业结构之间的耦合度、苏北的四个地区（淮安、连云港、徐州、盐城）和苏南的两个地区（无锡、苏州）的开放创新与区域协调的耦合度、苏南的三个地区（泰州、扬州、南通）与苏南的一个地区（常州）的开放创新与乡村振兴的耦合度呈现曲线波动式递增，其他地区则呈现出较为分明的线性递增趋势。可见，将开放创新这一推动地方经济质量提升的动力融入产业结构、区域协调、乡村振兴方面的做法，江苏各地仍在不断的探索之中。

其次，同期地区经济子系统之间的耦合趋势比较。比较表 4.3.6 中江苏各地区经济子系统协同的演变态势：江苏 13 个地区的中心经济子系统，2010 年以市场体制为主、2011—2012 年以开放创新为主、2014—2019 年以乡村振兴为主，2013 年，中心经济子系统特征不甚清晰，市场体制、区域协调等都演变为了地区中心经济子系统。总体上看来，在引领经济系统协同实现各地经济质量提升上，江苏各地的中心经济子系统演变的态势是市场体制→开放创新→乡村振兴。相对于同期的地区中心经济子系统，各地待优化经济子系统特征不太鲜明，整体态势是，江苏 13 个地区的待优化经济子系统，2010—2011 年以乡村振兴为主、2012—2015 年以产业结构为主、2016—2017 年以开放创新为主、2018—2019 年以市场体制为主。值得注意的是，2010—2013 年期间，各地区的中心经济子系统调整（或者变换）的频率相对较高，其中，淮安和镇江 4 年中市场体制、开放创新、乡村振兴（区域协调）三种中心经济子系统交替出现、其他地区在 4 年中也都有两种中心经济子系统发生交替；但是，进入 2014 年以来，各地区的中心经济子系统以乡村振兴为主，其中盐城和南通两地在 2014—2019 年的 6 年中，乡村振兴是唯一不变的中心经济子系统。以上数据说明，乡村振兴是当前江苏各地在打造地区健康经济系统、提升经济质量的有力抓手，而提升开放创新（或市场体制）的地区经济系统高度协同是众多地区面临的共同问题。

三、子系统与系统间的耦合

我们知道，经济因民生诉求而发展、民生因经济发展而改善，前者表现为经济子系统适应并融合于民生系统的程度，后者表现为民生子系统适应并受经济系统影响而改善的程度。为了揭示二者之间的关系，下文分别对民生子系统（民生水平、民生公平和民生保障）与经济系统的耦合度、经济子系统（产业结构、开放创新、乡村振兴、区域协调、市场体制）与民生系统的耦合度进行考察（见表 4.3.7）。

表 4.3.7 子系统与系统之间的耦合度

地区		系统耦合	2010	2011	2012	2013	2014	2015	2016	2017	2018	2019	极商
宿迁	经济子系统与民生系统	产业结构与民生系统	0.693	0.684	0.688	0.705	0.736	0.765	0.802	0.828	0.846	0.861	1.258
		开放创新与民生系统	0.688	0.737	0.762	0.755	0.790	0.744	0.746	0.713	0.840	0.871	1.266
		乡村振兴与民生系统	0.705	0.707	0.678	0.707	0.748	0.788	0.816	0.826	0.854	0.886	1.306
		区域协调与民生系统	0.745	0.760	0.705	0.699	0.721	0.745	0.791	0.821	0.835	0.866	1.239
	民生子系统与经济系统	市场体制与民生系统	0.742	0.725	0.745	0.745	0.772	0.801	0.831	0.848	0.846	0.848	1.170
		民生水平与经济系统	0.529	0.596	0.700	0.710	0.753	0.786	0.812	0.822	0.864	0.880	1.665
		民生公平与经济系统	0.785	0.770	0.771	0.719	0.756	0.759	0.789	0.805	0.834	0.844	1.174
		民生保障与经济系统	0.719	0.719	0.654	0.681	0.716	0.734	0.767	0.781	0.797	0.833	1.275
淮安	经济子系统与民生系统	产业结构与民生系统	0.640	0.631	0.656	0.673	0.696	0.725	0.789	0.846	0.872	0.905	1.434
		开放创新与民生系统	0.686	0.728	0.773	0.753	0.798	0.802	0.774	0.797	0.794	0.780	1.169
		乡村振兴与民生系统	0.538	0.665	0.728	0.753	0.803	0.825	0.851	0.858	0.881	0.898	1.670
		区域协调与民生系统	0.690	0.719	0.629	0.707	0.689	0.771	0.818	0.846	0.870	0.908	1.443
	民生子系统与经济系统	市场体制与经济系统	0.708	0.711	0.749	0.749	0.784	0.795	0.827	0.830	0.844	0.893	1.261
		民生水平与经济系统	0.454	0.606	0.716	0.704	0.752	0.794	0.819	0.843	0.875	0.899	1.981
		民生公平与经济系统	0.728	0.729	0.762	0.757	0.780	0.803	0.818	0.832	0.849	0.858	1.178
		民生保障与经济系统	0.665	0.666	0.656	0.686	0.730	0.739	0.777	0.800	0.816	0.860	1.312

表4.3.7（续）

地区	系统耦合		2010	2011	2012	2013	2014	2015	2016	2017	2018	2019	极商
连云港	经济子系统与民生系统	产业结构与民生系统	0.679	0.691	0.685	0.698	0.697	0.723	0.768	0.834	0.853	0.907	1.336
		开放创新与民生系统	0.714	0.770	0.778	0.760	0.789	0.786	0.772	0.769	0.785	0.839	1.175
		乡村振兴与民生系统	0.603	0.721	0.756	0.772	0.798	0.819	0.828	0.856	0.884	0.908	1.505
		区域协调与民生系统	0.715	0.766	0.705	0.723	0.707	0.780	0.808	0.827	0.824	0.845	1.197
		市场体制与民生系统	0.716	0.751	0.761	0.758	0.779	0.804	0.835	0.862	0.847	0.822	1.204
	民生子系统与经济系统	民生水平与经济系统	0.544	0.701	0.747	0.769	0.747	0.806	0.816	0.836	0.851	0.873	1.607
		民生公平与经济系统	0.702	0.751	0.769	0.774	0.791	0.807	0.816	0.832	0.842	0.862	1.228
		民生保障与经济系统	0.696	0.716	0.679	0.662	0.720	0.720	0.751	0.792	0.797	0.837	1.265
徐州	经济子系统与民生系统	产业结构与民生系统	0.572	0.619	0.640	0.759	0.717	0.749	0.798	0.854	0.904	0.914	1.597
		开放创新与民生系统	0.665	0.731	0.771	0.776	0.770	0.762	0.809	0.821	0.846	0.876	1.318
		乡村振兴与民生系统	0.615	0.670	0.706	0.762	0.774	0.820	0.857	0.869	0.900	0.930	1.512
		区域协调与民生系统	0.665	0.718	0.737	0.772	0.770	0.745	0.779	0.819	0.869	0.924	1.390
		市场体制与民生系统	0.677	0.714	0.730	0.769	0.789	0.810	0.837	0.843	0.837	0.866	1.280
	民生子系统与经济系统	民生水平与经济系统	0.535	0.654	0.723	0.729	0.714	0.765	0.807	0.826	0.867	0.895	1.674
		民生公平与经济系统	0.675	0.685	0.719	0.792	0.793	0.799	0.826	0.849	0.874	0.884	1.308
		民生保障与经济系统	0.606	0.667	0.683	0.737	0.749	0.758	0.796	0.820	0.852	0.885	1.461

表4.3.7（续）

地区		系统耦合	2010	2011	2012	2013	2014	2015	2016	2017	2018	2019	极商
盐城	经济子系统与民生系统	产业结构与民生系统	0.642	0.656	0.581	0.686	0.628	0.729	0.806	0.874	0.926	0.951	1.637
		开放创新与民生系统	0.640	0.701	0.762	0.733	0.753	0.802	0.798	0.848	0.888	0.924	1.444
		乡村振兴与民生系统	0.526	0.595	0.695	0.757	0.798	0.852	0.872	0.887	0.932	0.950	1.806
		区域协调与民生系统	0.650	0.673	0.646	0.709	0.696	0.810	0.837	0.879	0.875	0.939	1.455
		市场体制与民生系统	0.659	0.704	0.755	0.800	0.801	0.814	0.826	0.806	0.838	0.817	1.271
	民生子系统与经济系统	民生水平与经济系统	0.578	0.651	0.707	0.731	0.737	0.801	0.825	0.848	0.882	0.905	1.565
		民生公平与经济系统	0.564	0.723	0.708	0.783	0.783	0.832	0.846	0.870	0.890	0.906	1.608
		民生保障与经济系统	0.596	0.592	0.671	0.702	0.717	0.769	0.793	0.833	0.881	0.913	1.542
泰州	经济子系统与民生系统	产业结构与民生系统	0.673	0.690	0.689	0.701	0.711	0.767	0.811	0.850	0.862	0.905	1.345
		开放创新与民生系统	0.709	0.756	0.780	0.702	0.639	0.728	0.748	0.775	0.810	0.843	1.320
		乡村振兴与民生系统	0.585	0.672	0.712	0.730	0.766	0.818	0.843	0.868	0.886	0.912	1.560
		区域协调与民生系统	0.630	0.655	0.598	0.672	0.608	0.743	0.812	0.873	0.884	0.925	1.545
		市场体制与民生系统	0.707	0.739	0.773	0.752	0.771	0.795	0.819	0.847	0.825	0.841	1.199
	民生子系统与经济系统	民生水平与经济系统	0.592	0.665	0.704	0.704	0.706	0.782	0.812	0.833	0.861	0.903	1.525
		民生公平与经济系统	0.730	0.783	0.766	0.705	0.708	0.758	0.793	0.825	0.822	0.847	1.202
		民生保障与经济系统	0.618	0.645	0.685	0.690	0.704	0.750	0.788	0.841	0.847	0.883	1.430

表4.3.7(续)

地区	系统耦合		2010	2011	2012	2013	2014	2015	2016	2017	2018	2019	极商
扬州	经济子系统与民生系统	产业结构与民生系统	0.664	0.710	0.696	0.704	0.728	0.763	0.823	0.858	0.843	0.891	1.342
		开放创新与民生系统	0.701	0.756	0.773	0.749	0.737	0.736	0.714	0.747	0.775	0.783	1.117
		乡村振兴与民生系统	0.666	0.692	0.720	0.728	0.758	0.804	0.839	0.858	0.897	0.912	1.369
		区域协调与民生系统	0.678	0.728	0.647	0.648	0.580	0.707	0.802	0.815	0.873	0.918	1.583
		市场体制与民生系统	0.700	0.742	0.764	0.777	0.787	0.821	0.847	0.809	0.788	0.833	1.211
	民生子系统与经济系统	民生水平与经济系统	0.508	0.675	0.729	0.732	0.719	0.774	0.809	0.815	0.843	0.877	1.725
		民生公平与经济系统	0.691	0.739	0.751	0.725	0.745	0.777	0.816	0.825	0.837	0.861	1.247
		民生保障与经济系统	0.696	0.703	0.677	0.692	0.709	0.744	0.783	0.801	0.819	0.854	1.261
南通	经济子系统与民生系统	产业结构与民生系统	0.665	0.715	0.660	0.713	0.727	0.729	0.757	0.821	0.862	0.881	1.335
		开放创新与民生系统	0.702	0.769	0.792	0.742	0.704	0.711	0.694	0.695	0.765	0.726	1.141
		乡村振兴与民生系统	0.627	0.647	0.730	0.750	0.804	0.842	0.868	0.888	0.907	0.909	1.450
		区域协调与民生系统	0.700	0.753	0.699	0.733	0.744	0.707	0.751	0.802	0.857	0.880	1.259
		市场体制与民生系统	0.702	0.751	0.770	0.780	0.803	0.814	0.845	0.801	0.818	0.782	1.204
	民生子系统与经济系统	民生水平与经济系统	0.541	0.687	0.715	0.743	0.760	0.788	0.808	0.814	0.857	0.858	1.586
		民生公平与经济系统	0.797	0.798	0.785	0.702	0.721	0.731	0.762	0.779	0.812	0.815	1.162
		民生保障与经济系统	0.635	0.683	0.691	0.735	0.763	0.768	0.790	0.813	0.838	0.837	1.321

表4.3.7(续)

地区		系统耦合	2010	2011	2012	2013	2014	2015	2016	2017	2018	2019	极商
镇江	经济子系统与民生系统	产业结构与民生系统	0.641	0.674	0.726	0.714	0.688	0.711	0.761	0.873	0.892	0.919	1.433
		开放创新与民生系统	0.686	0.745	0.799	0.738	0.721	0.716	0.737	0.738	0.856	0.874	1.275
		乡村振兴与民生系统	0.611	0.670	0.700	0.714	0.773	0.806	0.835	0.869	0.898	0.930	1.522
		区域协调与民生系统	0.589	0.703	0.778	0.775	0.791	0.823	0.867	0.889	0.909	0.933	1.584
		市场体制与民生系统	0.695	0.741	0.774	0.762	0.783	0.811	0.841	0.849	0.854	0.806	1.229
	民生子系统与经济系统	民生水平与经济系统	0.574	0.671	0.724	0.711	0.719	0.764	0.793	0.832	0.870	0.899	1.566
		民生公平与经济系统	0.700	0.747	0.776	0.707	0.752	0.774	0.812	0.847	0.871	0.881	1.259
		民生保障与经济系统	0.607	0.663	0.734	0.735	0.751	0.767	0.801	0.837	0.869	0.882	1.454
常州	经济子系统与民生系统	产业结构与民生系统	0.686	0.690	0.719	0.739	0.748	0.784	0.827	0.845	0.851	0.869	1.267
		开放创新与民生系统	0.688	0.702	0.770	0.753	0.778	0.786	0.802	0.788	0.803	0.830	1.206
		乡村振兴与民生系统	0.644	0.674	0.729	0.733	0.769	0.781	0.845	0.865	0.870	0.882	1.369
		区域协调与民生系统	0.685	0.702	0.709	0.732	0.768	0.778	0.812	0.830	0.828	0.845	1.233
		市场体制与民生系统	0.675	0.665	0.710	0.734	0.770	0.787	0.822	0.857	0.844	0.876	1.317
	民生子系统与经济系统	民生水平与经济系统	0.456	0.623	0.708	0.712	0.749	0.792	0.830	0.829	0.857	0.883	1.934
		民生公平与经济系统	0.790	0.799	0.776	0.739	0.763	0.771	0.815	0.826	0.837	0.854	1.156
		民生保障与经济系统	0.647	0.593	0.668	0.692	0.735	0.743	0.785	0.822	0.794	0.810	1.385

表4.3.7（续）

地区		系统耦合	2010	2011	2012	2013	2014	2015	2016	2017	2018	2019	极商
南京	经济子系统与民生系统	产业结构与民生系统	0.539	0.657	0.603	0.597	0.619	0.680	0.777	0.831	0.862	0.932	1.730
		开放创新与民生系统	0.651	0.726	0.755	0.694	0.684	0.715	0.730	0.808	0.855	0.917	1.409
		乡村振兴与民生系统	0.555	0.641	0.690	0.707	0.767	0.816	0.833	0.855	0.884	0.914	1.647
		区域协调与民生系统	0.515	0.689	0.704	0.716	0.756	0.812	0.843	0.863	0.891	0.931	1.807
		市场体制与民生系统	0.653	0.730	0.748	0.742	0.784	0.801	0.825	0.814	0.828	0.835	1.278
	民生子系统与经济系统	民生水平与经济系统	0.484	0.608	0.684	0.676	0.745	0.800	0.825	0.853	0.888	0.930	1.921
		民生公平与经济系统	0.712	0.754	0.763	0.681	0.722	0.760	0.787	0.818	0.835	0.866	1.271
		民生保障与经济系统	0.532	0.646	0.640	0.668	0.698	0.737	0.775	0.803	0.839	0.904	1.698
无锡	经济子系统与民生系统	产业结构与民生系统	0.610	0.653	0.716	0.726	0.749	0.787	0.831	0.856	0.889	0.907	1.486
		开放创新与民生系统	0.684	0.731	0.761	0.717	0.715	0.725	0.758	0.789	0.886	0.915	1.337
		乡村振兴与民生系统	0.624	0.646	0.713	0.721	0.781	0.816	0.856	0.872	0.884	0.898	1.440
		区域协调与民生系统	0.659	0.724	0.759	0.748	0.784	0.815	0.845	0.858	0.866	0.887	1.346
		市场体制与民生系统	0.688	0.718	0.722	0.719	0.770	0.794	0.850	0.830	0.852	0.745	1.237
	民生子系统与经济系统	民生水平与经济系统	0.602	0.656	0.702	0.704	0.751	0.792	0.830	0.823	0.867	0.874	1.453
		民生公平与经济系统	0.768	0.770	0.782	0.738	0.764	0.775	0.817	0.825	0.844	0.839	1.143
		民生保障与经济系统	0.549	0.620	0.671	0.666	0.725	0.765	0.813	0.837	0.863	0.868	1.580

地区	系统耦合		2010	2011	2012	2013	2014	2015	2016	2017	2018	2019	极商
苏州	经济子系统与民生系统	产业结构与民生系统	0.617	0.647	0.723	0.736	0.771	0.792	0.827	0.853	0.876	0.898	1.455
		开放创新与民生系统	0.677	0.720	0.765	0.706	0.745	0.793	0.828	0.840	0.880	0.914	1.351
		乡村振兴与民生系统	0.612	0.657	0.729	0.743	0.801	0.840	0.867	0.875	0.888	0.897	1.466
		区域协调与民生系统	0.664	0.708	0.781	0.790	0.812	0.819	0.854	0.854	0.876	0.889	1.340
		市场体制与民生系统	0.680	0.719	0.702	0.762	0.793	0.819	0.873	0.863	0.858	0.804	1.283
	民生子系统与经济系统	民生水平与经济系统	0.571	0.667	0.721	0.700	0.766	0.817	0.854	0.855	0.888	0.895	1.569
		民生公平与经济系统	0.764	0.741	0.777	0.718	0.757	0.785	0.823	0.835	0.844	0.846	1.179
		民生保障与经济系统	0.553	0.618	0.686	0.758	0.783	0.800	0.839	0.846	0.856	0.870	1.572

（一）代表地区（宿迁）民生经济子系统与系统间的耦合

1. 经济子系统与民生系统耦合

经济子系统与民生系统耦合在时间维度上的演变态势。在宿迁地区民生经济系统之下，从经济子系统与民生系统耦合度的极商看，产业结构、开放创新、乡村振兴、区域协调、市场体制与民生系统协同发展进程较快的发生在乡村振兴与民生系统之间（系统耦合度极商是 1.306），而市场体制与民生系统之间的协同发展进程相对比较平稳（系统耦合度极商是 1.170）。时间维度上，五个经济子系统与民生系统耦合度都呈现出较为明显的递增趋势。其中，乡村振兴与民生系统在 2010—2015 年期间处于中级协同发展阶段、在 2016—2019 年期间处于良好协同发展阶段，市场体制与民生系统在 2010—2014 年期间处于中级协同发展阶段、在 2015—2019 年期间处于良好协同发展阶段。同时，其他三个经济子系统与民生系统耦合度所显示它们之间不同的协同发展进程，其中产业结构、开放创新、区域协调与民生系统分别在 2016 年、2018 年与 2017 年进入到良好协同发展阶段。显然，宿迁地区五个经济子系统与民生系统之间协同发展处于不断的提升过程之中，两者之间先后进入到良好协同发展阶段的次序是：市场体制、乡村振兴、产业结构、区域协调、开放创新。其中，市场体制、区域协调与民生系统的耦合度前后波动幅度相对较小，而乡村振兴、开放创新与民生系统的耦合度前后波动幅度较大；但从耦合度波动幅度看，在推动民生系统质量提升上，乡村振兴更具高效性、市场体制更具维稳性。

同期经济子系统与民生系统之间的耦合特征比较。宿迁地区五个经济子系统与民生系统耦合处于不断变化之中，以 2010 年为例，区域协调、开放创新与民生系统耦合度分别是 0.745 与 0.688，分别处于五种关系耦合的状态首尾；到 2011 年，耦合度最大的依然发生在区域协调与民生系统之间，最小的耦合度则发生在产业结构与民生系统之间。这样接续比较下来，我们发现，宿迁地区经济子系统处于动态地适应并融合于民生系统的状态之下，具体表现为：区域协调、开放创新、市场体制、乡村振兴分别在 2010—2011 年、2012—2014 年、2015—2017 年、2018—2019 年阶段呈现出较强地适应并融合于民生系统的态势。同期，这种适应并融合于民生系统最弱、耦合度最小的经济子系统演变得更为频繁：2010—2012 年、2018—2019 年期间，每年都在发生变化，2013—2014 年期间稳定在区域协调、2015—2017 年期间稳定在开放创新，也就是说 2010—2019 年期间，宿迁地区的五个经济子系统都曾出现过与民生系统同期处于低度协同状态的情况。以上说明，宿迁地区在强化地方经济子系统适应并融合于民生系统方面或者说在强化民生导向下的经济系统打造上依然处于动态变化过程当中，这种动态变化与该地区时间维度上的经济中心子系统演变步调基本一致。

2. 民生子系统与经济系统耦合

民生子系统与经济系统耦合的时间维度上演变态势。在宿迁地区民生经济系统之下，民生水平、民生公平、民生保障与经济系统耦合度的极商分别是1.665、1.174、1.275。另外，时间维度上，三个民生子系统与经济系统耦合度的递增态势较为明显，其中，民生水平与经济系统之间由2010—2011年的濒临失调阶段直接跨越到2012—2015年的中级协同发展阶段，并于2018年递进到良好协同发展阶段，这说明宿迁地区经济系统的优化显著提升了当地人们的民生水平。民生公平与经济系统的耦合度显示二者之间协同发展态势比较平稳，2010—2016年期间和2017—2018年期间分别处于中级协同发展阶段和良好协同发展阶段。民生保障与经济系统的耦合度显示二者之间在2010—2018年期间主体上维持着中级协同发展水平，到了2019年才跨越到良好发展阶段。

同期民生子系统与经济系统之间的耦合特征比较。对比宿迁地区三个民生子系统与经济系统耦合度：2010年，民生水平、民生公平、民生保障与经济系统耦合度分别为0.529、0.785、0.719；与2010年对比，2011年三个民生子系统与经济系统的耦合度的大小发生了变化，但是排序没有发生变化。这样接续比较下来，我们发现：2010—2014年期间、2015—2019年期间，宿迁地区经济系统分别与民生公平、民生水平保持着较高的协同发展水平；与此形成对比的是，2012—2019年期间，宿迁地区经济系统与民生保障之间的协同发展水平始终处于较低水平。因此，我们认为，宿迁地区前期（2010—2014年）的经济系统有利于推动地方民生公平的提升，后期（2015—2019年）经济系统更有利于推动民生水平的提高。这种民生公平导向的经济系统、民生水平导向的经济系统都伴随着与民生保障阶段性（2012—2019年）的较低融合度。值得注意的是，2015年以后，民生水平成为民生系统的中心子系统，这说明经济系统外部推动与民生系统内部自我发展实现了同步。

（二）民生经济子系统与系统间的耦合共性特征

1. 经济子系统与民生系统的耦合

第一，时间维度上经济子系统与民生系统耦合的特征。耦合度的极商大于 1 说明各地区经济子系统与民生系统协同发展阶段是处于不断演变过程之中，并且这种演变在时间维度上呈现出明显的递增趋势。同时，分地区比较五个经济子系统与民生系统耦合度极商的大小，我们发现，宿迁、淮安、连云港、盐城、泰州、南通、常州、苏州八个地区的乡村振兴与民生系统耦合度极商最大，意味着这些地区乡村振兴与民生系统协同发展进程相对较快，淮安、南通两个地区于 2014 年进入良好协同发展阶段，其他地区也都在 2016 年进入本地区的良好协同发展阶段；值得注意的是，盐城和南通三个地区在各自的民生经济系统之下分别于 2018 年进入各自乡村振兴与民生系统的优质协同发展。徐州、无锡等地区的产业结构与民生系统的耦合度极商最大，意味着这两个地区产业结构与民生系统协同发展进程相对较快，其中，无锡在本地区的民生经济系统下其产业结构与民生系统于 2016 年进入良好协同发展阶段、2019 年进入优质协同发展阶段；徐州在本地区民生经济系统下其产业结构与民生系统于 2017 年进入良好协同发展阶段、2018 年进入优质协同发展阶段。扬州、镇江、南京等地区的区域协调与民生系统耦合度极商最大，意味着这三个地区区域协调与民生系统协同发展进程相对较快，其中，扬州在本地区民生经济系统下其区域协调与民生系统于 2016 年进入良好协同发展阶段、2019 年进入优质协同发展阶段；镇江和南京在各自民生经济系统下其区域协调与民生系统于 2015 年进入良好协同发展阶段，两地各自进入其优质协同发展阶段分别在 2018 年和 2019 年。因此，从适应并融合于当地民生系统的经济子系统进程强度看，乡村振兴是江苏各地与民生系统协同发展进展较快的经济子系统。

第二，同期地区经济子系统与民生系统耦合趋势比较。本节分别在各个地区民生经济系统下对 2010—2019 年逐年的经济子系统与民生系统耦合度按大小进行排序，并对比观察其在时间维度上的变化态势：①产业结构与民生系统之间的耦合度。2010—2016 年期间，江苏各地在当地民生经济系统下的产业结构与民生系统之间耦合度总体上处于当地同期五个经济子系统与民生系统耦合度的中低水平范围。2017—2019 年期间，各地区同期产业结构与民生系统之间耦合度水平普遍都上升中上游水平。其中，苏北五个地区产业结构与民生系统耦合度在 2011—2015 年期间总体上处于同期的五个经济子系统与民生系统耦合的末位，到 2017 年，这种耦合状态得以缓解并提升，尤其是徐州和盐城两地在各自民生经济系统下产业结构与民生系统于 2018 年都达到了优质协同发展阶段，淮安和连云港的产业结构与民生系统之间的协同发展也于 2019 年达到了各自的优质阶段。苏中三个地区在各自民生经济系统下产业结构与民生系统耦合在 2010—2019 年期间总体上是从同期五个经济子系统与民生系统耦合的中下游向中上游的提升。其中，泰州的该指标值反映其产业结构与民生协同发展已经达到本地的优质协同发展阶段。苏南五个地区中，常州地区的产业结构与民生系统耦合态势类似于苏中地区，其他四个地区（镇江、南京、无锡和苏州）的产业结构与民生系统耦合态势类似于苏北地区。其中，镇江、南京和无锡在 2019 年达到了本地的优质协同发展阶段。综上可以看出，江苏各地的产业结构在五个经济子系统适应并融合于民生系统作用地位上处于不断提升的过程之中，从合理优化经济系统的角度看，江苏各地对当地产业结构优化的相对重视程度正在逐渐加强。②开放创新与民生系统之间的耦合。2010—2019 年期间，在当地五个经济子系统与民生系统的耦合中，江苏各地开放创新与民生系统之间耦合度在不断提升的过程中伴随着相对地位整体下行的态势，其相对高位期、中位期、低位期分别出现在 2010—2012 年、2013—2015 年、2016—2019 年。其中例外的情形是，在开放创新与民生系统之间耦合度处于相对高位的状态下，苏北五个地区 2010 年该指标处于相对中间位置。值得注意的是盐城地区的开放创新与民生系统之间耦合度总体上处于相对中、高的位置，这反映出盐城地区在强化地区民生系统方面对开放创新的重视程度是始终如一的。在开放创新与民生系统之间耦合度处于相对低位的状态下，苏南的南京、无锡和苏州三个地区在 2018—2019 年开放创新与民生系统之间耦合度又重新跃上相对高位，这说明其加强了开放创新方面的动力机制与民生质量提升、民生系统优化机制的融合。③乡村振兴与民生系统之间的耦合。2010—2019 年期间，在当地五个经济子系统与民生系统的耦合中，江苏各地乡村振兴与民生系统之间耦合度在不断提升的过程中伴随着相对地位整体显著提升的态势，其相对低位期、中位期、高位期分别出现在 2010—2011 年、2012—2013 年、2014—2019 年。其中，苏北的宿迁、苏南的镇江在相对高位期的 2014—2018 年、苏南的南京、无锡、苏州在相对高位期的 2019 年没有显著同步。从江苏各地的乡村振兴与民生系统之间耦合度，以及其在当地五个经济子系统与民生系统耦合相对地位双双处于不断提升的态势看，乡村振兴适应并融合于当地民生系统的重要性已经成为普遍共识。④区域协调与民生系统。2010—2019年期间，在当地五个经济子系统与民生系统的耦合中，江苏各地区域协调与民生系统之间耦合度在不断提升的过程中总体上处于相对稳定的中下游地位，只是宿迁、淮安、泰州、扬州、镇江、常州、南京、无锡、苏州等地区分别在2010—2011年、2019年、2017—2019年、2019年、2013—2019年、2011年、2016—2019年、2012—2015年、2012—2014年零星处于高位。这说明，江苏各地在强化区域协调优化民生系统方面的做法是相对一贯的、稳定的。⑤市场体制与民生系统。2010—2019年期间，在当地五个经济子系统与民生系统的耦合中，江苏各地市场体制与民生系统之间耦合度在不断提升的过程中伴随着相对地位整体显著下行的态势，其相对高位期、中位期、低位期分别出现在2010年、2011—2017年、2018—2019年。其中值得注意的是，常州地区的市场体制与民生系统之间耦合度并不满足上述特征，其在当地五个经济子系统与民生系统耦合度中的位置多数年份都是处于中、高位置，这说明市场体制在当地的民生系统形成上发挥着较为稳定的作用。另外，在较为长期的中等位置期，苏北的宿迁、盐城，苏中的泰州、扬州和南通，以及苏南的常州、无锡和苏州等，在不同年份都有处于高位的情况存在，这在一定程度上验证了各地市场体制适应并融合于当地民生系统的程度，同时也说明，市场体制在推动各地民生系统优化方面所发挥的重要作用，只是近年来相对于其他经济子系统，市场体制的这种作用相对弱化了些。

在以上分析的基础上，我们给出了各个地区同期与民生系统耦合度最大的经济子系统演变状况（见表4.3.8），与同期经济系统内部耦合状况对比，我们发现与民生系统耦合度最大的经济子系统（le）往往就是同期的中心经济子系统（ce），也就是说，引领地区经济系统优化升级、增强地区经济质量提升的经济子系统，同时也是与民生系统保持高度协同并助推其优化升级的经济子系统。从各个地区中心经济子系统同时也与同期民生系统保持高度协同的分布状况看，除了泰州在2010—2019年期间仅仅只在三个时间点满足该情形，江苏其他各个地区民生经济系统运行中这种特征都非常明显，这标志着地区经济子系统发展的经济质量、民生质量目标指向的一致性，最为典型的地区当属南通，2010—2019年期间，该地区的中心经济子系统与当地民生系统耦合度始终处于最高状态。

表 4.3.8 与民生系统耦合度最大的经济子系统和中心经济子系统对比

地区	子系统所属	2010	2011	2012	2013	2014	2015	2016	2017	2018	2019	重合次数
宿迁	le	4	4	2	2	2	5	5	5	3	3	9
	ce	4	4	2	2	2	5	3	5	3	3	
淮安	le	5	2	2	3	3	3	5	5	3	3	8
	ce	5	2	2	5	3	3	3	5	3	3	
连云港	le	5	2	2	2	3	3	3	3	4	3	7
	ce	5	2	2	3	3	3	3	3	3	1	
徐州	le	5	2	2	2	5	3	3	3	1	3	9
	ce	5	2	2	2	5	3	3	3	3	3	
盐城	le	5	5	2	5	5	3	3	3	3	3	9
	ce	5	5	2	5	5	3	3	3	3	3	
泰州	le	2	2	2	5	5	3	3	4	3	4	3
	ce	5	5	5	4	3	3	3	3	3	1	
扬州	le	2	2	2	5	5	5	5	3	3	4	8
	ce	2	2	2	5	5	5	3	3	3	3	
南通	le	2	2	2	5	3	3	3	3	3	3	10
	ce	2	2	2	5	3	3	3	3	3	3	
镇江	le	5	2	2	4	4	4	4	4	4	4	6
	ce	5	2	2	4	3	3	4	4	3	3	
常州	le	2	2	2	2	2	5	3	3	3	3	8
	ce	2	4	2	2	2	3	3	3	3	3	
南京	le	5	5	2	5	5	3	4	4	4	1	7
	ce	5	5	2	5	5	3	3	3	3	1	
无锡	le	5	2	2	4	4	3	3	3	1	2	8
	ce	5	2	2	4	4	3	3	3	3	2	
苏州	le	5	2	4	4	4	3	5	3	3	2	7
	ce	5	5	4	4	3	3	3	3	3	2	

注：le 代表"与民生系统耦合度最大的经济子系统"、ce 代表"经济中心子系统"；"1"代表"产业结构"、"2"代表"开放创新"、"3"代表"乡村振兴"、"4"代表"区域协调"、"5"代表"市场体制"。

2. 民生子系统与经济系统的耦合

第一，时间维度上民生子系统与经济系统耦合的特征。耦合度的极商大于1说明各地区民生子系统与经济系统协同发展阶段是处于不断演变的过程中的，并且这种演变在时间维度上的递增趋势明显。2010—2019年，盐城地区的民生公平与经济系统耦合度极商（1.608）在当地3个民生子系统与经济系统耦合度的极商中最大，2015年该地区民生公平与经济系统进入良好协同发展阶段，2019年进入优质协同发展阶段。无锡和苏州地区的民生保障与经济系统耦合度极商在当地3个民生子系统与经济系统耦合度的极商中最大，2016年无锡地区的民生保障与经济系统进入良好协同发展阶段、2015年苏州地区的民生保障与经济系统进入良好协同发展阶段。除此以外，江苏其他10个地区民生子系统与经济系统耦合度极商最大值都出现在民生水平与经济系统之间，2016年这些地区的民生水平与经济系统基本上都进入良好协同发展阶段（镇江滞后到2017年、南京和连云港提前到2015年）。其中，南京和泰州的民生水平与经济系统在2019年进入优质协同发展阶段，这说明这些地区经济系统的优化更加有利于推动当地民生水平的提高。在当地3个民生子系统与经济系统耦合度的极商中，除了盐城以外，其他12个地区的民生公平与经济系统耦合度极商都是最小的，这意味着江苏各地经济系统在推动地方民生公平进程上具有相对稳定性，这种稳定性还表现在2010—2015年期间、2016—2019年期间民生公平与经济系统分别保持在中级协同发展阶段和良好协同发展阶段。

第二，同期地区民生子系统与经济系统耦合特征比较。在各个地区民生经济系统下，对2010—2019年期间逐年的民生子系统与经济系统耦合度进行比较，并综合对比其在时间维度上的变化态势发现：①民生水平与经济系统的耦合度。2010—2019年期间，江苏各地民生水平与经济系统之间耦合度在保持着不断提升态势的同时，其在当地3个民生子系统与经济系统耦合度中大小排序在时间维度上也表现出由低到高演变态势，对应的低位水平期、中等水平过渡期、高位水平期总体上分别出现在2010—2011年、2012—2014年、2015—2019年。当然，其中不乏例外的情形。比如，盐城地区的民生水平在三个民生子系统与经济系统耦合中较为稳定地处于中等水平。另外，苏北的淮安、连云港、徐州以及苏中的扬州、苏南的镇江等地区的民生水平在三个民生子系统与经济系统耦合中的中等水平过渡期更为长一些。综上，一般地，我们认为江苏各地民生水平与经济系统的协同发展进程处于加速提升态势，这种加速提升态势说明江苏各地经济系统优化快速高效地拉动了当地民生水平的提升。②民生公平与经济系统的耦合度。2010—2019年期间，江苏各地民生公平与经济系统之间耦合度在保持着不断提升态势的同时，其在当地三个民生子系统与经济系统耦合度的排序中也从时间维度上表现出由高到低的演变态势，这一点和民生水平与经济系统耦合度演变态势恰好相反，对应的高位水平期、中等水平过渡期、低位水平期总体上分别出现在2010—2014年、2015—2018年、2019年。当然，其中宿迁、连云港、盐城、扬州和常州等地区的民生公平与经济系统的耦合度在2019年呈现的是中等水平，没有出现在低位水平。值得注意的是，徐州、镇江、南通和苏州地区民生公平在三个民生子系统与经济系统耦合度中没经历过中等水平过渡期，直接进入到低位水平，只是前两个地区的民生公平与经济系统耦合度大部分年份处于高位水平，后两个地区的民生公平与经济系统耦合度大部分年份处于低位水平。这显示出地区经济系统在提升当地民生公平上所发挥作用的差异以及各地民众对民生公平诉求的差异，即苏北地区整体上强于苏中地区、苏中地区整体上强于苏南地区。综上，一般地，我们认为江苏各地民生公平与经济系统的协同发展进程处于减速提升态势，这种减速提升的态势一方面意味着江苏各地民生公平与经济系统之间一直保持着较高的协同发展水平；另一方面则意味着江苏各地的经济系统优化依然拉动着当地民生公平程度的提升。③民生保障与经济系统的耦合。2010—2019年期间，江苏各地民生保障与经济系统之间耦合度在保持着不断提升态势的同时，其在当地三个民生子系统与经济系统耦合度的排序中从时间维度上看处于较为稳定的低水平状态，其中例外情形的时间节点发生在2010年、2011年和2019年，地区方面发生在南通、镇江、苏州等地，这两种情形下不同地区的民生保障与经济系统耦合度处于中等水平或高水平状态。综上，一般地，我们认为江苏各地民生保障与经济系统的协同发展进程处于低位平稳的提升态势，这一点不同于民生水平、民生公平与经济系统耦合度所呈现出的加速、减速态势。

在上述分析的基础上，我们给出了各地区同期与经济系统耦合度最大的民生子系统（el）演变状况（见表4.3.8），与同期民生系统的中心民生子系统（cl）对比，我们发现二者呈现出地区阶段性高度重合状态。比如，宿迁地区在2015年以后都表现为民生水平，也就是说该地区进入2015年以后，主导民生系统发展的子系统与同期的经济系统保持着高度的协同度，也就是说，经济系统发展推动了地区民生水平的改善、民生水平的改善带动了地区民生质量的提升。这意味着地区经济质量提升与民生质量提升处于相互促进良好状态之中，这其中蕴含着民生子系统的地区民生经济质量的导向作用。这种情形当然也出现在江苏其他地区，不同之处只是不同地区在相同时间点上，导向性中心民生子系统的类型不同而已，比如对于盐城地区来说，这种中心民生子系统主要是民生公平、民生保障，而苏州地区的这种中心民生子系统主要是民生保障、民生水平。

表 4.3.9　与经济系统耦合度最大的民生子系统和中心民生子系统

地区	子系统所属	2010	2011	2012	2013	2014	2015	2016	2017	2018	2019	重合次数
宿迁	el	2	2	2	2	2	1	1	1	1	1	6
	cl	3	3	2	1	1	1	1	1	1	1	
淮安	el	2	2	2	2	2	2	2	1	1	1	5
	cl	3	3	2	1	2	1	1	1	1	1	
连云港	el	2	2	2	2	2	2	1	1	1	1	7
	cl	3	3	2	2	2	1	1	1	1	1	
徐州	el	2	2	1	2	2	2	2	2	2	1	8
	cl	3	3	2	2	2	2	2	2	2	1	
盐城	el	3	2	2	2	2	2	2	2	2	3	8
	cl	3	2	1	2	2	2	2	2	2	3	
泰州	el	2	2	2	2	2	1	1	3	1	1	7
	cl	2	2	2	3	3	1	1	3	3	1	
扬州	el	3	2	2	1	2	1	2	2	1	1	8
	cl	3	3	2	1	2	1	2	2	1	1	
南通	el	2	2	2	1	3	1	1	1	1	1	8
	cl	2	2	2	3	3	1	1	3	1	1	
镇江	el	2	2	2	2	2	2	2	2	2	1	6
	cl	2	2	2	3	3	2	3	3	3	1	
常州	el	2	2	2	2	2	1	1	1	1	1	8
	cl	3	2	2	3	3	1	1	1	1	1	

表4.3.9(续)

地区	子系统所属	2010	2011	2012	2013	2014	2015	2016	2017	2018	2019	重合次数
南京	el	2	2	2	2	1	1	1	1	1	1	9
	cl	2	2	2	3	1	1	1	1	1	1	
无锡	el	2	2	2	2	2	1	1	3	1	1	9
	cl	2	2	2	2	2	1	1	3	3	1	
苏州	el	2	2	2	3	3	1	1	3	1	1	9
	cl	2	2	2	3	3	1	1	3	1	1	

注：el 代表"与经济系统耦合度最大的民生子系统"、cl 代表"中心民生子系统"；"1"代表"民生水平"、"2"代表"民生公平"、"3"代表"民生保障"。

第四节　本章小结

本章从系统耦合、协同的角度，借助系统耦合度模型对江苏省13个地区的民生经济系统从地区间比较视角和地区自身发展视角进行研究。地区间民生经济系统研究是立足于江苏所有地区每年的民生经济系统所呈现出的耦合、协同发展状况，是一种地区与地区之间民生经济系统质量的比较。研究表明，江苏各地区的民生经济系统协调度高、彼此之间差距较小，发展度相对较低、彼此差距比较明显，基于二者的耦合度所界定的地区民生经济发展协同状态是：濒临失调发展类的地区包括宿迁、淮安、连云港；勉强协同发展类的地区包括徐州、盐城、泰州、扬州；初级协同发展类的地区包括南通、镇江；中级协同发展类的地区包括常州、南京、无锡，良好协同发展类的地区是苏州。也就是说，江苏各个地区年度之间民生经济系统的相对协同发展状态比较稳定，也可以说，时间的变化没有显著地改变江苏省13个地区彼此之间民生经济系统协同发展所处的类型。地区自身发展视角的地区民生经济系统研究是立足于某一地区，考察该地区在2010—2019年期间每年民生经济系统的协同发展状况。研究表明：①各地区前期相对较低的民生系统耦合度与较高经济系统耦合度并存，后期较高的民生系统耦合度与较低的经济系统耦合度并存。②盐城、南京、徐州等地区的民生系统及经济系统协同化发展进程强度较强，而宿迁、连云港、淮安等地区的民生系统和南通、连云港、常州等地区的经济系统协同化发展进程强度相对较弱。③民生水平（或民生公平）是目前主要地区阶段性中心民生子系统，乡村振兴是目前各地区阶段性中心经济子系统。因此，民生水平是当下江苏各地经济系统优化、经济质量提升的主要目标性导向，乡村振兴是当下江苏各地民生系统优化、民生质量提升的主要依赖手段。

第五章　研究结论及展望

本书结合江苏省社会经济民生的战略部署，在明确江苏民生改善、经济质量提升基本导向的基础上，从民生水平、民生公平、民生保障三个方面设计民生质量评价指标体系，构建了民生质量的运行系统。结合地区经济发展的动态性特征，从产业结构、乡村振兴、市场体制、区域协调、开放创新等方面设计了江苏省地区经济质量系统评价指标体系、构建了经济质量的运行系统。在对江苏省 13 个地区民生系统、经济系统指标体系统计特征研究的基础上，采用主成分分析法从时间和空间维度对各地区的民生质量、经济质量进行研究，考察了民生系统、经济系统基础指标的民生质量、经济质量效应。在此基础上，融合民生系统与经济系统为民生经济系统，从系统耦合、协同的视角，借助系统耦合度模型从时间和空间两个维度，对江苏省 13 个地区的民生经济系统内在的协同发展状态进行了研究。

第一节　研究结论

一、基于系统论，设计了江苏省地区民生、经济质量评价指标体系

地区民生质量是指满足地区居民在收入、教育、就业、医疗、社会保障、社会管理等民生系统各要素需求的能力。这种满足需求的能力体现在民众对民生水平的感知、对民生公平的感知，以及对保持和推动民生改善保障能力的感知。鉴于系统性评价基础上客观民生质量与主观民生质量等同的属性，本书构建了具备时间属性的民生水平、具备空间属性的民生公平，以及具备推动民生水平和公平提升的基础、动力和成效属性的民生保障等三个维度的民生质量评价指标体系。三个维度的评价指标变量综合后，分别对应构成了民生水平系统、民生公平系统和民生保障系统；这三

个子系统运行的综合属性表现就是民生质量指数，而每个子系统运行的综合属性分别对应着民生水平指数、民生公平指数和民生保障指数。经济质量是经济系统运行协调性的外在表现，产业结构转型升级是地区经济质量提升方式转变的根本体现、开放创新是地区经济质量提升的动力来源、市场体制是保证地区经济质量提升高效资源配置的保证、乡村振兴是地区经济质量不断提升的关键环节、区域协调是地区经济质量提升的必要条件。有鉴于此，本书设计了由地区产业结构、开放创新、市场体制、乡村振兴、区域协调等子系统构成的经济系统，以此对江苏 2010—2019 年期间的地区经济运行质量进行研究。

二、江苏各地民生质量的稳步提升态势与地区间民生质量的差距鸿沟维稳态势共存

2010—2019 年期间，江苏各地区每年的民生质量相对于上年度都处于提升状态。相对于 2010 年，2019 年民生质量强度改善较大（由大到小）的地区包括常州、宿迁、南通、镇江、连云港等地，改善强度最小的两个地区分别是苏州和无锡。在这种地区民生质量改善中，地区民生保障子系统发挥着主导作用，民生水平、民生公平的作用次之；而保证民生保障在地区民生系统中发挥主导作用的重要基础指标主要有社会保障方面的互联网普及率、人均社会保障和就业财政支出、人均保费收入，医疗方面的年度人均医疗卫生预算支出、平均每万人拥有执业医师、卫生机构床位数，以及教育方面的人均公共图书馆藏书量。我们有理由相信，各地区正是在强化这些指标的作用，保证地区民生保障水平提高的基础上，推动了地区民生质量的提升。值得注意的是，对地区与地区之间同期相对应的民生质量进行比较，我们发现，相对应的地区民生质量呈现着鲜明地区特色，苏南地区民生质量水平高于苏中地区、苏中地区民生质量水平高过苏北地区，并且这种差距始终维持在一个相对稳定的态势；并且民生水平在这种地区间相对民生质量的评价中发挥着重要作用，民生保障、民生公平的作用次之。保证民生水平在地区间民生系统中发挥着重要作用的主要基础指标主要涉及收入方面的人均财产净收入、人均工资收入、年末城乡居民人均储蓄存款余额，以及支出方面的城乡居民人均交通通信消费支出、居民人均其他用品和服务消费支出等。综上，我们认为，江苏各地民生质量的稳步提升态势与地区间民生质量的差距维稳态势共存，这不仅表现为前者

的民生保障主导作用、后者的民生水平重要作用的差别，同时，也体现在地区民生系统实际运行没有重视事关影响地区间民生质量差距的重要基础指标，比如民生水平方面的人均工资收入、居民人均其他用品和服务消费支出，民生公平方面的城乡人均经营净收入之比，以及民生保障方面的农村从业人员比例、公路货运效率、人均保费收入等。

三、江苏各地经济质量的稳步提升态势与地区间经济质量的差距平缓提升趋势共存

2010—2019 年期间，江苏各地区经济质量逐年呈现出较为稳定的提升态势。相对于 2013 年，2019 年南通、扬州和镇江三个地区的经济质量提升强度较大，而苏州、徐州和常州三个地区的经济质量提升强度相对较小。在地区经济质量的提升方面，产业结构、开放创新、市场体制、乡村振兴和区域协调等经济子系统的效应具有鲜明地区特征。其中，产业结构、乡村振兴是苏南、苏中各地区经济质量的主导子系统，产业结构、开放创新是苏北各地区经济质量的主导子系统。保证产业结构子系统主导经济系统质量的基础指标主要是产业结构转型方面的工业废水排放强度、工业二氧化硫排放强度、工业烟尘排放强度等；保证乡村振兴子系统主导经济系统质量的基础指标主要是乡村治理有效方面的城乡社区事务财政资本密集度、农业财政资本密集度，乡风文明方面的人均公共图书馆藏书量，生活富裕方面的农村居民人均纯收入、农村常住人口人均生活消费支出等；保证开放创新子系统主导经济系统质量的基础指标主要是经济基础方面的劳动生产率，开放水平方面的外资利用率、对外旅游业的经济贡献率，以及创新水平方面的人均科技投入、每万人专利授权数等。值得注意的是，对地区与地区之间同期相对应的经济质量进行比较，我们发现，地区经济质量与民生质量稍有差异，呈现出鲜明区域特色，苏南地区的经济质量好于苏中地区、苏中地区的经济质量好于苏北地区，区域内不同地区的经济质量排名在不同时间稍有差异；同期最高的与最低的地区经济质量指数的商表现出较为平缓上升的趋势，开放创新、乡村振兴经济子系统在地区间经济质量的评价中发挥着重要作用。综上，我们认为，江苏各地经济质量的稳步提升态势与地区间经济质量的差距平缓提升趋势共存，这不仅表现为苏南、苏中各地区在产业结构与开放创新的错位，苏北各地区在产业结构与乡村振兴的错位，还表现为地区间重要经济质量基础指标没有

被重视，比如，产业结构子系统的私营化进程，开放创新子系统的外贸依存度，乡村振兴子系统的林业发展潜力，区域协调灵活的区域发展差异系数，以及市场体制子系统的劳动力市场化、金融服务社会力度。

四、江苏各地区民生经济系统发展由经济导向向民生导向的转型与维稳的地区间民生经济系统协同发展态势差距鸿沟并存

在民生经济系统下，2010—2019 年期间，江苏各地民生系统耦合进程都快于其经济系统耦合进程。苏南、苏中和苏北各地区在 2015 年、2013 年、2015 年时间节点的前期，其经济系统耦合水平相对较高，时间节点的后期其民生系统耦合水平相对较高，民生经济系统协同发展逐步实现了由经济导向向民生导向的转型。在这一转型过程中，经济系统的中心子系统在时间维度上总体上实现了阶段性的"市场体制→开放创新→乡村振兴"演变，并且这些经济中心子系统总体上也是与同期民生系统耦合度最强的经济子系统；民生系统中的中心子系统在时间维度上实现了阶段性的"民生保障→民生公平→民生水平（宿迁、淮安、连云港）、民生保障→民生水平→民生公平（徐州、盐城）、民生公平→民生保障→民生水平（苏中、苏南地区）"演变，并且这些民生中心子系统总体上也是与同期经济系统耦合度最强的民生子系统。因此，现阶段江苏各地民生经济系统运行突出特点聚焦于民生水平导向下乡村振兴的推行。不过值得注意的是，在江苏地区间协同发展比较态势上，地区间系统协调度高、彼此之间差距较小，发展度较低、彼此差距较明显，二者共同决定的民生经济发展协同状态（耦合度）涵盖了从濒临失调类到良好协同发展类共五个等级。2010—2019 年期间，宿迁、连云港处于濒临失调发展状态，泰州、盐城处于勉强协同发展状态，南通、镇江处于初级协同发展状态，南京、无锡处于中级协同发展状态，而苏州处于良好协同发展状态，也就是说，每年江苏各地区之间民生经济系统相对的协同发展状态比较稳定。

第二节　创新之处

（1）认知层面。民生系统完整且系统变量合意条件下民生质量的客观评价等同于民生质量的主观评价。民生问题既是消费问题，又是社会建设问题，还是经济、社会发展的根本出发点和落脚点。民生质量的客观性评价建立在民生系统一系列客观属性基础之上，是对系统变量运行内在协同性的一种鉴定；民生质量的主观性评价建立在民众对系统变量固有属性的感知基础之上，是对系统变量影响全方位感知的一种测量。在民生系统完整、指标变量完全合意的条件下，实现主观民生质量最大化的民生系统指标变量间的关系同样也满足客观民生质量的要求，从而就实现了系统条件下主观民生质量与客观民生质量的等同。

（2）理论层面。民生系统和经济系统指标变量往往表现为正向、逆向和适度属性。所谓正向指标也就是望大指标，对于民生系统或经济系统的望大指标来说，指标值的增大伴随着民生质量或经济质量的提升。当然，一些正向指标实际变动并一定呈现出望大属性，因此我们认为：当指标的期望变化属性与其实际变化情形一致时，我们认为这种指标的变化是符合民众意愿的，此时，称该指标的变化处于合意状态；相反，当指标的期望变化属性与其实际变化情形不一致时，我们认为这种指标的地区变化是违背民众意愿的，此时，称该指标的变化处于非合意状态。当研究中把逆向指标、适度指标正向化后，对于时间序列数据来说，其在每个时间点上变化的合意状态将直接影响系统属性（比如民生质量、经济质量等），因此，变量合意性概念的提出有利于揭示变量阶段性波动对系统属性的影响。

（3）实践层面。地区民生/经济质量与地区间相对民生/经济质量主导影响因素的错位，是各地区实现自身民生/经济质量持续提升，但又不能克服地区间固有差距的重要原因。江苏各地的民生质量、经济质量以及民生经济系统协同发展进程在时间维度上都表现出持续提升的态势，同时，空间维度上都表现出地区之间的差距鸿沟处于维稳的状态，其原因落实到系统微观层面，就是影响地区间民生/经济质量评价的重要因素（基础指标）在地区民生/经济质量提升过程中大部分被重视并执行、少部分被弱化，并伴随着错位非重要因素被重视并执行。

第三节 研究不足及展望

一、研究不足

（1）统计口径不一致的指标统计数据可能会对研究结论有影响。在对地区民生质量评价指标体系指标统计数据进行分析时发现，江苏各地区部分指标的2012年统计数据与2013年统计数据存在较大悬殊，比如，人均财产性收入相对于上一年是大幅度提升的，而人均转移净收入则是大幅度降低的。类似的情况还发生在人均消费支出的多项指标上，由于没有找到可替代和可转换的方式，所以研究中采用了统计年鉴提供的数据。幸好的是，这种统计口径变化所造成的同一指标前后两年统计数据存在显著差异的问题，在经济质量评价指标方面基本没有出现。总体看来，同一指标由于统计口径不一致对研究结论的影响主要会发生在2012—2013年。

（2）特殊原因没有将研究时间范围扩充到2020年及之后。鉴于2020年疫情的暴发，全方位地影响到了江苏社会、经济、民生各个领域，这样就没有办法保证相关领域政策、实践的延续性，必然会造成相关民生、经济领域指标统计数据的断层，考虑到以上这些因素，故没有将2020年及之后江苏各地区民生经济问题纳入研究领域。

（3）限于篇幅和精力，在地区民生经济质量成因上重点关注的是共性因素，对地区间的异质性因素讨论相对较少。本书遵循由特殊到一般的研究范式，在对代表性地区、年份下的地区、地区间民生、经济质量及民生经济系统耦合等问题进行研究的前提下，进而探究江苏各个地区在民生、经济质量及民生经济系统耦合等问题呈现出的共性特征，限于篇幅及研究精力，没有对每个地区的个性特征予以详述。

二、研究展望

（1）设立疫情条件下江苏地区民生质量提升对策主题，专门对2020—2022年前后三年江苏的民生经济系统运行状况进行研究，对比探究疫情条件、非疫情条件下江苏各地区民生/经济质量在时间和空间上的特征，揭示民生系统、经济系统、民生经济系统的耦合态势，为地区民生经济发展面临外部突发变故的合理决策提供对策建议。

（2）针对特定地区从时间维度上进行深入研究。为了能够深入揭示地区民生经济质量运行状态，拟从区域视角，比如苏南、苏中或苏北地区，甚至针对单一地区进行研究，在强化地区民生经济系统异质性因素探索的条件下，深入剖析该地区的民生经济系统运行轨迹和规律，为地区民生经济质量的提升提供对策和建议。

参考文献

白俊红，吕晓红，2017. FDI 质量与中国经济发展方式转变 [J]. 金融研究（5）：47-62.

北京师范大学中国民生发展报告课题组，唐任伍，2011. 中国民生发展指数总体设计框架 [J]. 改革（9）：5-11.

蔡漳平，叶树峰，2011. 耦合经济 [M]. 北京：冶金工业出版社.

曹文宏，2007. 民生政治：民生问题的政治学诠释 [J]. 求实（11）：68-70.

柴杉，2009. 基于动态下的经济质量数学模型研究 [J]. 兰州学刊（S1）：62-64.

钞小静，惠康，2009. 中国经济增长质量的测度 [J]. 数量经济技术经济研究，26（6）：75-86.

钞小静，薛志欣，2020. 以新经济推动中国经济高质量发展的机制与路径 [J]. 西北大学学报（哲学社会科学版），50（1）：49-56.

陈迪红，李华中，杨湘豫，2003. 行业景气指数建立的方法选择及实证分析 [J]. 系统工程（4）：72-76.

陈佳贵，黄群慧，钟宏武，2006. 中国地区工业化进程的综合评价和特征分析 [J]. 经济研究（6）：4-15.

陈京，2019. 出生率、平均寿命、生活水平和社会结构 [J]. 社会科学论坛（1）：58-64.

陈景华，陈姚，陈敏敏，2020. 中国经济高质量发展水平、区域差异及分布动态演进 [J]. 数量经济技术经济研究，37（12）：108-126.

陈军才，2005. 主成分与因子分析中指标同趋势化方法探讨 [J]. 统计与信息论坛（2）：19-23.

陈群民，吴也白，2013. 2012 年上海民生问题调查报告 [J]. 上海经济研究，25（5）：121-133.

陈诗一，陈登科，2018. 雾霾污染、政府治理与经济高质量发展 [J].
经济研究，53（2）：20-34.

程东亚，李旭东，2021. 贵州乌蒙山区人口—经济—农业生态环境耦合
协调关系研究 [J]. 世界地理研究，30（1）：125-135.

程晋宽，2009. 美国教育发展状况的关键指标研究 [J]. 比较教育研
究，31（8）：57-61.

戴子刚，2011. 论我国经济发展绩效评价制度创新：制度经济学视角
[J]. 学术交流（10）：102-106.

单豪杰，2008. 中国资本存量 K 的再估算：1952—2006 年 [J]. 数量
经济技术经济研究，25（10）：17-31.

邓宏图，宋高燕，2016. 学历分布、制度质量与地区经济增长路径的分
岔 [J]. 经济研究，51（9）：89-103.

邓平，2009. 建立中国民生指数的建议 [J]. 特区实践与理论（2）：40-42.

邓平，2009. 深圳市民生净福利指标体系的借鉴意义 [J]. 人民论坛
（24）：42-43.

董黎晖，杨平宇，黄熙熙，2017. 产业升级与区域经济发展的互动关系
分析 [J]. 云南财经大学学报，33（1）：55-62.

冯南平，唐运舒，彭张林，等，2013. 基于扎根理论-统计方法-信息熵
的民生工程建设评价指标体系构建 [J]. 预测，32（6）：66-72.

高建昆，程恩富，2018. 建设现代化经济体系 实现高质量发展 [J]. 学
术研究（12）：73-82.

高培勇，杜创，刘霞辉，等，2019. 高质量发展背景下的现代化经济体
系建设：一个逻辑框架 [J]. 经济研究，54（4）：4-17.

高培勇，2019. 理解、把握和推动经济高质量发展 [J]. 经济学动态
（8）：3-9.

顾海良，2017. 新发展理念的新时代政治经济学意义 [J]. 经济研究，
52（11）：15-17.

郭美晨，杜传忠，2019. ICT 提升中国经济增长质量的机理与效应分析
[J]. 统计研究，36（3）：3-16.

国家发展改革委经济研究所课题组，2019. 推动经济高质量发展研究
[J]. 宏观经济研究（2）：5-17.

国家统计局，2013. 全面建成小康社会统计监测指标体系 [R].

国务院发展研究中心中国民生调查课题组,李伟,张军扩,等,2016. 中国民生调查 2016 综合研究报告：经济下行背景下的民生关切 [J]. 管理世界 (10)：1-12.

国务院发展研究中心中国民生指数研究课题组,张玉台,吴晓灵,等 2015. 我国民生发展状况及民生主要诉求研究："中国民生指数研究"综合报告 [J]. 管理世界,(2)：1-11.

韩兆洲,黎中彦,2012. 区域综合经济实力统计测度研究 [J]. 广东商学院学报,27 (03)：10-18.

郝颖,辛清泉,刘星,2014. 地区差异、企业投资与经济增长质量 [J]. 经济研究 (3)：101-115.

何伟,2013. 中国区域经济发展质量综合评价 [J]. 中南财经政法大学学报 (4)：49-56.

洪银兴,2018. 新时代的现代化和现代化经济体系 [J]. 南京社会科学 (2)：1-6.

洪源,2009. 政府民生消费性支出与居民消费：理论诠释与中国的实证分析 [J]. 财贸经济 (10)：51-56.

黄茂兴,李军军,2009. 技术选择、产业结构升级与经济增长 [J]. 经济研究,44 (7)：143-151.

黄清煌,高明,2016. 环境规制对经济增长的数量和质量效应：基于联立方程的检验 [J]. 经济学家 (4)：53-62.

黄群慧,2013. 中国的工业化进程：阶段、特征与前景 [J]. 经济与管理,27 (7)：5-11.

黄志典,李宜训,2017. 公司治理、现金股利与公司价值 [J]. 证券市场导报 (3)：26-36.

惠宁,熊正潭,2011. 城乡固定资产投资与城乡收入差距研究：基于 1980—2009 年时间序列数据 [J]. 西北大学学报（哲学社会科学版）,41 (4)：45-52.

纪荣芳,2007. 主成分分析法中数据处理方法的改进 [J]. 山东科技大学学报（自然科学版）(5)：95-98.

姜文芹,2018. 民生类基本公共服务绩效指标体系构建 [J]. 统计与决策,34 (22)：36-40.

蒋晓娟,王月菊,陈兴鹏,等,2015. 中国人口—经济—空间—社会城市化耦合协调的时空演变分析［J］.兰州大学学报（社会科学版），43（5）：63-71.

蒋永穆，张鹏，张晓磊，2016.民生保障与社会质量提升：欧洲社会质量理论的启示：基于经济保障维度的研究［J］.江淮论坛（03）：40-45.

金碚，2011.论民生的经济学性质［J］.中国工业经济（1）：5-14.

经济质量研究课题组，孙志明，2017.我国省际经济质量比较与评价研究［J］.经济纵横（12）：44-49.

景维民，王瑶，2018.改革开放40年来中国经济增长轨迹研究：稳增长、高质量发展与混合经济结构优化［J］.现代财经（天津财经大学学报），38（12）：13-21.

孔群喜，王紫绮，王晓颖，2018.ODI逆向技术溢出、吸收能力与经济增长质量：基于偏效应和门槛特征的实证研究［J］.亚太经济（6）：91-102.

郎丽华，周明生，2018.迈向高质量发展与国家治理现代化：第十二届中国经济增长与周期高峰论坛综述［J］.经济研究，53（9）：204-208.

雷明，虞晓雯，2015.我国低碳经济增长的测度和动态作用机制：基于非期望DEA和面板VAR模型的分析［J］.经济科学（2）：44-57.

李平，段思语，2012.中国从经济大国向经济强国转变对策探讨［J］.经济纵横（8）：11-14.

李胭胭，鲁丰先，2016.河南省经济增长质量的时空格局［J］.经济地理，36（3）：41-47.

李友根，2020.中国特大城市社会治理的评估与发展：基于变异系数法的聚类分析［J］.重庆社会科学（9）：83-92.

廖重斌，1999.环境与经济协调发展的定量评判及其分类体系：以珠江三角洲城市群为例［J］.热带地理（2）：76-82.

林毅夫，2002.发展战略、自生能力和经济收敛［J］.经济学（季刊）（1）：269-300.

刘朝阳，李永娣，崔岚，等，2021.基本实现社会主义现代化指标体系构建及评价研究：以河南省为例［J］.统计理论与实践（6）：6-12.

刘欢，2018.民生财政支出、人口流动与经济增长：基于非线性面板门槛模型的实证分析［J］.贵州财经大学学报（1）：13-24.

刘瑞，郭涛，2020.高质量发展指数的构建及应用：兼评东北经济高质量发展［J］.东北大学学报（社会科学版），22（1）：31-39.

刘尚希，2013. 民生财政是以人为本的财政 [J]. 群言 (2)：7-10.

刘世锦，2017. 推动经济发展质量变革、效率变革、动力变革 [J]. 中国发展观察 (21)：5-6.

刘伟，2017. 现代化经济体系是发展、改革、开放的有机统一 [J]. 经济研究，52 (11)：6-8.

刘扬，刘泽琴，赵春雨，2010. 民生感知的测度：理论模型与实证分析 [J]. 经济学动态 (9)：35-41.

刘耀彬，宋学锋，2005. 城市化与生态环境耦合模式及判别 [J]. 地理科学 (4)：26-32.

刘友金，周健，2018. "换道超车"：新时代经济高质量发展路径创新 [J]. 湖南科技大学学报 (社会科学版)，21 (01)：49-57.

刘有章，刘潇潇，向晓祥，2011. 基于循环经济理念的经济增长质量研究 [J]. 统计与决策 (4)：105-108.

刘渝琳，刘珊宏，2011. 科学发展观视野的重庆民生指标体系构建 [J]. 重庆社会科学 (10)：82-88.

逯进，常虹，汪运波，2017. 中国区域能源、经济与环境耦合的动态演化 [J]. 中国人口·资源与环境，27 (2)：60-68.

逯进，常虹，赵少平，等，2016. 山东省能源、经济与环境耦合关系的演化特征 [J]. 经济地理，36 (9)：42-48.

逯进，周惠民，2013. 中国省域人力资本与经济增长耦合关系的实证分析 [J]. 数量经济技术经济研究，30 (9)：3-19.

罗楚亮，2019. 居民收入差距与经济高质量发展 [J]. 湘潭大学学报 (哲学社会科学版)，43 (4)：51-57.

罗党论，高妙媛，2014. 经济发展、城市质量与民生支出 [J]. 当代经济管理，36 (04)：54-62.

马丹，蔡若男，乔兴，2013. 基于集成综合评价法和聚类分析法的综合评价方法 [J]. 数学的实践与认识，43 (11)：102-106.

马立平，1998. 国民经济运行质量的评价体系及实证分析 [J]. 经济与管理研究 (1)：35-40.

马茹，罗晖，王宏伟，等，2019. 中国区域经济高质量发展评价指标体系及测度研究 [J]. 中国软科学 (7)：60-67.

毛锦凰，2021. 乡村振兴评价指标体系构建方法的改进及其实证研究

［J］. 兰州大学学报（社会科学版），49（3）：47-58.

逄锦聚，林岗，杨瑞龙，等，2019. 促进经济高质量发展笔谈［J］. 经济学动态（7）：3-19.

裴长洪，彭磊，2006. 对外贸易依存度与现阶段我国贸易战略调整［J］. 财贸经济（4）：3-8.

曲振涛，林吉双，王福友，2003. 经济质量指标体系的框架研究［J］. 商业研究（16）：1-5.

全国人大财经委课题组，2011. 构建民生指数指标体系、初步发现及政策建议［R］.

任保平，韩璐，崔浩萌，2015. 进入新常态后中国各省区经济增长质量指数的测度研究［J］. 统计与信息论坛，30（8）：3-8.

任保平，魏婕，郭晗，2018. 中国经济增长质量发展报告（2018）［M］. 北京：中国经济出版社.

任保平，魏语谦，2016. "十三五"时期我国经济质量型增长的战略选择与实现路径［J］. 中共中央党校学报，20（2）：31-39.

任保平，魏语谦，2017. 中国地方经济增长向质量型转换的绩效测度与路径选择［J］. 西北大学学报（哲学社会科学版），47（2）：50-59.

任保平，2015. 经济增长质量的逻辑［M］. 北京：中国人民大学出版社.

任栋，夏怡凡，孙怡，2015. 民生满意度指数研究：以四川民生满意度指数分析为例［J］. 财经科学（2）：111-120.

任彦军，崔永红，宋海燕，等，2012. 西部地区固定资产投资产业结构研究：基于经济惯性视角［J］. 西北农林科技大学学报（社会科学版），12（1）：50-54.

沈和，郁超，2013. 以新型城镇化提升民生幸福质量：江苏句容市后白镇的创新实践与启示［J］. 中国发展观察（8）：11-13.

沈正平，马晓冬，范文国，2013. 我国省域基本现代化建设水平综合评价［J］. 甘肃社会科学（1）：218-221.

史丹，李鹏，2019. 我国经济高质量发展测度与国际比较［J］. 东南学术（5）：169-180.

宋涛，2012. 我国可持续发展的机遇与挑战［J］. 学术交流（2）：31-34.

苏东水，2000. 产业经济学［M］. 4. 北京：高等教育出版社.

汤铃，李建平，余乐安，等，2010. 基于距离协调度模型的系统协调发展定量评价方法 [J]. 系统工程理论与实践，30（4）：594-602.

唐晓华，张欣珏，李阳，2018. 中国制造业与生产性服务业动态协调发展实证研究 [J]. 经济研究，53（3）：79-93.

陶长琪，陈文华，林龙辉，2007. 我国产业组织演变协同度的实证分析：以企业融合背景下的我国IT产业为例 [J]. 管理世界（12）：67-72.

王博，邵全权，2015. 保险业市场结构调整能提升经济增长质量吗？[J]. 产业经济研究（1）：33-44.

王德怀，李旭东，2017. 中国人口出生率及其影响因素的空间计量 [J]. 贵州科学，35（6）：66-71.

王德利，王岩，2015. 北京市经济发展质量测度与提升路径 [J]. 城市问题（10）：29-35.

王国印，2012. 论产业生态化的两种形式及其耦合 [J]. 当代经济研究（11）：7-12.

王海杰，周毅博，2012. 战略性新兴产业与创新型城市的耦合机制研究：基于系统动力学的视角 [J]. 当代经济研究（9）：58-62.

王俊岭，王贤，2016. 钢铁工业生态经济质量技术测度 [J]. 科技管理研究，36（20）：117-122.

王威海，陆康强，2011. 社会学视角的民生指标体系研究 [J]. 人文杂志（3）：161-171.

王贤斌，2015. 民生指标体系的构建与评价探讨 [J]. 宁波经济（三江论坛）（11）：37-39.

王小鲁，樊纲，刘鹏，2009. 中国经济增长方式转换和增长可持续性 [J]. 经济研究，44（1）：4-16.

魏宏聚，田宝宏，2008. 教育公平视域下巨型中小学校的现状与困境：来自中部Z市巨型学校的调查分析 [J]. 教育科学（5）：7-10.

魏向杰，2012. 区域差异、民生支出与居民消费：理论与实证 [J]. 财经论丛（02）：45-50.

吴寒光，1991. 社会发展与社会指标 [M]. 北京：中国社会出版社.

吴克昌，刘志鹏，2019. 基于因子分析的人民获得感指标体系评价研究 [J]. 湘潭大学学报（哲学社会科学版），43（03）：13-20.

吴文恒，牛叔文，2006. 甘肃省人口与资源环境耦合的演进分析 [J].

中国人口科学（2）：81-86.

吴一凡，刘彦随，李裕瑞，2018. 中国人口与土地城镇化时空耦合特征及驱动机制 [J]. 地理学报，73（10）：1865-1879.

肖路遥，2019. 广州实现社会主义现代化指标体系研究 [J]. 决策咨询（2）：41-45，50.

谢赤，钟赞，2002. 熵权法在银行经营绩效综合评价中的应用 [J]. 中国软科学（9）：109-111.

徐雪，赵阳，2015. 发挥市场决定性作用，实现新常态下经济增长与转型：中国经济增长与周期（2015）国际高峰论坛综述 [J]. 经济社会体制比较（5）：187-193.

徐瑛，陈秀山，2006. 以科学发展观为指导，全面评价区域经济质量 [J]. 教学与研究（11）：28-34.

薛二勇，2010. 中国的教育有多公平：基于国际报告、文献数据的国别统计比较研究 [J]. 教育发展研究，30（21）：56-61.

闫莉，徐家林，2017. 当代中国的所有制结构与民生建设 [J]. 马克思主义研究（4）：53-60.

杨承训，张新宁，2011. 论转型中化解矛盾的三大重点：破除"崩溃""陷阱"的系统工程 [J]. 中州学刊（5）：56-61.

杨林，王璐，2017. 城乡公共文化服务资源非均衡配置的影响因素及其改进 [J]. 宏观质量研究，5（3）：119-132.

叶建华，代金鹭，向萍，等，2011. 基于改进的主成分分析和集成综合评价法的水质评价 [J]. 成都大学学报（自然科学版），30（4）：320-324.

尹风雨，龚波，王颖，2016. 水资源环境与城镇化发展耦合机制研究 [J]. 求索（1）：84-88.

张虎，韩爱华，2019. 制造业与生产性服务业耦合能否促进空间协调：基于285个城市数据的检验 [J]. 统计研究（1）：39-50.

张军，吴桂英，张吉鹏，2004. 中国省际物质资本存量估算：1952—2000 [J]. 经济研究（10）：35-44.

张立群，林晨，陈永国，等，2018. "推动我国经济实现高质量发展"笔谈 [J]. 河北经贸大学学报，39（5）：1-10.

张连如，2005. 国民经济素质评价与分析 [M]. 北京：商务印书馆.

张弥，2014. 民生幸福指标体系的构建：一个初步框架 [J]. 科学社会主义（03）：124-127.

张挺，李闽榕，徐艳梅，2018. 乡村振兴评价指标体系构建与实证研究 [J]. 管理世界，34（8）：99-105.

张引，蔡春艳，卢斯妤，2017. 贵州省某贫困县全面建成小康社会指标分析 [J]. 贵阳市委党校学报（1）：32-38.

张永梅，李放，2010. 城乡基本医疗卫生服务均等化的综合评价：基于两次国家卫生服务调查数据 [J]. 贵州社会科学（5）：56-61.

张治觉，张亮亮，2012. 政府分类支出对居民消费产生引致还是挤出效应：基于 ECM 模型的分析 [J]. 消费经济，28（3）：89-92.

赵国浩，杨毅，郝奇彦，2014. 中国能源投融资耦合协调机制研究：基于应对气候变化与实施环境保护视角 [J]. 资源科学，36（6）：1244-1255.

赵丽君，吴福象，2018. 供给侧改革、研发补贴与经济运行质量 [J]. 广东社会科学（3）：53-63.

赵凌云，赵红星，2010. 民生发展时代：中国现代化进程的新阶段 [J]. 天津大学学报（社会科学版），12（6）：503-508.

赵涛，张智，梁上坤，2020. 数字经济、创业活跃度与高质量发展：来自中国城市的经验证据 [J]. 管理世界，36（10）：65-76.

郑功成，2018. 习近平民生重要论述中的两个关键概念：从"物质文化需要"到"美好生活需要"[J]. 人民论坛·学术前沿（18）：64-74.

郑功成，2019. 中国社会保障70年发展 [J]. 社会科学文摘（12）：49-50.

郑玉雯，薛伟贤，2019. 丝绸之路经济带沿线国家协同发展的驱动因素：基于哈肯模型的分阶段研究 [J]. 中国软科学（2）：78-92.

钟春平，2018. 哪些民生短板亟待补齐 [J]. 人民论坛（20）：56-57.

周海鹏，李媛媛，李瑞晶，2016. 金融产业集聚对区域经济增长的空间效应研究 [J]. 现代财经（天津财经大学学报），36（2）：63-76.

周小亮，卢雨婷，2017. 改善民生的理论逻辑、财富结构与制度基础 [J]. 学术月刊，49（4）：60-72.

朱孔来，花迎霞，孟宪霞，2010. 国内外民生统计监测研究现状述评及未来展望 [J]. 东岳论丛，31（12）：29-33.

朱紫雯，徐梦雨，2019. 中国经济结构变迁与高质量发展：首届中国发展经济学学者论坛综述 [J]. 经济研究，54（3）：194-198.

邹露，李平星，2022. 基于发展水平和协调度的乡村振兴格局与分区研究: 以江苏省为例 [J]. 中国农业资源与区划, 43 (5): 229-238.

邹育根, 马晓鹏. 深圳市民生净福利指标体系实施效应分析 [J]. 深圳大学学报 (人文社会科学版), 2009, 26 (4): 16-19.

邹育根, 2009. 深圳市民生净福利指标体系之研究 [J]. 特区实践与理论 (3): 77-79.

左晓斯, 2016. 中国社会治理体系及其评价研究 [J]. 社会科学 (4): 55-63.

AMBARISH R, JOHN K, WILLIAMS J, 1987. Efficient signalling with dividends and investments [J]. The journal of finance (New York), 42 (2): 321-343.

BALL R, CHERNOVA K, 2008. Absolute income, relative income, and happiness [J]. Social indicators research, 88 (3): 497-529.

BARRO R J, 2002. Quantity and quality of economic growth [J]. Journal economía chilena, 5 (2): 17-36.

BARRO R J, 2000. Quantity and quality of economic growth [R].

BARTRAM D, 2011. Economic migration and happiness: Comparing immigrants and natives happiness gains from income [J]. Social indicators research, 103 (1): 57-76.

BAUER R A, 1966. Social indicators and sample surveys [J]. Public opinion quarterly, 30 (3): 339-352.

BECCHETTI L, CORRADO L, ROSSETTI F, 2011. The heterogeneous effects of income changes on happiness [J]. Social indicators research, 104 (3): 387-406.

BLANCHFLOWER D G, OSWALD A J, 2004. Well-being over time in Britain and the USA [J]. Journal of public economics, 88 (7-8): 1359-1386.

BORODKIN L, GRANVILLE B, LEONARD C S, 2008. The rural/urban wage gap in the industrialisation of Russia, 1884-1910 [J]. European review of economic history, 12 (1): 67-95.

CHEN J, WANG Y, WEN J, et al., 2016. The influences of aging population and economic growth on Chinese rural poverty [J]. Journal of rural studies, 47 (6): 665-676.

CHU A C, PENG S, 2011. International intellectual property rights:

Effects on growth, welfare and income inequality [J]. Journal of macroeconomics, 33 (2): 276-287.

EASTERLIN R A, 1995. Will raising the incomes of all increase the happiness of all? [J]. Journal of economic behavior and organization, 27 (1): 35-47.

EASTERLIN R, 2005. Diminishing marginal utility of income [J]. Social indicators research, 70 (3): 243-255.

EKICI T, KOYDEMIR S, 2016. Income expectations and happiness: Evidence from British panel data [J]. Applied research in quality of life, 11 (2): 539-552.

INGLEHART R, 1997. Modernization, postmodernization and changing perceptions of risk [J]. International review of sociology, 7 (3): 449-459.

KAHNEMAN D, KRUEGER A B, 2006. Developments in the measurement of subjective well-being [J]. Journal of economic perspectives, 20 (1): 3-24.

KIREENKO A, NEVZOROVA E, 2015. Impact of shadow economy on quality of life: Indicators and model selection [J]. Procedia Economics and finance, 25 (9): 559-568.

KUZNETS S, 1973. Modern economic growth: Findings and Reflections [J]. The American economic review, 63 (3): 247-258.

PLAGÁNYI É E, VAN PUTTEN I, HUTTON T, et al., 2013. Integrating indigenous livelihood and lifestyle objectives in managing a natural resource [J]. Proceedings of the national academy of sciences, 110 (9): 3639-3644.

RAPPAPORT J, 2008. Consumption amenities and city population density [J]. Regional science and urban economics, 38 (6): 533-552.

ROSA M, BELOBORODKO A, 2015. A decision support method for development of industrial synergies: case studies of Latvian brewery and wood-processing industries [J]. Journal of cleaner production, 105: 461-470.

SHAOWEI C, JINRONG J, 2014. The relationship of financial development, urbanization and urban-rural income gap: An empirical research based on provincial panel data in China [J]. SHS web of conferences (6): 1009-1019.

SHARMA A, Chandrasekhar S, 2014. Growth of the urban shadow, spatial distribution of economic activities, and commuting by workers in rural and urban

India [J]. World development, 61 (7): 154-166.

SORRELL S, 2010. Energy, economic growth and environmental sustainability: Five propositions [J]. Sustainability (Basel, Switzerland), 2 (6): 1784-1809.

TSE C W, 2016. Urban residents' prejudice and integration of rural migrants into urban China [J]. Journal of contemporary China, 25 (100): 579-595.

VEROFF J, ATKINSON J W, FELD S C, et al., 1960. The use of thematic apperception to assess motivation in a nationwide interview study [J]. Psychological monographs, 74 (12): 1-32.

YOUNG A, 2003. Gold into base metals: Productivity growth in the People's Republic of China during the reform period [J]. The journal of political economy, 111 (6): 1220-1261.

ZHANG Y, 2012. The analysis on economic development and urban-rural income gap of China, 2012 [C]. IEEE.

附　录

附录1：部分民生、经济发展指数评价指标体系

附表1.1　中国民生发展指数①

一级指标	二级指标	三级指标	四级指标
民生质量指数	收入与就业质量	收入质量指数	城镇居民人均可支配收入
			农村居民人均纯收入
			城乡居民人均人民币储蓄存款年底余额
		消费质量指数	城镇居民消费水平
			农村居民消费水平
			城乡消费水平对比
		就业质量指数	城镇登记失业率
			城镇单位就业人员平均工资
	文化与教育质量	文化质量指数	人均拥有公共图书藏量
			城镇居民家庭文教娱乐支出比重
			农村居民家庭文教娱乐支出比重
		教育质量指数	成人识字率
			大专及以上人口比例
	生态与环境质量	生态质量指数	城市建成区绿化覆盖率
			城市人均公园绿地面积
		环保质量指数	城镇生活垃圾无害化处理率
			城市污水处理率
	居住与出行质量安全与健康质量	居住质量指数	农村居民家庭人均住房面积
			城镇居民房价收入比
		出行质量指数	城市每万人拥有公共交通车辆
			人均城市道路面积
		安全质量指数	交通事故死亡率
			人口火灾发生率
		健康质量指数	人均预期寿命
			每千人口执业（助理）医师数
			每千人口医院和卫生院床位数

---

① 北京师范大学中国民生发展报告课题组、唐任伍：《中国民生发展指数总体设计框架》，《改革》2011年第9期。

一级指标	二级指标	三级指标	四级指标
公共服务指数	基础设施建设	生活基础设施指数	城市用水普及率
			城市燃气普及率
		通讯基础设施指数	移动电话普及率
			互联网普及率
	科教文卫建设	科教文卫投入指数	科教文卫财政支出比重
			研究发展费用支出占地区生产总值比重
		高新技术发展指数	高技术产业增加值占工业增加值比重
			高技术产品出口额占商品出口额比重
	生态文明建设	生态改善指数	人均造林面积
			单位生产总值能耗
			环保支出占财政支出比重
			环境治理投资总额占地区生产总值比重
		环保建设指数	工业废水排放达标率
			工业固体废物综合利用率
	公共安全建设	公共健康安全指数	产品质量省级监督抽查合格率
			产品质量优等品率
		公共人身安全指数	每万人拥有人民法庭数
			财政支出中公共安全支出比重
	住房保障建设	住宅建设指数	竣工住宅建筑面积
			住宅投资完成额
		保障性住房指数	经济适用房投资完成额占住宅投资完成额的比重
			经济适用房新开工面积占住宅新开工面积的比重
			经济适用房销售面积占住宅销售面积的比重

一级指标	二级指标	三级指标	四级指标
社会管理指数	城乡统筹管理	统筹管理投入指数	财政支出中城乡社区事务支出比重
		统筹管理负担指数	总抚养比
	社会保障建设	社会保障投入	财政支出中社会保障支出比重
		基本保险指数	农村社会养老保险覆盖率
			城镇基本养老保险覆盖率
			新型农村合作医疗人均筹资
			城镇基本医疗保险覆盖率
	就业与收入分配调节	就业改善指数	失业保险覆盖率
			本年末职业介绍结构人数占年末总人口比重
			本年职业指导人数占年末总人口比重
		收入分配调节	城乡居民收入比
			城镇居民家庭恩格尔系数
			农村居民家庭恩格尔系数

附表 1.2　中国民生指数评价体系①

一级指标	二级指标
社会净财富	绿色 GDP 增长率 财政收入增长率 粮食产量增长率
收入分配与公平	农民人均可支配收入增长率 居民人均可支配收入增长率 贫困人口降低率 基尼系数
环境生态及安全水平	达到 I 级和 II 级空气质量的天数 二氧化碳排放总量降低率 化学需氧量排放降低率 主要饮用水源水质达标率 蔬菜农药残留抽检平均达标率 药品安全抽样合格率 交通事故死亡率 犯罪率 社会治安满意度

---

① 邓平:《建立中国民生指数的建议》,《特区实践与理论》2009 年第 2 期。

一级指标	二级指标
社会保障水平	城镇失业率 农民工工资增长率 城市居民社会保险综合参保率 农村人口医疗保险比率 农村人口养老保险比率 财政性社会福利支出增长率 社会捐赠款增长率
人的全面发展与民主诉求的满足	文盲率 人均受教育年限 每万人大学生人数 参加继续教育的人员比
公共服务水平	财政性科教文卫体支出占财政支出比例 财政性环保投资经费占财政支出比例 财政性公共设施建设支出占财政支出比例

附表1.3　全国人大财经委课题组民生指数指标体系①

一级指标	二级指标	三级指标
居民生活	收入与就业	城乡居民家庭人均可支配收入
		城市调查失业率
	消费	恩格尔系数
		文化娱乐支出占家庭消费支出比重
		休闲充分度【主观指标】
	收入分配	人均可支配收入占人均 GDP 比重
		城乡居民收入比
		城镇 Gini 系数
		农村 Gini 系数

---

① 全国人大财经委课题组：《构建民生指数指标体系、初步实现及政策建议》2011 年。

一级指标	二级指标	三级指标
生态环境	环境治理	空气质量达到二级以上的天数（天）
		工业固体废物处置利用率
		城市生活污水集中处理率
		生活垃圾无害化处理率
		环境噪音达标区覆盖率
		建成区绿化覆盖率
	环境满意度	空气质量满意度【主观指标】
		城市绿化满意度【主观指标】
		政府在环境治理方面的工作是否满意【主观指标】
社会环境	社会治安	万人口工伤事故率
		万人口交通事故死亡率
		万人口社会治安案件发生率
		食品安全满意度【主观指标】
		居民社会安全满意度【主观指标】
	政府治理	司法综合绩效指数
		政府廉政及行政效率满意度【主观指标】
		司法与执法满意度【主观指标】
公共服务	义务教育	普通小学生均预算内教育经费支出
		普通初中生均预算内教育经费支出
		学生/教师比率（小学）
		学生/教师比率（初中）
		义务教育满意度【主观指标】
	医疗卫生	城镇万人口医生数（职业医师、职业助理医师）
		人均地方财政一般预算内公共卫生服务投入
	社会保障	医疗卫生服务满意度【主观指标】
		城镇基本养老保险覆盖率
		城镇基本医疗保险覆盖率
		城镇基本失业保险覆盖率
		农村新农合覆盖率
	公共设施	农村基本养老覆盖率
		供水状况满意度【主观指标】
		供电状况满意度【主观指标】
		供热状况满意度【主观指标】
		道路交通基础设施满意度【主观指标】

一级指标	二级指标		三级指标	数据来源
居民生活	收入和消费	1	全体居民人均可支配收入	中国统计年鉴：首先采用消费价格指数将 2010 年地区间价格差异指数其调整为 2014 年地区间价格差异指数；然后利用该数据将 2014 年人均可支配收入调整为地区间价格可比的收入数据。
		2	全体居民人均消费支出	中国统计年鉴：数据调整方法同"全体居民人均可支配收入"
	就业	3	城镇职工基本养老（医疗）保险参保人数/城镇就业总人数	中国统计年鉴：城镇职工基本养老（医疗）保险参保人数采用参与基本医疗保险和基本养老保险在岗职工人数的平均值；城镇就业总人数缺乏直接的统计数据，采用城镇单位就业人员数和城镇私营、个体就业人数之和替代。
	分配	4	城镇居民人均可支配收入/农村居民人均可支配收入	中国统计年鉴
	生活压力	5	收入房价比	城镇居民人均可支配收入与每平方米住宅平均售价比

① 国务院发展研究中心中国民生调查课题组等：《中国民生调查 2016 综合研究报告——经济下行背景下的民生关切》，《管理世界》2016 年第 10 期。

一级指标	二级指标		三级指标	数据来源
公共服务	教育	6	义务教育阶段生均教育财政支出	中国教育经费统计年鉴
		7	平均受教育年限	中国统计年鉴
	教育医疗卫生	8	每万人拥有执业（助理）医师数（人）	国家统计局网站数据
		9	卫生总费用中个人支出比率	中国统计年鉴、卫生计生年鉴
		10	基层医疗机构/公立医院就诊人次数	卫生计生年鉴
	社会保障	11	职工基本养老保险养老金平均水平/城镇居民人均可支配收入	中国统计年鉴
		12	城乡居民基本养老保险养老金平均水平/全体居民人均可支配收入	中国统计年鉴
		13	农村居民最低生活保障标准/农村居民人均可支配收入	国家统计局提供
	社会服务	14	每千人口社会服务床位数（张）	中国统计年鉴
		15	每百万人口社工助工师（人）	中国统计年鉴
		16	社区服务机构覆盖率（%）	中国统计年鉴
	交通	17	交通拥挤度	中国交通年鉴
		18	每万人拥有公共交通车辆（标台）	国家统计局网站
		19	人均铁路、公路、水路客运总量	中国交通年鉴

一级指标	二级指标		三级指标	数据来源
公共安全	自然灾害	20	每百万人自然灾害死亡人数	《中国统计年鉴》
	二级指标收入和消费	21	每百万人突发环境事件次数	《中国统计年鉴》：由于突发环境事件包括特别重大、重大、较大和一般四类，本指标根据四类事件死亡人数的认定标准进行加权之和
		22	每百万人重大生产安全事故死亡和失踪人数	国家安监总局网站
	公共卫生	23	甲乙类法定报告传染病发病率	《中国卫生统计年鉴>
	社会安全	24	万人食源性疾病患者数	《中国卫生统计年鉴》
		25	每万人罪犯人数	各地方高院年度工作报告
生活环境	空气质量	26	空气质量达到极好与二级的天数	各省主要城市按人口加权，《中国统计年鉴》
	水环境	27	各省涉及流域重点断面水质状况	生态环保部数据中心，《中国统计年鉴》
	植被环境	28	森林、草原覆盖率	《中国统计年鉴》
	城乡居住环境	29	建成区绿化覆盖率	国家统计局网站分省年度数据
		30	城市生活垃圾无害化处理率	国家统计局网站分省年度数据
		31	农村无害化卫生厕所普及率	《中国统计年鉴》

附表 1.5 我国经济高质量发展测度表①

一级指标	二级指标	基础指标	计量单位	指标属性
创新驱动	宏观效率	绿色全要素生产率	—	正
		资本生产率	—	正
		劳动生产率	—	正
	微观效率	规模以上工业企业主营业务收入利润率	（%）	正
		资产负债率	（%）	逆
		成本费用利润率	（%）	正
	创新投入	研发投入强度	（%）	正
		人均教育经费	元	正
		万人研究与试验发展（R&D）人员全时当量	人年/万人	正
	创新产出	人均专利申请授权数	件/万人	正
		人均技术市场成交额	元	正
		高科技出口占制成品出口比重	（%）	正
		人均科技论文数	篇/万人	正
协调发展	产业结构	制造业比重	（%）	正
		第三产业比重	（%）	正
		产业结构高级化	—	正
		非国有企业资产比重	（%）	正
	城乡协调	二元对比系数	—	正
		二元反差系数	—	逆
	城镇化	城镇化率	（%）	正

① 史丹、李鹏：《我国经济高质量发展测度与国际比较》，《东南学术》2019年第05期。

一级指标	二级指标	基础指标	计量单位	指标属性
开放稳定	开放	外贸依存度	（%）	正
		外资依存度	（%）	正
		在外劳务人数占总人口比重	（%）	正
		人均对外经济合作新签合同额	美元/人	正
		市场化程度	—	正
	稳定	实际产出波动率	—	逆
		CPI 波动率	—	逆
		PPI 波动率	—	逆
		失业率	—	逆
	安全	政府负债水平（外债负债率）	（%）	逆
		商业银行不良贷款比	（%）	逆
		交通事故发生数	起/万人	逆
		矿难死亡率	人/百万吨煤	逆
	投资消费结构	投资结构	（%）	适度
		消费结构	（%）	适度
	金融结构	金融服务业增加值/GDP	（%）.	正
		股票交易总额/GDP	（%）	正
	区域协调	区域发展差异系数	—	逆
绿色生态	资源消耗	单位 GDP 能源消费量	吨标准煤/万元	逆
		CO2 排放强度	吨/万元	逆
		万元 GDP 电耗	千千瓦时/万元	逆
	工业排放	万元 GDP 二氧化硫排放量	吨/万元	逆
		万元 GDP 工业固体废弃物产生量	吨/万元	逆
		万元 GDP 工业烟粉尘排放量	吨/万元	逆
	生态环境	森林覆盖率	平方米/人	正
		自然保护区占辖区面积	（%）	正
		生活垃圾无害化处理率	（%）	正
	环境治理	一般工业固体废物综合利用率	（%）	正
		建设项目"三同时"环保投资总额/GDP	—	正
		环境污染治理投资占 GDP 的比重	（%）	正

一级指标	二级指标	基础指标	计量单位	指标属性
共享和谐	福利分配	泰尔指数（城乡）	—	逆
		劳动者报酬占比	（%）	正
		基尼系数	（%）	逆
	人民生活	人均可支配收入	元/人	正
		万人拥有医院床位数	位/万人	正
		人均图书馆藏书量	册/人	正
		人均住房面积	平方米/人	正
		城镇基本养老保险覆盖率	（%）	正
	基础设施建设	人均铁路里程	公里/万人	正
		人均航线航班里程	公里/万人	正
		燃气普及率	（%）	正
		互联网普及率（包括移动电话）	（%）	正

附录 2：江苏省 2010—2019 年各地区经济质量子系统 指数图

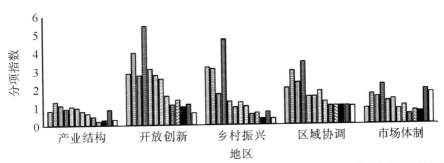

附图 1　江苏省 2010 年各地区经济质量子系统指数

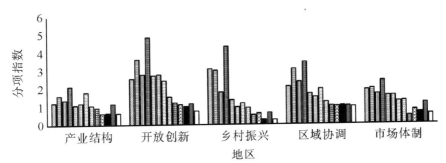

附图 2　江苏省 2011 年各地区经济质量子系统指数

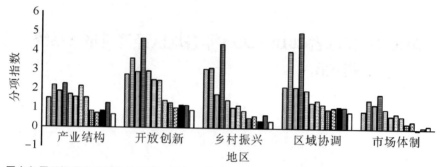

附图3　江苏省2012年各地区经济质量子系统指数

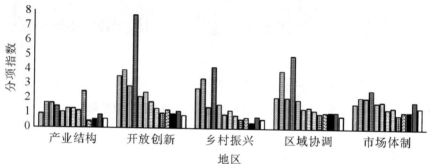

附图4　江苏省2013年各地区经济质量子系统指数

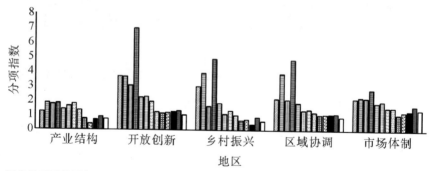

附图5　江苏省2014年各地区经济质量子系统指数

地区民生质量与经济质量的耦合机制研究——以江苏省为例

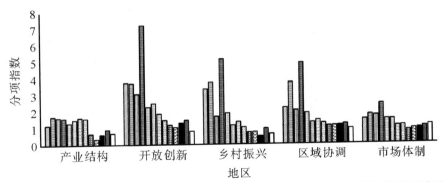

附图 6　江苏省 2015 年各地区经济质量子系统指数

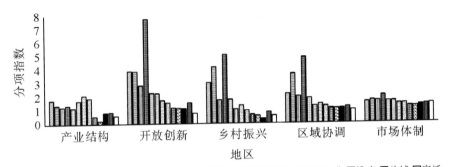

附图 7　江苏省 2016 年各地区经济质量子系统指数

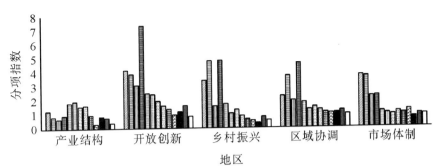

附图 8　江苏省 2017 年各地区经济质量子系统指数

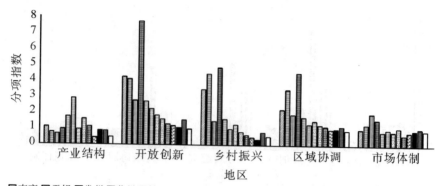

附图 9　江苏省 2018 年各地区经济质量子系统指数

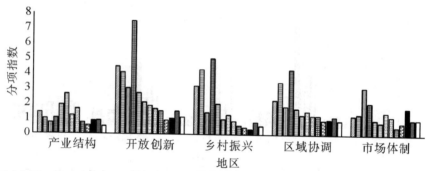

附图 10　江苏省 2019 年各地区经济质量子系统指数

地区民生质量与经济质量的耦合机制研究——以江苏省为例

后　记

　　《地区民生质量与经济质量的耦合机制研究——以江苏省为例》是本人承担江苏省高校哲学社会科学重点项目基金"民生视角的江苏区域经济质量提升研究"的研究成果。

　　本书结合江苏省社会经济民生的战略部署，在明确江苏省民生改善、经济质量提升基本导向的基础上，从民生水平、民生公平、民生保障三个方面设计民生质量评价指标体系，构建了民生质量的运行系统；结合地区经济发展的动态性特征，从产业结构、乡村振兴、市场体制、区域协调、开放创新等方面设计了江苏省地区经济质量评价指标体系，构建了经济质量的运行系统。在对江苏省 13 个地区民生系统、经济系统各类指标统计特征进行研究的基础上，采用主成分分析法从时间和空间维度对各地区的民生质量、经济质量进行研究，考察了民生系统、经济系统基础指标的民生质量效应、经济质量效应。在此基础上，融合民生系统与经济系统为民生经济系统，从系统耦合、协同的视角，借助系统耦合度模型，从时间和空间两个维度，对江苏省 13 个地区的民生经济系统内在的协同发展状态进行了研究，揭示了江苏地区间民生质量、经济质量稳步提升过程中存在的问题及原因，并有针对性地给出对策和建议。

　　值本书付印之际，谨向资助本书出版的盐城工学院学术著作出版基金、盐城产业经济研究院、盐城工学院经济管理学院等部门表示感谢！

宋辉

于盐城工学院 仁和楼 B105

2024 年 3 月 21 日